国家出版基金项目
NATIONAL PUBLICATION FOUNDATION
国家出版基金资助项目

绩效预算与政府治理创新

教育财政绩效与人力资本战略

许正中　邢天添　等著

中国财政经济出版社

图书在版编目（CIP）数据

教育财政绩效与人力资本战略/许正中等著．—北京：中国财政经济出版社，2014.12

（绩效预算与政府治理创新）

国家出版基金资助项目

ISBN 978－7－5095－5395－4

Ⅰ.①教…　Ⅱ.①许…　Ⅲ.①教育财政－财政管理－研究－中国②教育－人力资本－研究－中国　Ⅳ.①G52

中国版本图书馆CIP数据核字（2014）第085635号

责任编辑：卢关平　　　　责任校对：徐艳丽

封面设计：邹海东　　　　版式设计：董生平

中国财政经济出版社 出版

URL：http：//www.cfeph.cn

E－mail：cfeph@cfeph.cn

社址：北京市海淀区阜成路甲28号　邮政编码：100142

营销中心电话：88190406　北京财经书店电话：64033436　84041336

北京京华虎彩印刷有限公司印刷　各地新华书店经销

787×1092毫米　16开　21印张　286 000字

2014年12月第1版　2014年12月北京第1次印刷

定价：44.00元

ISBN 978－7－5095－5395－4/F·4363

（图书出现印装问题，本社负责调换）

质量投诉电话：010－88190744

打击盗版举报热线：010－88190492，QQ：634579818

总　序

随着知识经济和信息技术爆炸式的突飞猛进，人类进入了“快进叠加”的新时代，“云物大智”（云计算、物联网、大数据、智慧工程）所引发的技术革命方兴未艾，下一代卫星互联网又紧紧相逼，使得国与国之间的物理疆界形同虚设。国与国、企业与企业、人与人之间均面临着全球角力，尤其是3D打印技术等新技术的发明，使得大规模统一型号的生产线产品生产彻底改变为个性化的多维度需求的定制，它所带来的“一切皆为服务”的理念将会陆续引爆思维革新、道德精进、管理革命和社会变迁等一系列重大变革。在这一切变革中，至关重要的是政府的战略定位和功能的正向演进。特别是，在知识资本和人力资本超高速流动的全球化背景下，世界快速进入协同创新发展轨道，政府作为改革的统筹者和领跑者，起着全面深化改革的“主推手”作用，因此培育政府治理能力成为社会进步的首选。

培育政府治理能力的关键是政府自我的正确定位，即要建立有限政府而非全能政府，形成职能边界清晰的政府、市场、社会公众、企业多方参与“共治”的“现代国家治理体系”。政府的职能在于提供公共服务，而不是直接参与市场经营。培育政府治理能力、转变政府职能是中国政府的一场自我革命，更是有效推进全面改革、扩大市场与社会的创新性自主发展空间、真正完成现代国家治理“结构性重组”的关键环节。

中国当前正处于社会多元复合转型的关键时期，不仅要获取最大的改革红利，更要创造和释放制度红利。中国要连续逾越“中等收入陷阱”、“西班牙幻影”、“高等收入陷阱”以及“塔西佗陷阱”，平稳实现中国的现代化，首先需要理论创新，作为现代社会治理、国家治理和政府治理的基核的财政理论需要全面创新，作为财政理论支柱的现代预算理论也需要全面创新，作为一个长期在国家智库工作的财政理论研究者则责无旁贷。

完善社会治理架构的目的是不断推动技术革命，引爆产业革命，催生新的文明形态，获取经济社会发展红利。经济社会发展红利主要来自两个方面：一方面是创新红利。创新就是基于未来对现存技术，产业和管理的形态的创造性破坏，在“云物大智”网联的“快进叠加”时代，创意、创新、创业、创造、创富的五创联动、非线性突破成为常态，使得新技术井喷式爆发，新创意不断涌现和新产业聚变式或裂变式突破皆成为可能。可以说，在21世纪的竞争是创新速度和创新质量的较量，创新红利是最大的红利。另一方面是制度红利，在现代社会，制度不仅是各种游戏规则的总和，也日益成为一个强大的产业。先发国家无不不断创新着制度，不断激发人的潜能和平衡人与人、种群与种群、区域与区域、企业与企业乃至国家与国家的经贸安全和政治关系，基于产权和人权所形成的各类经济和社会游戏规则，成为现代文明最重要的发明。

现代国家治理架构是国家能力充分发挥的前提。纵观历史发展，工业革命以来，国家治理架构可分为税收国家、自产国家和租金国家。税收国家是指其财政收入主要来自私人部门缴纳的税收，自产国家是指其财政收入主要来源于国有企业上缴的利润和其他类国有资产的收入，租金国家是指其财政收入主要依靠国家垄断的自然资源出口而获取租金收入的国家。20世纪80年代以来，随着市场化改革的推进，中国开始从“自产国家”向“税收国家”转型。在这个转型中，国家与社会关系开始被重构，纳税人意识开始形成和发展，财政民主的要求开始出现并且越来越强烈，要求国家治理做出回应，作为财政制度中关键一环的预算制度成为谋一轴而驱全局的改革主要抓手。政府治理能力是一个“牵一发而动全身”的关键领域，是未来一个时期全面深化改革、推进国家治理现代化的关键领域与环节，不仅与公众生活和利益密切相关，更涉及国家的可持续健康发展。培育政府治理能力，转变政府职能，不仅要改革创新、外拓开放，更要打破社会僵滞状态，而最关键的就是要找准解决问题的突破口——财政预算。财政预算是现代国家赖以正常运行的决定性力量。从“租金国家”到“自产国家”再到“税收国家”，其间国民的生活观及文化内涵，乃至于心理习惯、伦理行为等社会架构均须不断变革。

随着形势发展变化，现行财政预算制度已经不完全适应完善国家治理的客观要求，不完全适应转变经济发展方式、促进经济社会可持续健康发展的现实需要。新一轮预算制度改革是一场关系国家治理体系和治理能力现代化的深刻变革，是立足全局、着眼长远的制度创新。建立现代绩效预算制度不仅是国家治理现代化的目标，也是国家治理现代化的重要标志和重要支柱。构建绩效预算制度和方法，深化预算制度改革，推进依法理财是着眼长远机制的系统性重构。尤其需要指出的是，提升中国的财政制度绩效，不仅要关注国内，更应该关注中国财政参与现代国际治理的功效，财政已经是现代外交的主战场和重要的政治筹码，对此问题没有战略布局，国家的制度性损失将会是难以承受的。

财政是政府进行宏观调控的重要工具，也是释放制度红利的“总阀门”，更是国家治理的基础和重要支柱。财中有政，政中有财，决策财政，决不仅仅在决定财政的收支数字，数字之中有政策，有政治，有协同。以往的改革主要涉及“财”，那么现在我们的改革已经步入深水区，“政”是绕不过去了。作为经济调节的“有形之手”，政府利用财政工具保障宏观经济的健康运行，使微观经济活动逐渐符合国家宏观经济发展目标。财政是政府治理现代化的枢机、国家治理现代化的基础和重要支柱、社会治理的交集轴。可以说，财政现代化的成功就是国家现代化的成功。

从表面上看，财政预算是政府关于未来某个时期（通常为一年期、三年期或五年期）的收支计划，是一个技术问题，或者有的学者认为是一个让人乏味的会计问题，但在现代市场经济和民主政治中，它是社会治理、国家治理和政府治理的基核，是权利市场与经济市场的耦合器，是社会各阶层和各利益集团协同治理的总契约，其本质是最大的政治问题。财政预算关乎国家治理大事，毫不夸张地说，一个国家的治理能力的高低，很大程度上取决于国家的预算能力。官僚集团、利益集团往往通过一些结构性的计划来保证对自己有利的预算支出，把政治角力变成一场又一场的预算博弈，甚至不断地改变制度架构和程序过程来强化他们的利益，进而也推动了预算结构的复杂性。

在预算中，任何有效的变化都必然会改变预算过程的结果，这些与经济结构调整、政治过程和社会运行轨道息息相关，作为财政管理内核和最新形态的绩效预算，是财政革命的急先锋。绩效预算决不仅仅是单纯的技术内涵，更涉及多方面极其复杂的经济政治社会范畴。因此，中国如何在“云物大智”时代实现蛙跳，需要“顶层设计，系统集成”，必须大力推进财政预算制度改革，以财政的内核——绩效预算为抓手培育现代政府治理能力，坚持“以人为本”的执政理论，支持包容性增长，实现公共财政、政府治理、社会治理和文化精进“多层多方联动”，助推中国平稳现代化。

1997年我到国家行政学院工作，位卑不敢忘忧国，积极投身于中国的智库建设和政策理论研究之中，在完成中央、行政学院和财政部交办的各项任务之余，在财政领域重点围绕绩效预算与政府治理创新两大核心主题，对理论和战略框架问题进行了大胆探索。在国家出版基金的资助下，在国家行政学院和财政部、科技部、国务院机关事务管理局等部门领导的支持下，组建研究团队紧贴国家战略需求开展研究，本着理论前瞻、国际比对、现实判断、历史的理论勇气和标准、发现战略机遇、达成多方共识、形成政策决策、推动各项改革的精神和原则，以科学严谨、求真务实的态度，甘于奉献财政理论尤其是绩效预算理论与政府治理创新的研究。

能力建设是21世纪的核心，财政制度改革和预算管理创新的基核就是要“五位一体，多维联动”地提升政府治理能力。中国要驾驭全球化发展新浪潮，把握政治生态环境变迁，顺应技术经济社会发展趋势，化解内部管理“体制冲突”，助推社会现代化成功转型，亟需从政府政治能力、管理能力、法制能力、服务能力、合作能力“五位一体”建设入手，围绕制度、经济、货币、地缘政治、科技、军事、文化、外交等八个维度，全面而深入地剖析现代政府治理能力的内涵以及目标，明确五种核心能力之间相互作用、相互协同的关系，科学合理定位政府治理能力的关键要素和关键切入点，勾勒现代政府治理能力建设的战略路径，促进财政制度改革，加快绩效预算进程，全面加强政府治理能力建设。可以说，提高打造政府治理能力是今后中国政府改革面临的重大现实问题，而从“五位一体”入手，以八个维度为核心全面培育政府治理能力，既拔高了理论界研究高度，又能把政府治理能力建设推向新水平。由我同中国党政干部论坛副主编、中央党校史世鹏教授等研究人员将这些研究成果集结成册，撰写了《21世纪政府治理能力创新研究》一书。

现代社会是一个有序活力社会。毋庸置疑，政府、市场与社会是控制与影响社会最强大的三股力量，政府是整个社会资源配置的主导机制，市场是资源配置的基础机制，社会是资源配置的平衡器，而绩效预算作为一种制度安排，是政府、市场、社会的耦合点，是维护社会秩序的核心和关键环节，因此，加大绩效预算改革力度有利于促进有序社会建设。中国要理顺市场经济机制，促进社会主体互动，大力助推国家治理创新，亟需准确把握有序社会的内涵及其根源，明确社会根本性，建设完善“阳光财政”，加快绩效预算改革步伐，构建社会普遍服务，聚合政府公信力，催化产业创新升级，实现公共服务均等化，提升政府治理绩效。这就要求我们不断创新绩效预算工具，开展绩效评估，健全政策评估方法，提升机构治理效率。可以说，有序社会的构建对于促进社会正向演进，激发社会发展活力具有重要作用，而从政府、市场与社会关系演化中聚焦绩效预算改革，对于一个有民主意识、有责任感、有能力、高效率、透明的政府，无论是对经济发展还是对整个社会进步都是不可或缺的。因此，将这些研究探索集结成册，撰写了《绩效预算与构建有序社会》一书。

政府生产力是衡量政府有效运行的基础，而绩效预算是政府生产力的枢机。中国要紧跟世界发展趋势，打造有限的透明政府，亟需把握政府生产力理论，构建系统的动态提升政府生产力的运行机制和管理框架，同时探寻绩效预算基本支出决策的方法和执行效果评价的方法和模型。可以说，政府生产力的提高将有效提高国家的核心竞争力，活化多元社会组织，促进多元主体协同共治，促进社会文明升级，是国家治理的关键。对此，如何以绩效预算为抓手全面提升中国政府生产力就显得极为重要。于是我将这些研究凝练成《绩效预算与政府生产力》一书。

随着全球化不断升级，当前国际竞争已经从军事、货币、人才竞争转向制度竞争。规则设计成为创造和获取制度红利、全球红利与重构国家核心竞争力的核心和关键。中国要想大力提升政府能力，无缝对接全球化、现代化进程，实现大繁荣、大发展，为构筑世界一流强国奠定坚实基础，唯有打造高绩效政府。高绩效政府以责任政府、激励政府、掌舵政府、服务政府为核心，关注管理领域，与市场、社会共同协调经济社会发展。政府运行经费有效管理是构建透明高效政府的必然选择。在全球融合的趋势下，中国势必要将优化政府行政成本摆在重要战略地位，亟需从绩效预算视角强化政府成本控制，创新经费管理理念，依托信息物联网高科技技术，加快机关运行经费管理制度重构，实现帕累托式改进。这对于完善责任匹配机制，提升经费管理质量，提高资产运行效率，降低政府运行经费等具有不可比拟的重大作用。由我会同赵峰涛率领的团队将这些研究成果表现为《绩效预算与政府成本控制》一书。

现代管理技术和方法在社会各行业中的广泛应用对现代企业和公共部门的管理也起到积极的促进作用。工具和技术的创新是现代管理创新的关键。对于绩效预算来说，科技进步和管理工具的发展促进了绩效预算制度的变革。中国要想大力促进绩效预算发展，亟需认识当前绩效预算研究不足之处，创新绩效预算的工具与方法。这就需要明确财政职能，剖析绩效预算理论，引用决策与评价理论，揭示绩效预算管理工具创新意义，在基于平衡计分卡、绩效棱柱以及全面标杆管理，对绩效预算进行全过程衡量并实施绩效预算战略管理，同时基于数据包络分析以及全要素生产率，评估绩效预算的静态效率与动态效率。针对当前绩效预算理论研究来说，这有利于奠定绩效预算分析工具基础，衍生新的绩效预算管理工具，明确绩效预算决策过程，制定绩效预算决策原则，分配绩效预算决策权限，建立绩效预算决策体系，实施正确绩效预算决策，为绩效预算提供智力支持。由李尽法将这些研究成果集结成《绩效预算管理工具创新》一书。

经济发展方式转变、产业结构优化升级和新兴产业的兴起促使财政预算改革和财政管理模式转变，为将工程方法引入绩效预算理论提供了有利契机。可以说，经济主体内在需求的变化、财政预算理论的发展、现代科学技术的进步共同作用催生财政工程的产生。如何通过财政工程来加大绩效预算创新呢？这就需要准确把握财政工程内涵，运用耗散平衡理论、云计算等理论，创新财政理论方向，构建“云”财政理论，揭示管理复杂特征，创新财政工程与绩效预算理论。财政工程与绩效预算理论研究能够为财政建设提供坚实的思想支持，同时提供解决财政问题的元工具、元方法和元模型，有利于人员利用“工程化”的思想，运用数学方法和模型，以“平台”开发理念为借鉴，开发一系列创新性的财政管理工具、模型，提出科学的解决方案，提高财政预算效率，最终提高财政的运行效率。由我和财政部赵新国博士等研究人员将这一开拓性成果表现为《财政工程理论与绩效预算创新》一书。

教育是现代社会最重要的基础，人力资本是现代社会最重要的资本。预算是现代社会最重要的杠杆，如何用预算杠杆夯实教育基础，开发人力资本就显得极其重要了。特别是，加强教育财政资金绩效管理，有利于提高教育财政投入绩效。目前，在财政改革稳步推进的形势下，研究探索提高教育财政绩效预算的新措施、新方法，正是进一步深化教育改革的重要内容之一。中国亟需科学定位教育本质，顶层设计教育财政绩效管理体系，确立以结果为导向的教育财政拨款理念，再造教育财政绩效管理流程，重塑教育财政投入的监测与评估，按照公共财政“效率优先、兼顾公平”的重要原则，强化教育财政绩效管理，避免经费短缺与经费浪费并存的现象，确保相对有限的教育财政投入并运用在最需要的地方。这对于提升教育管理水平，实现教育流程整合，凸显社会公平正义具有重要意义。由我同南开大学邢天添副教授等研究人员将这些探索集结为《教育财政绩效与人力资本战略》一书。

技术催生着产业，创新着管理，改变着社会，不断让文明降生。特别是，随着知识经济时代的来临与技术的超加速发展，科学技术被摆在了国家优先发展的重要战略地位。将科学技术源源不断地、大规模地转化为现实生产力，更成为提升国家竞争力的核心和关键。科技财政支出是支撑科技创新发展的重要基础，因此如何运用绩效预算来实施创新驱动发展就显得极其重要了。中国要积极发挥科学技术功能，借助技术知识扩散，构筑多元开放平台，提高财政支出绩效，大力支持基础研究，推进科技重点攻关，培育创新复合资本，引领科技发展方向，提升科技创新能力，占领科技战略高地。这对于导入科技支出绩效管理体系，完善科技机构与人才评估模式，提高科技活动绩效，释放创新创业活力，提升科技财政支出绩效，完善科技财政绩效预算管理，提高科技财政管理透明度，加快科技成果转化为现实生产力具有重大作用。由我同科技部的王德花研究员等研究人员将这些研究发现撰写成《科技财政绩效与创新驱动战略》一书。

消除贫困是人类永远难以达到的目标，尤其是消除绝对贫困。财政能力的建设提升与减贫绩效间存在正向关系，一方面财政作为政府减贫的主导力量实现了巨大的减贫绩效；另一方面减贫的深入推进要求不断提升财政能力。如何运用财政绩效缩小贫困面呢？基于本国国情，要深入剖析致贫根源，梳理贫困理论模型，明晰减贫战略目标，培育提升财政能力，采取多元模式扶贫，构筑普遍服务体系，辅助政府全面推进实施点状突破战略，大力推进减贫进程。这对于系统集成资源优势，构建财政减贫框架，制定财政服务行动纲领，实现政策协同多方联体，综合提升国家减贫能力，彻底走出贫困泥淖具有极其重要的作用。由我会同财政部苑广睿司长等研究人员将这些研究成果撰写成《财政扶贫绩效与脱贫致富战略》一书。

绩效预算为政府效能提高夯实基础，是锻造提升政府生产力的利器，在提高国家竞争力中占据重要地位，因此世界各国纷纷进行预算改革，并积累了丰富的经验。国际绩效预算改革与实践丰富多彩，他山之石，可以攻玉。中国亟需解密美国、英国、澳大利亚等先发国家绩效预算改革路径，总结绩效预算思想基础，把握绩效预算改革逻辑方向，网联绩效预算改革理论支撑，透视政府绩效预算评估体系，检视绩效预算评估技术，强化绩效预算运行抓手。这对于立足中国国情，借鉴国际实践经验，明确绩效预算未来方向，优化绩效预算制度设计，完善绩效预算配套政策措施，引领绩效预算改革，支撑中国深化改革，促进经济社会可持续发展具有极其重要的作用。由笔者会同湖南省财政厅厅长郑建新博士等研究人员将这些研究成果集成《国际绩效预算改革与实践》一书。

从财政资金分配视角看，政府提升国家竞争力的过程就是通过预算方式的不断改进，提高财政支出效果，为本国的企业和公民提供高质量的公共服务，进而为他们创造良好竞争环境的过程。预算作为政府配置资源的重要工具，直接影响到财政支出的效果和公共服务的质量，进而影响国家的核心竞争力。当然，打铁还需自身硬，借鉴也为增内功，因此，特色化、个性化的绩效预算改革模式至关重要。面对复杂的国际国内环境，中国亟需立足国情，循证绩效预算管理基础，剖析绩效预算管理内容与优势，明晰绩效预算思想沿革路径，定位绩效预算制度潜在效用所在，找准绩效预算管理最本质的核心力，最终设计出有中国特色的绩效预算改革模式，促进国家经济社会可持续健康发展。这对于有效提高中国政府治理能力，使政府具有更高的、足可与私营机构媲美的运转效率和质量，使公共服务更能体现公正有效，据此获得足够的合法性具有重要意义。由我和财政部夏先德副司长等研究人员将这些研究发现编写为《中国绩效预算模式设计研究》一书。

实施全面规范、公开透明的现代财政预算制度是财政改革的重要方向。本丛书研究首次尝试运用财政工程的思想，将财政管理理论工程化，探索了绩效预算理论与实践，分析了绩效预算与政府治理能力、政府生产力、政府协同治理、行政成本的互动关系，试图指出21

世纪中国政府治理能力、政府生产力建设及优化行政成本的基本方向。同时，在政府、市场与社会关系上，还构建一种政府协同治理新型模式，对现代中国政府治理和财政预算创新进行了大胆探索。由于时间短、任务重，有许多理论问题仍在探索之中，不足之处还希望同仁多加批评指正。

许正中

于北京古崖居

2014 年 8 月 27 日

目　录

第一章
前瞻定位教育职能
全面把握内在本质

研究教育问题首先要弄清楚教育本质。现代教育发掘人的潜能，不断提高人的技能，是个人能力的育成器，推进生产率的提高；教育塑造健全的人格，学会尊重生命、善化生命、美化生命；教育传承优秀文化并且促进文化精进，培育社会主流价值，化解社会冲突，增进社会认同，产生“润滑剂”效应使“自然人”成为“社会人”，提升人融入社会（特别是融入主流社会）的能力；教育促进产业结构科学合理化，是产业升级的孵化器。

第一节 着实看深看透问题 准确界定教育本质

由于教育在不同历史时期有不同的形态和表现，对社会所起的作用不同，因而如何正确认识教育本质存在一定的困难。可以说，任何关于教育本质的学说既有时代与知识水平的局限，又有一定的历史合理性，但人们对教育本质的认识总在不断发展、逐渐完善之中。

一、国内外教育本质的争议

顾明远教授在其主编的《教育大词典》中把教育分为狭义和广义的教育。广义的教育：泛指影响人们知识、技能、身心健康、思想品德的形成和发展的各种活动。狭义的教育：主要是指学校教育，即培养一定的社会要求和受教育者的发展需要，有目的、有计划、有组织地对受教育者施加影响以培养一定社会（或阶级）所需的人的活动[①]。这是被教育界广泛接受的一种说法。当然，各国学者由于观点和视角的不同还有多种不同的定义。

苏联著名教育学家赞科夫（Л. В. Занков）认为，苏联传统的凯洛夫教学理论只是放在如何使儿童掌握现成的知识及概念上，忽视了学生智力的发展，即忽视了学生的思维、想象、逻辑、记忆等能力的发展，换句话说，小学生的学习潜力没有发挥出来。

美国布鲁纳（Jerome Seymour Bruner）提倡“发现学习”，他认为，儿童应该在教师的启发引导下按自己观察事物的特殊方式去表现学科知识的结构，借助于教师或教师提供的其他材料去发现事物。实质上，布鲁纳也是在强调发掘儿童的潜能。

德国雅思贝尔斯（Karl Theodor Jaspers）在其著作《什么是教育》中对教育有如下的定义：教育不过是人对人的主体间灵肉交流的活动（尤其是老一代对年轻一代），包括知识内容的传授、生命内涵的领悟、意志行为的规范并通过文化传递功能将文化遗产交给年轻一代，使他们自由地成长，并启迪其自由天性[②]。真正的教育绝不容许死记硬背，也从不奢望每个人都成为有真知灼见、深谋远虑的思想家[③]。

① 顾明远：《教育大词典》第1卷，上海教育出版社1990年版，第3页。
② 雅斯贝尔斯、邹进：《什么是教育》，商务印书馆1982年版，第44～45页。
③ 雅斯贝尔斯、邹进：《什么是教育》，商务印书馆1982年版，第44～45页。

法国雅克·马里坦（Jacques Maritain）在著作《教育在十字路口》指出教育具有三层相互混合的内涵，它或是指塑造人并使人得以完善的过程，或者成年人有意识从事的培养年轻人的一项工作，抑或在最严格意义上来说，指小学和大学的特殊使命①。苏联加里宁认为，教育是在受教育者心理上所施行的一种确定的、有目的和有系统的感化作用，以便在受教育者身上养成教育者所期望的品质。

英国斯宾塞（Herbert Spencer）认为，教育是为人的完满生活做准备，也即“教育准备生活说”。他认为，教育应当教导一个人怎样生活，使他获得生活所需要的各种科学知识，为完满的生活做准备。教育包括：直接与间接保全自己的教育，做父母的教育，做公民的教育，生活中各项生活文化的教育。然而，随着经济社会的发展，这个说法越来越趋于功利化，而不是以人为本。

需要注意的是，针对传统教育学派强调课堂、书本、教师三中心，并且凸显教育机械性、片面性等问题，美国杜威（John Dewey）提出“教育即生活”、“教育即生长”、“教育即经验改造”、“学校即社会”，也即“教育适应生活说”。一是“教育即生活”。杜威认为，生活就是发展，而不断发展，不断生长，就是生活。因此，不论年龄大小，教育就是给学生提供保证生长或充分生活的条件。二是“教育即生长”。杜威认为，生长是生活的特征，而教育即生活，因而教育即生长，教育在它自身之外，没有别的目的。他认为，如要度量学校教育的价值，要看它能否创造继续不断的生长欲望，能否供给方法，使这种欲望得以生长。可见，杜威所认为的“生长”就是指学生本能发展的各个阶段，既包括身体方面，又包括智力和道德方面。三是“教育即经验改造”。杜威认为，教育就是不断地重组经验，同时增加控制后来经验的能力。人类在适应环境的活动中，必须以旧经验为基础来解决问题。因此，受教育过程实际是使学生不断取得个人的直接经验，即使经验不断改造或改组的

① 雅克·马里坦：《教育在十字路口》，高旭平译，首都师范大学出版社2010年版，第44页。

过程。教育目的就是循序渐进的“生活”、“生长”、“经验改造”的发展过程。

总的来说，生活、生长和经验是三位一体的关系。教育寓于生活，教育为了生长，生长源于经验。教育的过程就是生活，而生活又是主体经验不断得到扩展、改造和应用的动态过程。“生长”是教育的目标：由于生长不仅包含身心发育、情感成长、思维及理智能力的发展，而且含有社会进步所需知识以及文化传承与精进，更含有民主态度、方法和科学观的素养，这就要求教育要发掘潜能，要发展儿童应付新情境的首创精神，不要过分强调训练而导致机械的技能，尤其不要忽视生长的过程，而要尊重生长的需要和时机。“经验”是课程的本质，即从学生现有经验出发，具有连续、交互特点和教育意义的经验，这是学生生长和社会发展所共同需要的、不可或缺的。学生的经验首先应是他的经历，是在其自身的生活化问题解决的行为和活动之中。与斯宾塞不同，杜威认为，教育就是学生现在生活的过程，而不是为将来生活做准备。但是，杜威的学说又过于强调学生的主体性与主动性，忽视了教师的地位和作用，因此也存在许多不足之处。

除此之外，中国教育学者还提出了生产力说、上层建筑说、育人说、传递说、多重属性说与反本质说等观点。例如，生产力说认为，教育可以把可能的生产力转化为现实的生产力，是生产力再生产的重要手段。上层建筑说认为，教育就其主要方面来说，具有上层建筑的特点，即教育是上层建筑。多重属性说认为，教育具有上层建筑和生产力的双重性质，即教育的本质是它的社会性、阶级性、艺术性和科学性等各种属性的统一。育人说认为，培养人的活动是学校教育本质属性等等。相比而言，生产力说与上层建筑说二者是从教育的外延对其特点进行揭示和探究。传递说强调教育对知识的传统性、文化性，但忽视了学生的主体性、能动性。而本质是事物所特有的，具有唯一性的，具有研究意义，因而否定了多重属性说与反本质说。育人说是中国当前较为流行且占主流地位的观点，但该学说以中国学校教育的四五千年的历史去概括人类社会的教育，以学校教育的本质去推论整个人类社会的教育的本质，则有一叶障目、以管窥豹之嫌，因而也存在瑕疵。

二、深刻把握教育本质

不管教育在何年，何时，由谁来操作，以何种方式操作等，“教育本质”都体现为“教育是什么”问题。各种教育本质论的返璞归真就在这里。那么教育到底是什么呢?

法国萨特（Jean Paul Sartre）说过，人的存在先于人的本质，而人的存在就是一种自由；人是一个自由存在物；在教育中就应该意识到人是有血有肉鲜活的生命，有着自己的思想，有着不同于其他人的兴趣、爱好；教育不是压制人的想法，不是束缚人，而是充分挖掘人的潜力，让每个人意识到自己的存在，启发他们的自由天性。教育是以人的发展为根本目的的活动，要顺应人的禀赋，提升人的潜能。因此，发掘人的潜能是教育本质的表现之一。

健康的含义不仅仅在身体，还在心灵，即健全的人格。要有良好的人际交往能力和社会适应性。人之所以为人，本质只在一颗心；教育之所以为教育，本质就在于拥有一颗心的人。不了解这颗心，就不可能做成教育。特别是没有健全的人格，只能造就一些“有才无德”甚至“极端变态心理”的“社会危险分子”，扰乱人们生活，引发社会动荡。教育要去功利化，培养孩子良好的道德品质和行为习惯，教会孩子如何学“做人”，不能一味地重智轻德，应该让学生成为一个心智健全、人格高尚的人。诸如，著名教育学者、21世纪教育研究院副院长熊丙奇提出，我们可能用一个学生的学历、知识来代替所有对他其他方面的评估，认为一个人只要有高学历，就是高素质人才，但实际上我们要注意，其实一个人的学历是代表他的学习经历，反映了他知识教育一方面的成果，而无法反映出他的人格、身心，而人格的教育、身心的教育、心理的教育，这些教育才是对一个人起到更大作用的教育。因此，塑造健全的人格也是教育本质表现之一。

除此之外，教育还有许多其他作用。一方面，促进社会融合。教育的根本属性是其传递性、手段性、工具性，教育就是人类文化的传承手段或工具。随着经济社会的发展，教育取文化之精华，一代一代传承，促进文化不断精进。而教育就是通过文化的选择、传递、传播、保存、批判、创造等方式对社会发生作用，化解矛盾冲突。可以说，动物界的教育至多只是本能行为，确切地说是不存在教育的，而教育是随着人类的出现而产生的，起源于人类社会生活的需要，是人类认识领域的产品，因此是人类社会特有的一种社会现象。人与动物的本质区别就在于其社会属性，即人不仅是“生物的人”，而且更是“社会的人”。而教育则不仅仅是个体的行为，更是一种社会的行为，要教化大众，促进社会有机融合。另一方面，是产业孵化器。整体来说，教育是集科研为一身，本身具有一定的产业性质，当然针对不同的教育层次，要有所区别。通过科研创新，教育可以给产业提供先进的技术，同时为产业输送人才，促进产业裂变，产业结构优化升级，进而成为产业孵化器。

纵观古今，教育本质的研究，既有经验也有教训。对此，我们一定要善于总结和反思，树立正确的教育本质观，教育才会绿树长青，硕果累累。

第二节　激励挖掘人的潜能技能支撑社会发展

教育能培养出什么样的人才，不仅关系着人自身的命运，更关系到国家与社会的命运。然而，教育如何培养人、怎样培养人以及培养何种人的关键是要把人的潜能挖掘到极致。为此，在教育教程中，受教育者要不断地通过教育来获取知识，而教育者要勇于开发受教育者的潜能。加德纳（Gardner）提出，充分掌握概念、原理和技能，这样，你可以促使他们处理新的问题和新的情况，断定在哪些方面他现在的能力就够用了，而在哪些方面他可能需要新的知识和技能①。人的潜能得到了充分挖掘、得到了自由全面的发挥，也就适应了经济社会发展的需要。

一、对人的潜能的认识

人们常说，要发现人才，开发人才。而所谓的开发人才就是要开发蕴含于人体内的由体能与智能构成的潜能。潜能就是人所具有的潜在的、还没有意识到的能力。实践证实，人具有巨大的潜能。我们经常听到这样的评价：某某人还是有能力的，只是由于某种特殊原因而没有发挥出来罢了。这实质上就是指人的潜能没有发挥出来。

（一）人潜能何在

近年来，国内外的诸多学者开始关注人的潜能问题。有科学家说，人的大脑皮层约有 140 亿个神经元，而大脑的每个神经元相当于一个记忆元件，如果人的一生用 60 年来计算，人的大脑一生可以储藏约 5 亿册书的全部信息，相当于 50 个美国国会图书馆的全部藏书量，况且现在人的寿命要远远高于 60 岁，人大脑的信息储藏量可想而知有多么巨大。并且，科学家们研究发现，若是一个人能够发挥一半的大脑功能，就可以轻易学会 40 种语言，背诵整本百科全书，拿 12 个博士学位。但是，美国心理学家威廉·詹姆斯（William James）估计，一个正常健康的人，终其一生只利用了他固有能力的 10%，其余将近 90% 的潜能都被闲置或埋没了；美国玛格丽特·米德（Margaret Mead）认

① Gardnet, H., “*The Unschooled Mind*”, New York, Basic Books. p. 18.

为，人一生只利用了不过 6%，而有 94% 的潜能浪费了；美国心理学家奥托（Otto）指出，一个人所发挥出来的能力，只占他全部能力的 4%，还有 96% 的能力尚未发挥出来。世界有名的控制论奠基人之一的维纳认为，在一生之中，做出了辉煌创造的人利用他自己的脑潜能还不到百亿分之一。

如此而言，人的潜能为什么没有得到充分发挥呢？这主要是由于人没有接受有关开发完全潜能的教育，而并非人不存在潜能。通过锻炼，人可以挖掘出自己的体力潜能。比如说，奥运健儿经常会打破世界纪录，这就充分说明人体力潜能开发的无止境。现代生理学研究表明，人体内有一种平时似乎不发挥作用，而一旦接到指令，即可在一种酶的作用下，释放出巨大能量的物质。如果留心的话，我们时常会听到如下诸如此类的报道：一架平时需要几个人才能抬得动的钢琴，而在火灾情况下，一名男士竟然独自将它搬到了门外的安全地带；为了救出汽车轮下的父亲，一位小男孩独自掀起了一辆汽车。这虽然不可思议，但确实发生过，这充分说明了人的潜能开发的可能性。

人的潜能都藏在大脑深处，需要主动挖掘才会出来。众所周知，人的精神分为显意识与潜意识。显意识通过大脑感知等把握外部世界，而潜意识虽然通过显意识获取大量信息却默不作声。据心理学家研究，潜意识蕴藏着巨大的不可估量的潜能。据科学家研究表明，人的大部分奥秘存在于潜意识之中，潜意识是人类未充分认识的巨大的精神领地。弗洛伊德认为，潜意识与显意识共同组成意识。但是，由于显意识顾及社会道德伦理及至法律约束而潜意识中潜藏着人类性与暴力等原始欲望，二者之间进行着矛盾斗争。

人的潜能是隐藏在人的潜意识之内的，尚未显现的，但却已存在，只要条件具备，经过合理地开发，即能显现并能充分发挥作用的能力或素质。而教育是开发人智力的最主要途径之一，理应承担开发人类的大脑资源的责任。

（二）人潜能的分类

我们认为，人潜能主要分为创造潜能、社会潜能、感觉潜能、计算潜能与空间潜能。一是创造潜能。只要融入了人的思维劳动都可以算做是创造潜能，如做一顿饭、修整花园等。二是社会潜能。社会潜能可以说就是组织能力、沟通能力等，以此来调动别人积极性的能力。三是感觉潜能。这可以说是人的五种感觉器官所具有的潜在的感觉能力。四是计算潜能。人都具备计算能力，而不是有人所认为的一种天才，只是这种能力需要被激发出来。五是空间潜能。这可以说是看地图、组合各种形式以及使自己的身体正确通过空间的能力。需要注意的是，社会活动有助于一个人空间潜能的发挥。另外，人的五种潜能中分别混合着智力潜能、情绪潜能、人际潜能、社会潜能、身体潜能、语言潜能、自省潜能等。而每一种潜能都隐藏着巨大的能量。对此，教育工作者要深刻认识学生自身的潜能优势，因材施教，最大限度地激发学生的潜能。

（三）人潜能的特征

人潜能具有以下特征：一是内隐性。人潜能是潜伏在人潜意识之内，没有显现但已经存在的能力。二是可认识性与可操作性。只要条件具备，人潜能通过研究能够被人所认识。三是动力趋向性。人潜能是可以通过开发由隐性的变为显性的，进而成为个人素质组成成分之一。四是多样性。人潜能无所谓善也无所谓恶，是多种多样的，需要知识挖掘和意志的控制。五是遗传性。陶行知先生所说的“人生天地间，各自有禀赋”意味着，人的素质是人的先天的遗传性和后天习得性的统一，也就是肯定了人先天的潜能是后天发展的内在的基础性资源。而先天的潜能的合理挖掘和利用的程度，直接关系个人在现实条件下的最佳发展。六是结构性。人潜能的存在不是单个要素而是以一种结构的形式存在于人的潜意识之中的，并且形成了彼此连接又彼此制约的链状结构。

专栏 1－1

发掘人的潜能[①]

一位名叫史蒂文的美国人，他因一次意外导致双腿无法行走，已经依靠轮椅生活了20年。他觉得自己的人生没有了意义，喝酒成了他忘记愁闷和打发时间的最好方式。有一天，他从酒馆出来，照常坐轮椅回家，却碰上3个劫匪要抢他的钱包。

他拼命呐喊、拼命反抗，着急了的劫匪竟然放火烧他的轮椅。轮椅很快燃烧起来，求生的欲望让史蒂文忘记了自己的双腿不能行走，他立即从轮椅上站起来，一口气跑了一条街。事后，史蒂文说："如果当时我不逃，就必然被烧伤，甚至被烧死。我忘了一切，一跃而起，拼命逃走。当我终于停下脚步后，才发现自己竟然会走了。"现在，史蒂文已经找到了一份工作，他身体健康，与正常人一样行走，并到处旅游。一双20年来无法动弹的腿，竟然于危在旦夕的关头站了起来。这不禁让我们产生疑问：到底是什么因素使史蒂文产生这种"超常力量"的呢？显然，这并不仅仅是身体的本能反应，它还涉及人的内在精神在关键时刻所爆发出的巨大力量。著名作家柯林·威尔森曾用富有激情的笔调写道："在我们的潜意识中，在靠近日常生活意识的表层的地方，有一种'过剩能量储藏箱'，存放着准备使用的能量，就好像存放在银行里个人账户中的钱一样，在我们需要使用的时候，就可以派上用场。"

现代心理学所提供的客观数据让我们惊诧地发现，绝大部分正常人只运用了自身潜藏能力的10%。可以这么说，每个人都有一座"潜能金矿"等待被挖掘。有些同学可能会问，到底要怎样才能成功

① 张安君：《如何发掘人的潜能》，2010年6月8日，见 http：//www.lz13.cn/lizhiwen zhang/3784.html。

挖掘自己的潜能呢？

一要学会正确归因。潜能需要激发，这种激发是一个过程。在这个过程中，很多因素会影响我们是否能顺利激发潜能，能否正确归因就是其中一个关键因素。

很多同学明知自己不比其他同学笨，但当他们学习失败时，就会归咎于自己的能力不行，即使取得了好成绩，也只认为是自己运气好。这会让同学们要么感到自卑，要么心存侥幸，但就是缺乏学习的积极性，不愿在学习上投入时间和精力。这种学习上的消极归因使同学们忽视了自己那巨大的可利用的智力潜能。

积极归因，是我们每个人都需要学会的。当学习取得进步时，可以将其归功于“自己的努力”，这样会激发自己想进一步取得成功的欲望和继续努力的动力；也可以把这些进步当做自己能力强的体现，从而使自己产生一定的满意感，增强成功的信心。如果偶有失败，我们也大可在轻轻一笑中把失败归因于任务太重或运气不好，这样既可为自己“开脱”，使自己获得心理平衡，也可鼓励自己更加努力，并克服困难。不过，切不可因此对今后的学习产生“靠运气”的侥幸心理。

二要养成良好的习惯。习惯就像一个能量调节器，好习惯自发地使我们的潜能指引思维和行为朝成功的方向前进，坏习惯则反之。好习惯会激发成功所必需的潜能，坏习惯则在腐蚀有助于我们成功的潜能宝库。

有一个已为人们所熟知的实验：青蛙突然被丢进滚烫的开水中，它会迅速地跳出来，但若把青蛙放在冷水中慢慢加热，它会很安逸地在铁锅里游泳，直到最后被烫死在里面。其实，人很多时候也会像青蛙那样，沉湎于逐渐变热的水，被坏习惯所捆绑、蚕食。更可怕的是，甚至连我们自己也不知道我们身上有很多的坏习惯。现在很多中学生都有回家就看电视的习惯，不知不觉地在感官愉悦中滋生惰性，失去了学习的动力；有的同学凡事依赖父母，在父母的溺爱中失去了独立自主的欲望；还有的人在考试得高分的肤浅满足中失去了分析和独立思考的能力……所有这些，都是阻碍我们在成功路上释放潜能的“慢性毒药”。

不妨试试，选一个静谧的夜晚，拿出一张纸，把自己通常会出现的思维方式和行为方式写在纸上，然后通过分析把这些思维方式和行为方式按好习惯、坏习惯进行分类。也许，你会惊讶地发现，自己原来有那么多坏习惯而不自知。要养成好习惯，就需要我们从破除这些坏习惯开始。有了良好的习惯，我们才会像那只突然被放进滚烫开水里的青蛙一样，被激发出无尽潜能，始终保持生命的活跃状态，而不会在无所事事中趋于平庸和颓废。

二、教育承担开发人潜能的重任

教育挖掘人潜能的理论基础是多元智能理论。这是由长期致力于人类智能研究的美国霍华德·加德纳（Howard Gardnet）在 1983 年的著作《智能的结构》（Frames of Mind）中提出的。多元智能理论（multiple intelligences，简称 MI 理论）对法国心理学家比奈（Alfred Binet）的智商（IQ）学说、瑞士皮亚杰（Jean Piaget）的认知发展学说进行了颠覆性的挑战，使教育有了新的航舵和方向，对学校教育的影响是史无前例的。该理论提出，每个人至少有七项智能，但是存在个体差异，每个人都有自己的强项与弱项，并且显现出来的时间也有早晚之分。当然，某些智能受到良好的教育就能得以开发；反之，某些智能遭遇不良教育就会被压抑，甚至摧残。针对个体差异，教育者不应该受到传统观念束缚，而忽视被教育者潜能挖掘，而要突破困境，发现被教育者潜能，通过开发，造就人才，创造出奇迹。

（一）开发人潜能必须要具备三大要素

高度的自信、坚定的意志、实现愿望的决心是开发人潜能必须要具备的三大要素。这是由于：

第一，成功的前提来自于高度的自信。只有非常自信才能将激情彻底唤起，进入一种高亢兴奋状态，大大增加思维和精神力量的速度和数量，从而达到灵感四溢、随心所欲的心理状态。因此，信心是事业成功的根本。这是由于信心是潜意识能量的精髓、灵魂，没有信心，将一事无成。因此，教育要培育学生，在任何环境之下，都要使自己充满必胜的高度信心，而不是一味打击学生的信心，使学生失去精神支柱。

第二，坚定的意志是成功的基石。意志是为了达到人的既定目标而自觉努力的心理过程，是一种很奇怪、很微妙、无法触摸但却非常真实的特殊能量。可以说，失败是成功之母，成功需要人的坚定的意志。成功历程是一种心理煎熬的过程，有时需要极大的韧劲才能挺过去。特别是，黎明前的黑暗是最让人意志消沉的。但是，意志往往能激发出潜意识的神奇力量，发挥出人的潜能。因此，教育要有意识地培育学生的失败观，通过挫折教育来不断坚定学生做事的意志。

第三，实现愿望的决心是成功的动力。一位著名的成功学家曾说过，一个人在其梦想、雄心、目标、表现、行为和工作中显现的精力、能量、意志、决心、毅力和持久的努力的程度主要是由“想”和“想要”某件事的程度来决定。事实如此，当人强烈渴望某件事情已经严重影响到潜意识时，他便会求助于自身的潜能，而这些潜能在愿望的推动和刺激下，就会表现出惊人的力量。当然，人的愿望有好坏之分。对此，教育要在塑造良好的人格的基础上，提升学生技能，从而使学生具备实现美好的愿望的能力，坚定实现愿望的决心。

（二）教育挖掘人潜能的策略

现代教育的重要任务之一就是开发潜能，这也是当代人发展的重要目标。因此，教育要承担起挖掘人潜能的重任。

第一，早行动。挖掘人潜能应在婴幼儿阶段就要采取相应策略。这是因为婴幼儿的生理和心理的特点是阶段性的和连续性的。并且，婴幼儿的大脑高速发育，同时智力也在高速度提升。因此，若在此时间段婴幼儿能接受到适当开发潜能的教育训练，将会获得意想不到的效果。反之，若教育训练不符合儿婴幼儿身心发展规律，错过了适当的教育时机，往往会产生不良的后果，使本来具有的发展潜能得不到充分挖掘。

第二，遵循身心发展规律。在尊重学生个性特点的基础上，教育者要创设适当的有利的条件，促进学生在相应的智力优势领域内得到发展。特别是，学生后天的成长教育更应该遵循自身的特点和规律。诸如，儿童心理学研究表明，儿童心理的发展是一个连续的过程，其顺序是固定、呈阶梯形的，从渐进性的量变到跃进性的质变，表现出若干个连续的阶段。对此，教育要遵循儿童心理发展的规律，循序渐进；抓住“关键期”，及时施教。

第三，注重素质教育。素质教育是以提高民族素质为宗旨，以全面培养学生的现代优秀素质为直接目的，以培养学生的创新精神和实践能力为重点，以为人民服务、为国家和民族的兴旺做贡献为使命和发展方向的教育，是促进学生全体发展、尽可能多方面发展、充分发展、和谐发展、个性发展、主动发展、可持续发展的教育。素质教育自身的这些特征就决定了教育者应该充分认识构成素质教育的各个组成部分，按照素质教育的要求，注重开发学生潜能。

第四，遵循系统论。人潜能的各个要素之间以一定的组合方式存在于人的潜意识之中，进而形成了人的潜能系统，并且各个组成要素之间以及要素与系统之间都是紧密相连，密不可分的。由于系统的功能都根源于它的内在的结构，因此开发人潜能要遵循人潜能的结构特性，注重构成人的潜能的各个组成要素以及要素与整个系统之间的关系，进而发挥整个系统功能的作用。

第五，关注自身发展。学生自身要有意识地注重自身优势潜能的开发训练。人的一生要经历从儿童到青年及老年的生理发展过程，这是个终身学习，终身受教育的过程，在此过程中，人的潜能不断地被发掘培养运用。因此，任何受教育者包括家长都应该不失时机地抓住每一个可能开发的时机，去挖掘自身的潜能。因此，挖掘潜能不是一朝一夕的事，而是终身的事，不是自己一个人的事，而是全社会的事。

专栏 1－2

自信教育助学生发掘潜能[①]

2013 年 5 月 13 日，羊城晚报记者走进广州市海珠区一所普通中学——广州市第 98 中学。学校正在进行由新加坡引进的课外拓展专项课程“我是天才”。现场的学生们各个轻松快乐，初二学生温彦逞自信满满地说：“我们并不比名校的学生差，我们也有实力。”

一、每人都有潜能可挖

98 中是一所普通初中，每年靠地段派位提供生源，然而每年总有学生通过择校、考民校等方式转往名校，不愿留下来。这种社会现象，对公办普通学校的名声造成一定损害。

“我们学校连续五年，毕业班评估都拿到海珠区的一等奖。但有老师居然不信，以为是‘撞彩’。”校长孔颖梅坦言，有部分学生和老师的确缺乏自信，感觉自己比不上名校。“我们要做的，就是怎样才能更相信自己的实力。”为此，学校把提高学生的自信作为教学的重要内容，强调激发学生兴趣，相信自己，拓展潜力和才能，同时开展“自信学堂”，邀请成功校友或社会人士来分享自己的励志故事。除此之外，学校还把自信教育融入课堂教学和课外活动中，比如举办科技节、体育节等。“虽然我们的活动不一定轰轰烈烈，但能让学生们找到自信和乐观”。

---

① 陈晓璇：《自信教育助学生发掘潜能》，2013 年 5 月 15 日，见 http：//www.ycwb.com/ePaper/ycwb/html/2013－05/15/content_152256.htm? div =－1。

据新加坡教育专家周俊豪介绍，在新加坡也有“普通学校”和“名校”之分，学校内也分“重点班”和“普通班”。但是学校并不完全按照成绩分班，而是根据学生的学习态度来分。“天才”并不一定就是学习成绩好，因为每个人都有潜能可以挖掘。并且他认为，其实并没有“差学生”或“坏学生”，关键在于正确的引导。

“这样的教育理念与我们所追求的目标很吻合。我们不是名校，但肯定是一所好学校。我们不会放弃每一个学生。”孔颖梅表示。

二、环境有助发掘潜能

孔颖梅告诉记者，近几年家长们也渐渐领会了“选择适合孩子的学校”的道理，盲目选择名校的人开始少了。有一位女生“小升初”时，经电脑派位到了98中，但家人花钱择校将她转去了名校。可是，该女生适应不了名校的学习压力，第一学期就拒绝上学。初一第二学期，父母只好让她重回98中。没想到，孩子到了98中后不仅学习成绩在全年级靠前，还经常参加舞蹈队、合唱团、篮球队活动。

记者采访了解到，在广州，每年像98中的这位女生一样从名校“回流”到普通学校的学生并不少见，因为名校的学习压力并不是每个人都能承受的，沉重的压力让学生快乐不起来。华师附中校长吴颖民提出，在择校问题上，家长必须考虑到孩子的承受能力，不一定要“攀”名校的门。名校不一定有利于孩子最大限度发挥潜能。只有孩子融入环境，才有助于激发其潜能。

三、教育是提升人技能的途径

挖掘人潜能，实质上也就是要不断提升人技能的过程。技能与知识不同，知识可以通过语言文字等形式传授，例如，生活常识、物理知识、化学知识、数学知识，然而技能必须亲自学习，并坚持练习才能掌握其中的技巧。可以说，技能就是通过教育而获得的能够完成一定任务的动作系统。并且，技能是一种熟能生巧的体力活，即一旦停止练习，技能将很快变得生疏。特别是，知识经济时代，任何一个人都必须掌握一种技能，这是获得工作机会的前提，而且拥有过硬技能的人会有更多的工作机会，并且能够带来财富，促进国家生产力的提高。诸如，城市地区大学毕业生的数量每提高10%，个人收入就会提高7.7%，不论他们是以何种方式接受教育的。就国家而言，人们平均接受学校教育的时间每增加1年，人均产值就会增加37%，这是非常惊人的，因为接受学校教育的时间与国家的生产力之间有着很大的关联①。虽然技能的获取要取决于自身的兴趣、能力和聪明程度，也取决于他所能支配的资源以及制定的事业目标，但不可否认的是，人的技能主要是从人一生中不断接受的教育中获得的。

比如说，美国劳工部公布的最受雇主欢迎的十种技能：一是解决问题的能力。能够发现问题、解决问题并迅速做出有效决断的人行情将持续升温，在商业经营、管理咨询、公共管理、科学、医药和工程领域需求量骤增。二是专业技能。21世纪，技术已经进入了人类活动的所有领域。工程、通讯、汽车、交通、航空航天领域需要大量能够对电力、电子和机械设备进行安装、调试和修理的专业人员。三是沟通能力。所有的公司都不可避免地面临内部雇员如何相处的问题。一个公司的成功很多时候取决于全体职员能否团结协作。四是计算机编程技能。如果你能够利用计算机编程的方法满足某个公司的特定需要，那么你获得工作的机会将大大增加。五是培训技能。现代社会一天产生和搜集到的数据比古代社会一年的还要多。因此，能够在教育、社区服务、管理协调和商业方面进行培训的人才的需求量逐年增加。另外，还有工程机械类技能、服装设计类技能、美容化妆类技能、汽修

① 格莱泽：《城市的胜利》，刘润泉译，上海社会科学院出版社2012年版，第234页。

类技能、技工技师类技能、餐饮类技能等等。六是科学与数学技能。科学、医学和工程领域每天都在取得伟大的进展。七是理财能力。随着平均寿命的延长，每个人都必须仔细审核自己的投资计划以保证舒适的生活以及退休后的生活来源。投资经纪人、证券交易员、退休规划者、会计等职业的需求量也将继续增加。八是信息管理能力。信息是信息时代经济系统的基础，掌握信息管理能力在绝大多数行业来说都是必须的。九是外语交际能力。例如，美国需要从别国进口原材料和商品，美国的商品和服务也要出口到全球市场。十是商业管理能力。这方面最核心的技能一方面是人员管理、系统管理、资源管理和融资的能力；另一方面是要了解客户的需要并迅速将这些需要转化为商机。又如，对于创业大学生而言，他应该具有人际交往能力、管理能力、经营能力、创新能力、终身学习能力、信息收集与处理能力、应变能力、言语能力、把握机遇能力、预见能力等多种能力。由上可以看出，人所获得的技能都包含在其从小到大所接受的教育中。

随着经济社会发展，学校教育已经不仅仅满足于老式学校教育的“专才教育”，转而向“通才教育”发展，进一步突破知识的空间和时间限制。因此，学校必须要有一支起模范带头作用、为人师表、教书育人、敬业爱生、有扎实的业务知识和终身学习的自觉性、掌握必要的现代教育技术、积极参与教育科研、广闻博取、精思深索的具有创新意识的教师队伍。作为传道、授业、解惑的教师，对学校教育政治社会化功能的发挥无疑是首要的，同时其专业素养是高品位教育的重要因素（也包括对学生的思想道德教育）。世界卫生组织（WHO）曾指出，学校是最适宜的促进学生心理健康的场所，它既可以教给学生解决问题的技巧，也可以通过对个案的干预和咨询，改变学生的行为。换言之，所有教育都有道德教化的效用，一旦涉及人的内在价值系统发展、健康价值观和道德习惯养成，教师必须提高自身专业修养，学校也该提升专业素质。当然，家长作为学校教育的重要组成，对从小指导学生培养良好的学习习惯，提高学习效率有着重要作用，而且对学校教育绩效的反馈起到改进学校教育的作用也是不可替代的。

第三节　健全人格塑造魅力
释放人类的正能量

人有着不同于动物的价值生命。人接受教育的历程是形成较为稳定的人格并将之付诸实践的过程。特别是，在经济市场化、政治民主化、文化世俗化以及价值多元化的大潮中，教育可以使人精神充实，全面发展，人格完善，树立正确的人生目标。教育承载着引导学生尊重生命、善化生命、美化生命，使他们体验到生命存在的意义，进而确立一个自我和谐的生活目标，并为之努力奋斗，实现生命价值的艰巨使命。其中，尊重生命秉承生命具有独特的、不可替代价值以及生命平等观点；善化生命要求人们在尊重生命的基础上，主动承担对自然、社会以及他人的责任，具备使命和担当意识；美化生命是在人对自由追求的前提下，通过自己的努力来获取人类发展的所有成果，自由全面发展，实现自身价值。

一、尊重生命

苦读是同窗，相助亦相竞，人生最珍贵的情谊便是悠悠同窗情。然而，2013 年 4 月 1 日，中国复旦大学医科研究生黄洋遭室友投毒，不幸死亡，令人不禁愕然。此事也让人们回想起了 1994 年清华大学女生朱令被人用铊盐投毒。何故反目，共赴不归路？另外，当前无论是小学生还是大学生都存在自杀现象。这折射出学生存在有才无德、功利主义、漠视生命等问题。特别是，教育过程中较为缺乏对学生尊严的意识、尊重他人的人格、保护自我等内容，因此学生面对矛盾可能就会采取非常过激的手段，甚至根本就没有想到过面对的是一个鲜活的生命。

人终将要走向死亡，但是生命是美好的，我们要尊重生命，敢于直面死亡同时要慎对死亡。这就涉及教育将何种生命价值观灌输给受教育者的问题。我们认为，尊重生命是生命价值观教育的基础。尊重生命，就要珍惜生命的存在、维护生命的权利、尊重生命的个性。教育要让受教育者意识到，人不仅是实体的存在，更是意义的存在，人是在追寻意义的过程中获得精神生命的愉悦和心灵的安顿。简单来说，人活着不是为自己而活而是为别人而活。

教育要发挥引导作用，使学生正确认识生命的起源，对生命产生敬畏之心与崇拜之心，珍惜生命。同时，教育也要引导学生广泛获得死亡方面的哲学、社会学、伦理学等知识，理性地思考死亡在生命过程中所担任的角色及死亡的价值所在。特别是，随着经济社会的发展，人的心理差距越来越大，教育更加要注重心理健康教育，关注学生的认知、情感、意志等各个方面，进而构成一种旨在改善生命质量的综合性视角，从而促使学生全面共同发展。

和平与发展是时代发展的主旋律，而在和平环境成长的学生对事物总是充满了美好的希望，缺乏逆商，即没有面对挫折的勇气与韧劲。因此，教育要积极起到培养大学生挑战挫折和苦难的意志力的作用，这是由于学生没有对苦难的挑战，也体会不出生命的甘甜。因此，教育要引导学生认识苦难也是对生命的一种体验，要让学生意识到苦难和痛苦也是人生的一部分，即要认识“人生不如意事十之八九”，要对“失败”有一个科学的认识，树立面对“失败”的正确理念：一方面，要让学生正确认识到挫折是不可避免的，是人走向成熟的必经之路，要以积极的态度去面对；另一方面，要培养学生的挫折承受能力，增强挫折容忍力，掌握心理调控能力。总之，通过教育引导作用，学生可以端正思想，正确看待挫折，面对挫折，积极面对人生。

二、善化生命

人不仅是肉体的存在，还是社会关系的存在，因此，人的生命价值不只在于尊重和爱护自身及其他存在物的物质性生命，而且还包括对生命责任的积极承担。因此，尊重生命只是人生命价值意识中的基本层次，在此基础上，我们还要善化自己的生命。善化生命就是人要勇于承担其所在的社会关系中应该负的责任。

人是个独立的个体，有着不可复制的特性，强烈追求自由与独立，然而人又生存于社会关系之中，是与其他人共存的，即人是社会关系的总和。随着人的成长历程，社会关系也在不断地扩充，因而人所要承担和完善作为对社会关系的回应也必然随之增长。特别是，人来到世界上就意味着责任与他相伴而来。然而，由于正确的权利义务观念的缺位，导致人的责任意识不同，使得不同的人面对这种与生俱来的责任会有不同的抉择：有的承担起自己应承担的责任，有的人不仅承担自己的责任还承担本不属于自己的责任，还有的则逃避责任。对此，教育要培养学生的责任意识，勇于担当，进而树立合理、科学的权利与义务观念，积极承担起自己在社会关系中应该负的责任，这是社会和谐与个体生命价值自我实现的前提。

教育要引导学生意识到，个体与整体是相辅相成，不可分割：一方面，要鼓励学生勇于追求自我的理想，敢于面对外界的质疑，能够抵制压力，不要为了与他人和集体的统一而抹杀了自我的个性所在。另一方面，教育要引导学生意识到，个体的生命历程中不可避免地需要与他人发生关系，任何个体都不能脱离人群或集体而存在，并且个体对社会关系中应负的责任也是社会关系得以运作和完善的动力源泉，这也是个体推动自我实现的路径，即承担社会关系中应负的责任也是对自身生命的善化。

三、美化生命

如何承担自己应负的责任呢？这就要求我们要美化生命，即要实现自由发展，进而立志向道，知行合一，使自己获得全面发展，获取人类发展的所有成果，敢于承担，也有能力来承担。

人生来平等，生来自由，因而每个人都应该享有历史发展成果的权利，但是这必须要通过人的自由全面发展来实现。人的自由全面发展是一幅理想社会的美好蓝图，可以说是能无限接近却永远不能真正达到的目标，然而这个看似“虚无”的目标却对个人具有重要的指导意义。人把自由全面发展作为奋斗目标，就有航标，有了创造人生价值的源源不断的动力。

教育引导学生立志向道，知行合一。所谓立志向道就是要有自己为之奋斗的目标，而不浑浑噩噩地过日子。比如说，中国的孔圣贤十五岁时就“有志于学”，明代的王阳明从小就立下了“学做圣贤”的人生目标，从而他们有了不朽的成就。然而，立志向道只是提升生命境界的第一步，更重要的是知行合一，即要把这种志向落实。所谓“知”就是要主动去学，明辨事理，而“行”就是要立场坚定，持之以恒，历尽磨难也不放弃。

教育还要树立学生正确的全面自由发展观，要让学生明白自由发展是人的多方面能力和多方面素质的养成，而不是仅仅指能力，而“先做人，后做事”这是教育家们经常说起的，可见教育最重要的是要塑造人的品格。当然，人的全面自由发展在教育科目上会随着时代变迁而动态变化。比如说，中国最初提出的“德育、智育、体育”，到后来又加上了“美育与劳动”。对此，我们应该意识到，全面并不是意味着教育科目“多”，因为人的全面自由发展内涵是无法穷尽的。因此，人的自由全面发展是一个开放性的观点，对人的素质要求会随着社会的发展而变化，因此教育也要与时俱进。但是，不管如何变，教育的目的之一就是要开发学生的潜能，引导学生实现全面自由发展。

第四节 有效化解矛盾冲突 融合发展正向演进

中外教育史表明，尽管人们对教育是仁者见仁，智者见智，但都达成一个共识，教育的本质是文化的有机组成部分，是育人的一种社会实践活动。育人是教育的根本使命，形成趋于一致的道德行为，化解矛盾，促进社会融合。也就是说，教育作为社会的一个系统，它首先承担育人的功能，并通过育人功能进而实现其社会功能，影响和保障社会的延续与发展。

一、教育通过保存与创新文化提高社会融合力

人类社会的进步发展主要体现在文化的继承和发展，教育是优秀文化传承的重要载体和思想文化创新的重要源泉，是民族文化精进最主要的推动力。教育是人类文化传承的主要方式，是民族振兴的基石。文化是人类利用自然、改造自然从而得以生存和发展的特殊工具。如果没有文化的积淀与传承，一个民族就会止步不前，而教育是传承民族文化，保存与创造文化，使后人继承前人积累的文化成果，同时推动文化不断精进的大动脉。可以说，教育在保存民族文化传统和建设现代新文化方面，起到了极为重大的推动作用，是不可替代的角色。最重要的是，教育是通过文化的选择、传递、传播、保存、批判、创造等方式对社会发生作用，促进社会有机融合。

文化是教育对象社会化的价值追求，教育则是受教育者社会化的主要途径。另外，从教育思想史上看，教育与文化都是一种合乎社会、

人的目的的实践活动：教育活动既要体现社会对个人的要求，又要促进人们的自身发展，因而教育活动历来都是在不同的文化逻辑体系中反映价值取向的社会实践，带有鲜明的目的性特征。人类文化的传递、延续和更新，都离不开教育这个载体，而通过文化传播和文化延续的时间和空间功能，使得社会连接为一个整体，减少不必要的摩擦，维护社会稳定①。吉田茂在谈到战后日本经济复兴时认为是“乐天主义赋予的进取精神和竞争精神带来的果实”，又说：“最重要的恐怕是，日本人是富于好学精神的国民。而且无论是明治时代也好，还是战后也好，教育给予日本以巨大力量，这也可以说是历史上培育起来的国民特性。”

20世纪80年代，联合国教科文组织推荐的《学会生存——教育世界的今天和明天》、《世界重大教育问题》等著作中提出了教育“自我保存”与“自我更新”的功能。《学会生存——教育世界的今天和明天》一书中提出，一方面，教育的基本功能之一就是重复，重复地把上一代祖先那里继承下来的知识传给每一代，教育体系负有传递传统价值的职责。这就说明了为什么教育体系倾向于构成一种时间上和空间上密封的体系，为什么它们主要关心它们自己的生存和成功。因此，体系看起来是内向后退的，所以教育本身是保守的②。从上也可以看出，教育“自我保存”功能指的是，教育的“重复性”、“封闭性”与“保守性”。其中，重复性指的是它总是倾向于重复人类社会已有的知识经验和道德规范；封闭性指的是教育（主要是学校教育）在时间与空间上的封闭，特别是与发展中的社会隔绝；保守性指的是它作为为社会服务，并由习惯所统治的一种结构，会自然而然地倾向于维持和巩固一定社会和教育体

① 王志强：《文化传承创新与地方高校科学发展的文化逻辑》，《文化学刊》2011年第11期，第8~10页。

② 联合国教科文组织国际教育发展委员会：《学会生存——教育世界的今天和明天》，教育科学出版社1996年版，第85页。

系及其价值[①]。另一方面，在“自我保守”的基础上，教育本身又存在着革新的内在因素。教育对人类文化遗产的秉承以及对人本源的保持体现出了教育保守性的特性。但是，教育保守性并非意味着教育是一成不变的，而是相对于教育创新性而言的。联合国教科文组织在《世界重大教育问题》一书中提出，教育是一个有强大生命力的有机体。教育的生命力的源泉在于不断创新，不断进行“自我更新”。

教育功能的发挥必须建立在文化“自我保存”的基础上，即教育本身包含着文化的教育，包含对文化自身的历史脉络有个明晰的逻辑梳理和价值判断。教育功能的发展只有在基于一个文化特色、文化修养的基础上才能更好地发挥，即更加有利于人才的培养。另外，文化传承创新功能的发挥，必须以教育为载体，教育可以不断把文化元素投射到教育的全过程，从而成为育人的重要内容，并且在育人的过程中实现文化的“自我更新”，在人才培育功能发挥中不断推动文化传承创新。

二、教育培养人与社会的融合能力

教育使得世界各地、五湖四海的人们汇集一堂，笑谈天下。然而，“林子大了，什么鸟都有”。由于每个人的知识、生活、个性等背景差异往往会导致社会摩擦与冲突，这是不可避免的现实。特别是，有的人欠缺人际交往能力。人际交往能力的欠缺往往会导致个体被群体所孤立，极有可能由此产生孤独、愤懑、沮丧、无助等消极情绪。一个人长期为消极情绪所控制，往往会突破其承受极限，做出常人难以理解的可怕行为。对此，教育要引导学生学会在不否定这一客观性的前提下，有意识地寻求差异之上的共同点，让学生学会以宽容来对待异质性的存在者。通过教育，学生要意识到虽然自己永远不能真正地进入他人的世界，但

① 李小融：《论教育对社会发展影响的双重性》，《四川教育学院学报》1994 年第 10 期，第 8 ~10 页。

可以无限制地去接近和理解其价值取向，通过彼此之间的交互理性来达到双方共存与交融的和谐境界，尽可能地排除彼此的盲目和暴力因素而获取更多的同质性结果，从而达到既保存自我的独立，也能成全他人的追求的和谐结果。特别是，现代社会是高效、稳定、创新、和谐的社会，而现代化又是符合社会发展规律的正确方向。但是，通往现代化的征程并非一定顺利，现代化过程中存在一些陷阱，从整个世界视野看，某些国家和地区在现代化进程中或者已经完成现代化的进程中，遭遇挫折和断裂甚至陷入社会混乱的现象屡见不鲜。对此，通过国民性的培养，教育使得社会摩擦减少，整体更加和谐。如受教育程度与犯罪率有一定的正相关关系，受教育程度越低越易引发社会冲突，进而导致犯罪。美国监狱 100 万犯人中 80% 的人是中学的辍学生①。

教育是施教者或机构根据人的发展的客观需要，把人类文化（包括经过挑选的知识、经验）通过一定方式（正式的、非正式的、直接的、间接的）传授给教育受体，满足其发展需要，同时使人们形成趋于一致的原则与规范。诸如，赫钦斯在《美国高等教育》中有过论证，“教育的目的之一是发掘出我们人性的共同点，使得受教育者在思维方式和思考角度具有共通点，帮助形成社会统一的核心价值观和主流价值。”孟德斯鸠曾说过，民族的历史是法律和风俗等原则而导致的结果，并非出自偶然。这里的原则是指人们对诸多社会公德、规范和关系等客观知识的普遍认同和依赖信任。只有人们都处于自觉遵守这些公德、规范和关系约束的状态中，社会才会稳定而有序。因此，教育的功能至少包括两个大类：一是个体发展职能，即使个体获得自我意识，作为一个完整的人而得到发展。二是个体社会化职能，包括经济生产职能、选择职能、政府职能、文化职能，所有职能的客观结果都是通过教育来促进人的发展。其中，经济生产职能，即个人职业社会化，成为合格劳动者；选择职能，即个人身份社会化，取得一定的社

① 福兰：《变革的力量》，教育科学出版社 2013 年版，第 55 页。

会地位；政治职能，即个人政治社会化，成为合格公民；文化职能，即个人文明化，成为文明人。

教育通过潜移默化的作用，能使学生明确自己在社会中所处的地位，达到主动接受社会规范约束的效果。例如，通过进行历史教育，可以使学生走出“为历史而历史”和“崇古”的误区，从而进入一个联系现实和服务现实的天地，从现实出发来学习历史，从历史的角度来思考现实，了解现实社会问题的来龙去脉，理解这些问题的根源所在，有助于相应对策的发现和现实问题的解决，改变单纯地面对负面新闻产生的消极思想。因此，教育是现代社会发展的根基，它的产生、发展和进步都在社会这个平台上进行，依赖于社会而存在，同时促进社会的有机融合。

第五节　多维创造动力因素助推产业不断升级

随着经济、科技的发展和社会进步，教育功能随之变化。社会经济发展和转型要求教育特征变化，由社会经济发展总特征决定，任何一次社会经济变革都与教育特征密不可分。而教育也伴随着生产力的发展，成为不同社会形态中的产业驱动力，促进产业结构优化升级。例如，原始社会的教育推动了狩猎发展，农业社会的教育推动了种植业发展，而工业社会和知识社会的教育则分别推动着制造业和创意产业的发展。

一、教育自身产业性架构

教育界有许多人以教育是公益事业，而贬抑甚至否认教育的产业性。

实质上，这些人是将教育的产业性等同于教育的生产性，然而二者并不是等同的。教育的产业性体现之一就是，在办学和学校管理中引入市场机制，以提高教育效率，促使教育朝着多元化方向发展，因此教育具有产业性与追求平等的教育公益性并不冲突，在某种程度上甚至还具有一致性。比如说，针对涉及私人收益较大的教育层级而言，根据“谁受益、谁负担”的原则，由个人分担一部分教育成本，反而有可能增加教育机会供给，进而实现教育平等。此外，学校运营中引入竞争机制、资金筹措上实行产业化运作，提高教育资源利用效率，都有可能有效地增加教育资源，提高教育服务的数量与质量，使更多的人享受到更好的教育，逐步实现教育公平的目标。

教育使得劳动者能够更有效地应用现存的实物资本，驱动新知识的发展和传播，并且提高其模仿和应用先发国家所开发的新技术的能力，爆发高科技。特别是，教育对于生产率还具有正的外部性。因此，教育对于效率改善和技术进步，即对生产率增长具有正效应。教育不但促进了一国采纳、吸收以及应用他国新技术的能力，而且决定了其国内的创新能力。如果实物资本的缺乏会抑制技术的发展，那么缺乏受过教育的人才会使一个国家丧失创造和应用新技术的能力。教育通过对新技术的应用与创新成为经济和生产率增长的首要必备条件。从这个角度出发，教育在一定程度上也具有产业性。

二、教育与产业结构优化升级

教育发展与产业结构优化升级二者相互促进相互联系，产业结构优化升级对教育的贡献主要是通过提高政府和居民的教育支付能力带动教育需求的增长以及引导教育的投资方向三个方面体现出来，同时，教育的发展可以增加人均受教育年限、优化人才结构和调整教育投资的个人收益率，诸如，在美国，大学毕业生 2007 年的年收入为 57000 美元左右，中学毕业生的年收入仅为 31000 美元左右。换句话说，去上大学相当于年收入增长80%以上[①]，从而可以带动产业结构的优化升级，如图1-1所示。

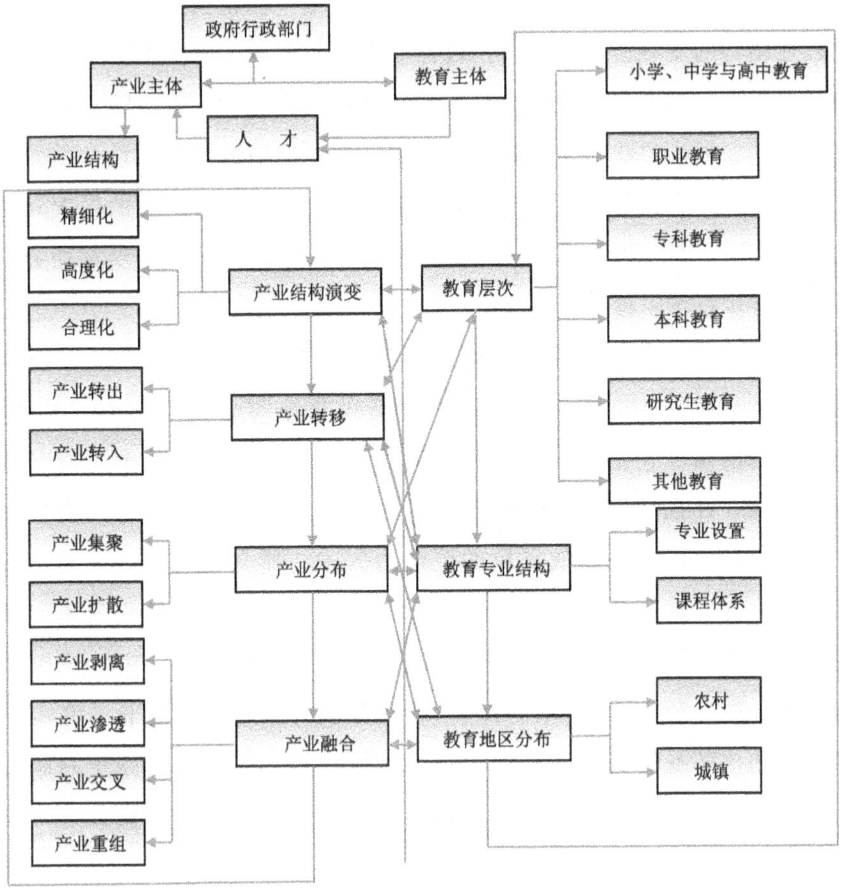

图1-1 教育与产业结构互动模型

产业结构与教育的互动涉及产业、教育主体与政府行政部门三个主体，政府为产业及教育的发展创造良好的政策法律等外部环境，同时，教育主体为产业主体提供和输送大量的人才，为产业的发展与优化做出了很大的贡献。特别是，教育结构是否科学合理，是否与已形成的产业

① 格莱泽：《城市的胜利》，刘润泉译，上海社会科学院出版社2012年版，第234页。

结构相适应与吻合，是涉及产业结构能否合理的一个重要因素。一方面，教育可以根据产业需求反馈，设计合理的教育结构，为其培养人才，实现产业劳动力类型和层次的最佳配置，以满足产业结构发展的需求，推动产业结构的发展；另一方面，教育根据产业调整和技术发展的一般趋势以及经济发展潜能，主动地调整教育结构的类型和层次，培养产业所需的人才，促进产业结构的调整和变化。教育结构的规划与设计虽然只是间接影响到产业结构的演进，但由于它决定了新增劳动力的层次和结构，因而对产业结构的调整还是颇有影响的，而且这种影响随着社会的发展与进步将越来越大。

实践证明，产业结构高级化程度越高，对人的教育水平要求就越高，缺乏相应人才资源的支持，产业高级化绝对是不现实的。另外，产业结构的高度化是从低水平状态向高水平状态发展，各个阶段是难以逾越的，并且理论上前一阶段产业充分发展是后一阶段的产业发展的基础。若地区多是以低素质的劳动力为主，那么就只能以劳动密集型产业为主，这是低素质的劳动力和低层次的劳动力结构成为阻碍其发展的决定性因素。若地区要从事高附加值的工作，就必须提高劳动力素质，提升劳动力结构。另外，若义务教育平均年限越长，高等教育所占的比例就越高，其新增劳动力素质也就越高，更偏好于高附加值脑力劳动的工作，更加致力于智力创新和技术创新，从而促进产业结构的高度化。劳动力受教育的年限若越长，素质就越高，收入也就相对地要高，消费领域也得到扩展，进而消费需求多样化。这种需求的多样化势必促进产业结构均衡、协调发展。而且，随着受教育年限的延长，人的素质和收入的不断增长，人的喜好、兴趣和追求等都会发生改变，最终会引导产业结构的合理化。

比如说，美国农业社会中作为第一产业的主体产业——农业就业人数，从 1880 年的 50% 降到 1987 年的 3%，农业产值在国内生产总值中的比重由 20 世纪初的 15.2% 降到 1987 年的 2%。第二产业中的制造业从 20 世纪 40 年代后期到 60 年代中期一直保持比较高的比重，农业吸收劳动力就业的作用已经远远落后于第二产业，这主要是由于美国教育以推动工业发展为指向。在工业占国民经济比重较大和更多地吸纳就业人口的前提下，美国教育的中心问题不再是回复到古代圣贤社会，而是适应现代社会，为新的生产要素背景的工作做好准备。因此，美国现代学校同古代学校截然不同，教育内容从不相干的人文转变为与生产密切相关的知识结合，突出自然学科的地位和作用；与工业社会的特征不同，教育是着眼于实现规模化，服务于现实，是法定义务；工业社会的教育有着封闭、统一、专门、单向、继承和具有阶段性的特征，也正是这种特征，极大地推动了美国第二产业制造业的发展。

第二章
切实厘清发展现况
定教育改革着力点

教育是一个国家发展的基石和国家竞争力优势的砥柱，也是开启未来之门的钥匙。建立一个高质量的教育体系，不仅是创新型国家建设的需要，也是实现教育事业科学发展的需要。教育事业的发展需要与时俱进，开拓创新，科学发展，破解我们教育发展进程中的难题。我们要清晰地找准教育事业发展所处的位置，客观审视面临的问题，然后清醒地研究可持续发展的对策。

第一节　鼎力促进教育改革
积极推进强国富民

中国是世界人口最多的国家，也是一个教育水平不太发达的国家。1949 年新中国成立之初，中国八成人口为文盲。面对严峻形势，百废待兴，国家始终坚持教育为先，为适龄儿童和青少年提供一定年限的学校义务教育，同时发展中等教育与高等教育，成绩斐然。面对知识经济大爆炸，中国当前更要加快教育事业发展步伐，紧跟时代潮流。

一、实现“普十二+二+三”义务教育

普及义务教育是政府、社会和家庭的共同责任，也是中华民族千年的理想，因“国民之智愚贤否，关国家之强弱盛衰”①。目前，中国正处于经济社会的转型期，这对于义务教育改革来说既是机遇也是挑战，我们要适时延长义务教育年限，普及三年中职教育、二年高职教育，甚至于要普及幼儿教育，将有力地提高人力资本水平。

1. 建立保障基本教育权的义务教育转移支付体系。加大对落后地区的财政转移支付力度，促进义务教育区域均衡，同时鉴于目前教育资金按项目拨付的现状，可以考虑针对不同支出项目由中央、省市、县三级分别负担的原则设计具体的转移支付比例。比如说，教师工资应该按统一标准发放，落后基层政府无法负担的差额可由省级政府统筹；制定义务教育政府投入区域差异系数；涉及基建支出的统一由中央来承担。

2. 实现“九+三”的十二年义务教育。为有效解决初中毕业生的升学需求与高中教育供给之间的矛盾，我们要不断加大教育投资，尤其是对农村地区的教育投入，大力发展高中教育，同时还要以就业为导向，加强中等职业教育，实现高中教育、中等职业教育与普通教育均衡发展。在具体实施中，十二年义务教育是九年学历教育+三年中等职业教育（三年高中）的普十二教育，旨在培养懂技术的蓝领技工。

3. “九+三+二”阶段。在推行“普十二”义务教育后，实现再实施两年高职教育，鼓励企业与学校合作办学，培养高级“灰领”技师。这个阶段要充分发挥企业参与办学的积极性，可以考虑实施企业

① 清政府颁布的《奏定初等小学堂章程》，1904年1月3日。

对于高职教育的投入予以税前扣除等税收优惠政策，培养实用性技能型人才。

4. “九＋三＋二＋三”阶段。在推行“普十四”义务教育后，再实现三年幼儿教育的普及化，诱发与催生儿童能力，发掘并培养天才儿童，有效地实施纠偏和补偿教育。这个阶段要充分发挥政府引导作用，采取“全面普及学前一年教育，基本普及学前两年教育，有条件的地区普及学前三年教育”的战略方针，逐步推广完善，实现幼儿教育普及化。

延长义务教育年限可以提升劳动力素质和务工技能，降低犯罪率，从而有效地降低社会成本。在此过程中，政府要有担当意识，发挥主要作用，对进入中等职业学校学习的孩子给予更多的政府补助，而对上高中的学生给予政府贷款，同时激发企业参与办学的积极性，其实质是政府出钱通过提升国民素质的方式实现社会的稳定与和谐。

二、建设高等教育强国

知识经济来临，对于高等教育来说，要迈入以提高质量为中心，建设高等教育强国的新时期。质量是高等教育的生命线，也是教育的题中应有之义，是党的教育方针精髓所在，同时提高教学质量也是高校发展的永恒主题。然而，建设高等教育强国需要一流的学校，这是教育强国的标志之一，没有一流的大学，也就不会有一流的高等教育，美国、英国和日本等一些先发国家，都有世界著名的大学。中国在扩大招生规模的同时也在努力建设自己的世界一流大学。“211”工程和“985”工程的推出，就是中国建设世界一流大学的尝试。

“211”工程有选择地发展高等教育，有保障地重点办学，加快了中国重点高校向世界一流水平迈进的步伐。“985”工程则是在“211”工程基础上更高级的行动纲领，以创建世界一流大学和一流学科为核心目标。这两项工程的建设，改善了高校资金设施短缺的局面，形成了一批有研究实力的综合性大学，使高校有更强的科研实力，提高了重点高校人才的培养质量，汇聚国内外知名教师，承担了大量的国家科研项目和课题，产出了一系列有利于社会发展的科研成果，使中国高校有了更广阔的国际合作平台，在国际学术界的影响力与日俱增，有利于中国改革开放与现代化建设。

中国要以“211”工程和“985”工程为抓手，积极有效地实施高等教育质量工程，狠抓人才培养模式、课程体系和教学方法的改革，采取评选“教学名师奖”，建设“国家精品课程”，推动大学英语教学改革，建设实验教学示范中心，开展全方位的本科教学质量评估等措施，促进高等教育质量稳步提高。

三、融入国际教育

孟子说：“不耻不若人，何若人有？”中国高等教育在21世纪要赶上和超过世界先进水平，必须进一步开放，具有更广阔的国际视野，借鉴先发国家的经验，积极迎接挑战。邓小平同志早就提出教育要面向世界。只有走出去，学习国外的先进的科技文化知识，才能与国外更快地缩小差距，赶上甚至超过国外。为了鼓励和吸引人才，国家要对留学生实行来去自由的政策，并且派遣留学生到国外学习，并鼓励自费出国留学。

当然，走出去的同时也要请进来，吸引外国人到中国来读书，增进国际之间的了解和交流。中国历史上有过非常包容开放的黄金年代，即隋唐时期就开始接受外国人来华学习，特别是公元7世纪到9世纪末的两个半世纪里，唐朝更是接待了十几次日本遣唐使团。面对“全球化”的洗礼，中国当前更应该体现包容精神，欢迎外国友人来华访学，互相交流，进行思想撞击，促使中国教育与国际教育无缝对接。

专栏 2-1

中国留学生现状与趋势①

中国与全球化研究中心和社会科学文献出版社共同发布的《国际人才蓝皮书：中国留学生发展报告》显示，中国系留学生的主要来源国之一，已连续四年成为美国留学生总数最多的国家。蓝皮书称，中国的留学生正在呈现低龄化加剧的态势，而由于金融危机以及现实因素的考虑，未来几年，中国的留学人才回流高潮或将来临。

中国留学生数量占国际留学生 17%

蓝皮书指出，国际留学生主要来源于亚洲国家。2011 年，52.7% 的国际留学生来自亚洲，23.1% 的国际留学生来自欧洲，11.6% 的国际留学生来自非洲，拉丁美洲和加勒比海地区占 6.1%，北美洲占 2.7%，大洋洲占 0.9%。

从国别来看，中国、印度和韩国这三个国家则是国际留学生的主要来源国。其中，中国以 20% 以上的年增长率，已经连续四年成为美国留学生总数最多的国家。蓝皮书以 2010 年为例，当年中国留学生的数量占到国际留学生总量的 17%，是美国、英国、法国、澳大利亚、加拿大、日本等主要留学生接收国的第一大留学生来源国。

低龄留学开始急剧升温

根据蓝皮书，2011～2012 学年，中国留学美国的本科生增长率为 31%，占中国留学生的 38.4%，留美本科生已经接近赴美读研究生人数，即 45.6%。

① 郑云彩：《调查显示：中国留学生占国际留学生 17%》，2013 年 9 月 26 日，见 http://www.fj.xinhuanet.com/jiaoyu/2013-09/26/c_117519573.htm。

根据中国与全球化研究中心对北京某5所中学出国留学情况的抽样调查，近三年，高中生出国留学的人数和留学人数占毕业生总数的比例都有所上升，出国留学人数从2010年的215人上升到2012年385人，占当年毕业生总数的比例从2010年的9.28%提高到2012年的15.74%。

同时，低龄留学生的优质化趋势十分明显，出国留学的学生中2/3以上成绩十分优秀，是班上的尖子生。有68.25%的学生出国前成绩在班中排名为前25%，排名前50%的占89.8%。只有10.2%的学生学习成绩在班级排名为50%以后。低龄留学生优质化，反映出中国青少年人才流失的严峻趋势。

中国留学人才回流高潮或将来临

蓝皮书称，近年来，中国留学人员呈现加速回国的态势。改革开放以来，中国留学人员回国人数不断增加。1978～2012年，中国留学回国人数累计为109.13万人。近五年回国的留学人员达到近80万人，接近前30年的3倍。特别是2012年，留学人员回国数量达到27.29万人，同比增长46.56%。对于这一现象，人力资源和社会保障部部长尹蔚民形象地称为“有史以来最大的回国潮”。

在加入WTO以后，中国本着非歧视、透明和公平竞争原则的精神，将教育服务领域对外开放，让一些国外的教育培训机构采取合作或独立的方式开始进入中国的教育市场。与此同时，随着经济实力不断增强，以及在世界影响力日益增大，中国也开始在世界范围内推广中国文化，孔子学院的设立就是一个尝试。

第二节　梳理各个层次作用
定位教育发展阶段

教育是一个由各个不同阶段构成的完整体系。经过多年的发展，中国的教育事业取得了极大的成就，实现了中华民族的百年梦想，普及了九年制义务教育，进入了高等教育大众化阶段，国民素质进一步提高，为实现中华民族的复兴奠定了坚实的基础。而中等教育是连接初等教育与高等教育的桥梁，正是由于中等教育的特殊位置，可以说中国的教育事业发展进入了以中等教育驱动的阶段。

一、教育在人力资本形成和发展中的作用

人力资本是生产要素中最具有活力和能动性的部分，这主要源于人是能动和复杂的，教育对人力资本的形成有重要的影响。

（一）教育发展与人力资本积累五阶段

人力资本积累可以按照不同层次分为精英教育驱动阶段、基础教育驱动阶段、中等教育驱动阶段、高等教育驱动阶段和终身教育驱动阶段。

在精英教育驱动阶段，只有极少数人有接受教育的机会，社会中大部分成员无缘正规教育，社会人均人力资本存量增长率基本为零。在人力资本积累的基础教育驱动阶段，适龄儿童入学率大幅上升，带动人力资本积累发展。同时，中等教育有所前进，但是高等教育属于精英阶层，人力资本存量总体水平较低。在人力资本积累中等教育驱动阶段，初等教育已经普及，中等教育较快发展，儿童受教育年限提高，中等教育带动人力资本积累，人力资本存量增长率继续升高。在人力资本积累高等教育驱动阶段，人力资本不断积累，高等教育逐渐大众化，初级与中等

教育已全面推广，高校入学率飙升是这一时期的特点。相应，高校入学率升高又会推动经济增长。在终身教育驱动阶段，各级教育全面推广，公民素质大幅提升，教育深化带动人力资本提升。

（二）教育发展对人力资本积累具有驱动作用

教育能提高人自身的智力素质。人的智力素质包括学习科学文化知识的能力、科研能力以及自身创造力。它是人类认识世界与改造世界的能力，是在不断发展中积累起来的。因此，人智力素质的提升标志着人力资本的发展。在现在这个科技发达的年代，无论是否有一个健全的身体，只要智力正常，接受了良好的教育，就可以为社会的发展出一份力。

教育能使人的道德素质有所提高。人整体素质的一大方面就是道德素质，它可以衡量一国人力资本发展水平。知识与教育紧密联系着一国人民的思想道德素质。一个国家只有科技发达了，教育提升了，整体国民的道德素质才会有所发展。

教育能影响人的身心健康。身心健康是人力资本的重要组成部分，在人的整体素质中起着核心作用。我们可以把身心健康分为身体健康与心理健康。总的来说，受过教育的人负伤患病的几率相对较小；反之，没有受过教育的人由于缺乏相应知识，受伤患病的几率较大。受教育能使人的心理素质提升，促进人个性的健全与全面发展。

二、中等教育是连接初等和高等教育的桥梁和纽带

中等教育上承初等教育，下启高等教育，是两大教育阶段间的桥梁。它的质量直接影响到高等学校学生的质量和未来劳动者的素质，而高校招生和劳动就业的变化，会很快地影响到中等教育。特别是，由于学生的生理、心理各异，思想、认识能力和知识水平都有很大差别，且中等教育时间比较长，是学生世界观形成的最重要时期，所以世界各国对中等教育极为重视。

（一）中等教育的定义

中等教育一般指的是接受完初等的小学教育以后和进入高等院校学习之间的教育阶段，从年龄来看，这一阶段的受教育者大多在12~19岁之间。一个人从出生到进入劳动市场，如果从3岁开始接受幼儿教育，到大学毕业经历的教育流程如图2-1所示。假定说幼儿教育分为小中大班办，完成幼儿教育时六岁，小学六年，初中三年，高中三年，大学2~4年（如果加上硕士博士的阶段学习，学习年限最低是3年（幼儿教育结束），最高的至少需要24年。每阶段都会有人直接流入到劳动市场，而没有进入到下一阶段的学习。从图2-1上可以看出，进入到下一节阶段的比例越高，劳动市场的教育程度越高。中等教育恰处于这个节点上，构成了产业工人的主体。

中等教育包括普通中学和中等专业教育。普通中学教育包括初中和高中两个阶段，学制均为三年。中等专业教育分为中等技术学校、师范学校和职业学校，学制为2~3年、3~4年不等。中等专业学校和职业学校专业设置有工科、农科、林科、医药、卫生、财经、管理、政法、艺术、师范、体育、旅游等。技术学校主要培养中级技术工人。

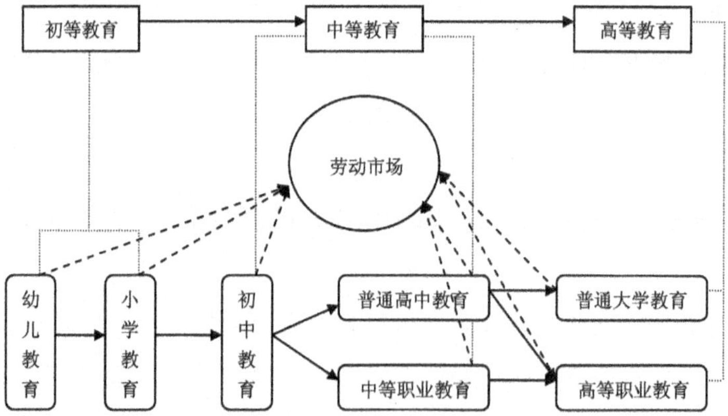

图2-1 教育流程与劳动市场

1949年新中国成立之后，政务院《关于改革学制的决定》（1951）规定，在普通、业余中学及各类中等专业学校中实行中等教育。普通中学学制6年，初中与高中的修业年限各为3年；中等专业学校招收初中毕业生，学制2年到4年不等；教授工、农、交通、技术、卫生、财贸等专业技术。在此之外还有中等师范学校，培养小学老师；技工学校，培养技术工人。1952年教育部发布的《中学暂行规程（草案）》与1954年政务院发布的《关于改进和发展中学教育的指示》，规定了中学教育的任务。《全日制中学暂行工作条例（草案）》（1963）规定，中学教育就是要为社会主义事业培养全面发展的劳动后备军，为高级学校培养合格的新生。1978年中共十一届三中全会以后，中等教育全面恢复发展并大举改革，改革了普通高中的课程，将部分高中变为职业技术学校与职业、农业中学，大举兴办职业技术学院，建成有中国特色的城乡中等教育体系。

（二）中等教育的特征

非义务的中等教育需要受教育者分担费用成本和机会成本，需要提供更加多元化的课程满足不同个体的需求，更需要学生思考、研究和实践。而且，影响中等教育发展的外部政治因素，比初等及高等教育更复杂。因此，一个国家中等教育达成一致要比在初等与高等教育上达成一致难得多，也就更难以实现中等教育的政策框架。然而，我们综合分析可以得出中等教育具有以下特征。

第一，中等教育承担自身的使命，有多元化的特点。中等教育不只是初等与高等教育的连接点，更重要的是，中等教育为学生提供了社会需要的知识与技能，以培养宽容精神来促进公民参与度。中等教育的扩展使学生更有动力完成初等教育，使学生受教育年限加长，产生了很好的社会影响。如受过中等教育的女性能减少幼儿死亡率以及降低艾滋病发病率等。因此，中等教育有着更为多元化的影响，可为经济建设、社会发展以及自身素质的提高提供更好的作用。

第二，中等教育面临扩展公平的机会和改进质量以确保相关性的双重挑战。中等教育的快速扩张往往被认为以质量为代价，因此，扩展不可以牺牲质量。满足个体多元发展的中等教育的内涵也有很多方面。优质教育机会平衡扩展可以促进经济发展，而没有平衡配置中等教育扩展，将会导致不断增加社会不同种族与不同阶层之间的不平等。

第三，中等教育课程要适应知识经济、工作方式的变化的要求。尽管不同地区的工资不同，但都反映出对技术工人的需要。21 世纪中等教育改革更加关注技能与能力的培养，不再是以前普通职业的划分。普通教育与职业教育之间的界限在退化，普通教育与职业教育间难以打破的平衡日渐破冰。如果中等学校的教学内容与社会发展所需知识和技能之间存在差距，那么新的知识与学科就需要加入到中等教育课程。

第四，中等教育改革成功的关键是要有大量合格的而有动机的教师。在知识社会中，教师所能传授给学生的知识与技能和学生自身所需有较大差距。为此，中等教育需要加强教师的职前培训，同时不断更新职前培训内容。在教师教育政策中，要对职前培训与在职培训间有所平衡，制定涉及老师自身的专业发展、教职工工资、班级规模和绩效制度等诸多方面激励政策，留住业绩突出的教师。

第五，资金来源多样化和合理配置教育财政投入。政府需要保证义务教育阶段的资金，其他阶段的资金需要靠社会以及家长来支持。然而，很多国家承受着中等教育方面的巨大财政负担。对此，需要采用成本分担的战略，用需求方资金补充供给。当然，这仍然需要政府用财政资金支持奖助学金制度，使得贫困家庭子女、少数民族儿童、女孩等进入中等教育的非义务阶段学习，使得教育面向大众。从先发国家的经验来看，三个等级教育的公共财政支持的人均平衡比率是：中等教育的人均支持比率是小学生的 1.4 倍，而高等教育的人均支持比率是中等教育的 3 倍。

第六，对传统的国家公共管理政策有所改变。要想教育有更好的产出效果，就需要改变教育的规模化、标准化产出，学生就像是被放到工厂里的原材料，每天受到六门不同课程的老师的加工。对此，中等教育需要打破这样的教学模式与教学环境。特别是，社会经济的快速发展需要中等教育在市场、政府与社区这三方面支持间找到一个平衡点。这种变化并不是说要降低国家的作用，相反，社会日益要求政府领导中等教育走向公正与完善，实施良好的激励机制，进而会带动国家公共管理政策改变。

三、中等职业教育成为高素质技能型人才的源泉

“世界各国经济发展水平不同，劳工制度不同，职业教育各具特色。凡是成功的模式，都有一个共同的特点，就是与本国实际紧密结合，有效促进经济社会发展。中国正在举办着世界最大规模的职业教育。我们必须走自己的路，解放思想，与时俱进，在实践中探索有中国特色的职业教育路子。”① 作为职业教育的一部分，中等职业教育不仅为劳动市场提供大量的中级技术人才，还为国家高等职业教育输送技术人才。可以说，中等职业教育是满足型的技术工人的源泉。在日益激烈的竞争中，大力发展职业教育，培养社会经济发展急需的高素质技能型人才，成为中国实现全面建设小康社会宏伟目标的迫切需要。

（一）大力发展中等职业教育是国际潮流

虽然各国国情、发展职业教育的途径、条件、思路和具体政策等各不相同，但是鉴于职业教育在本国人力资源开发，经济社会发展、参与国际竞争中的重要作用，各个国家都制定了相应的改革与发展规划。

德国始终坚持发展中等职业教育，把职业教育作为青年人夯实就业能力的基础平台和确保德国具有创新能力与竞争能力的基础平台。德国2003年就启动了政府牵头的国家行动——“职业教育攻势”，其基本目标是：尽力使所有愿意并有能力参加职业培训的年轻人获得培训位置；充分的灵活性，挖掘培训潜力；加大职业教育进入高等教育的通融性；呼吁雇佣方增加培训等。

英国由政府出资设立了于普通教育基金并列的职业教育基金，每年

① 温家宝：《大力推进中国特色职业教育的发展》，《中国教育报》2005年11月13日。

拨付给职业教育学校经费的75%。政府规定，16~17岁的中学生毕业后可得到政府统一颁发的“代金券”（1000英镑），1983年英国还实施了“技术职业教育初始计划”全面加强中等职业技术教育。

美国职业教育把教育对象扩展到所有学生，要求各州建立从学校到工作的多种途径，向所有学生提供为参加工作准备的教育和课程培训，使学生获得可通用的证书，为获得高技能高薪职业做好准备，大力整合中等教育和中等后教育，促进多方合作保证课程实施。

由此可见，先发国家都把职业教育作为振兴经济、增强国力的战略选择。中国要更加有效地参与国际竞争与合作，切实提高产业和产品的竞争力，就必须不失时机地大力推进职业教育发展，赶上国际潮流。

（二）中等职业教育是经济社会发展的基础和教育工作的战略重点

改革开放以来，职业教育在经济社会中的地位、作用、价值逐步得到了全社会的认同。1985年《中共中央关于教育体制改革的决定》提出“中等职业教育要同经济和社会发展需要密切结合”。1993年《中国教育改革和发展计划纲要》把职业教育看做是“现代教育的重要组成部分，是工业化和生产社会化、现代化的重要支柱”。2005年《国务院关于大力发展职业教育的决定》把发展职业教育作为经济社会发展的重要基础和教育工作的战略重点，这主要是由于中等职业教育对促进经济繁荣、就业、消除贫困，维护稳定等有重要意义。

第一，中等职业教育有助于提高民族素质，提升综合国力，推进教育公平，实现人口大国向人力资源强国的转变。随着社会进步和生活水平的提高，教育需求更加多样化，满足不同需求的有效途径之一就是发展职业教育。通过职业教育不仅可以为生产一线培养高素质的技能型人才，还是落实科教兴国战略、全面提高国民素质和技能、把中国巨大人口压力转化为人口资源优势的重要途径。

第二，中等职业教育也有助于解决“三农”问题，提高进城务工人员就业能力，促进再就业。农村、农民和农业问题最终的解决还应该是通过教育途径，而在普及义务教育和发展高等教育推行教育公平之余，大力发展中等职业教育，培养劳动技能，提高进城务工人员的就业能力，是实现城乡统筹发展、促进就业的重要举措。特别是，在增加劳工技能的同时，还可以丰富他们业余文化生活，也有助于维护社会稳定、建设和谐社会。

（三）中等职业教育是实现经济增长方式转变的引擎

未来10~20年是中国全面实现小康社会极为重要时期，也是由粗放型增长方式向集约型增长方式转变的关键时期。集约型增长方式对劳动者的教育程度和文化水平提出了更高的要求。

第一，对于第一产业来说，未来现代农业发展必将由传统单一的种植、养殖粗放型经营逐步向集种植、养殖、经营、加工、储存等多元集约型经营方式转变，要有更多懂科技会经营，通晓农业服务产业与农产品加工产业的人才。这需要充分开发人力资源，要求第一产业从业人员的自身文化素质及受教育程度大幅提升，增加劳动力平均受教育年限，要求接受过高中文化教育的劳动力比例提高到一定比例。

第二，第二产业当前仍是推动中国经济发展的主要动力。中国未来的第二产业需要靠信息化带动，并且要积极参加国际分工，逐渐转向中端市场，将由劳动资源密集型转向科技创新型。这要求我们的人力资源开发不断创新，从事工业生产的人员受教育程度达到高中毕业，高层次技术人才需要接受大学及以上教育，更好地促进工业化发展。

第三，包括金融、科研、教育、卫生等第三产业，其内在结构趋向多元化与专业化。新业务拓展以及海外和企业服务市场占有的扩大，要求从业人员有更高的文化素质。与此同时，贸易、物流、航运、房地产、旅游业等服务行业也处于高速上升期，对就业者的文化素质提出了更高的要求。

四、普通高中教育是未来社会发展的基石

普通高中教育是中等教育阶段的非职业技能教育，主要为高等院校

培养预科学生，普通高中教育的质量好坏，不仅直接影响到高等教育的质量，还会影响到民族文化素质的提高、教育公平的实现和未来社会进程。

（一）高中教育成为推动社会进步的主力军

自20世纪60年代之后，人类要求接受教育的愿望越来越强烈，社会经济快速发展，人民生活水平不断提高，社会用工对劳动力的素质也有越来越高的需求。先发国家的青年有大量失业的现象，这些实际的情况都对高中教育产生越来越高的要求。由于青年在劳动市场上并不占有有利地位，需要为青年提供适合于他们的就业途径，导致政府需要解决包括未接受过正规教育的所有青年的就业问题。因此，世界上各个国家的高中教育问题，都不再是只与教育部门相关的正规学校问题，而是应全盘考虑的青年教育问题。在这一总的目标框架下，世界各国用不同手段去不断改进本国的高中教育，从而适合本国经济发展。

当前，中国的基础教育已经基本普及，高中教育正在不断普及，高等教育越来越大众化，这使得高中教育能够快速发展。中国在20世纪50~60年代，基础教育是主流，基础教育对人力资本增长贡献率最高。60年代以后，初中阶段教育成为中国人力资本积累的主要引擎，对人力资本贡献率超过50%。随着社会的不断进步，高中阶段的教育发展加速，从60年代开始，中国高中阶段教育成为人力资本积累的主要推动力，随着越来越多的人进入高中学习，中国人力资本积累将主要靠高中教育的扩大来带动。高中阶段教育在社会发展的影响越来越重要。这种变迁使人力资本增长模式主要靠高中教育来驱动。

高中教育在国民教育体系中承上启下，连接初等教育与高等教育，其作用是为高校培养预科人才。生产力的不断发展、人类文明的提高，高中教育与社会的联系越来越紧密，成为整个教育体系中最复杂也是最有战略意义的环节，发挥着不可替代的作用。

第一，高中教育是教育的一个过渡环节。它是绝大部分人都能达到的初等教育与只有一小部分人能达到的高等教育的连接点，也是学校教育与社会就业之间的过渡阶段，又是一个人由幼稚走向成熟的过渡阶段。高中阶段是每个人成长的关键时期。青少年的身体与心理都在不断成熟，要妥善处理青春期的一系列问题，同时也面临着就业等一系列选择。

第二，在发展中国家高中教育提供了具有中等熟练技术水平的劳动力。为适应社会对中等水平熟练度的劳动力需要，这一时期的教育应加强对学生的技能培训，防止毕业即失业的恶性循环。因此，这一阶段的教育直接关系到社会的和谐稳定。

（二）高中教育有利于培养公民意识

民主政治与公民社会的形成有很大的关系，而公民社会的形成，在很大程度上取决于个体的政治参与意识和参与能力。亨廷顿指出，“高水平的政治参与总是与更高水平的发展相伴随，而且社会和经济更发达的社会，也趋向于赋予政治参与更高的价值。”[①] 而公民政治参与意识与能力的培养，在很大程度上依赖于公民基本素质的提高，高中教育有利于培养全体学生公民意识，丰富公民知识，促进公民社会的形成，加快政治民主化步伐。

第一，高中教育年限有利于培养全体学生社会参与意识，形成未来政治参与意识。民主政治需要靠公民政治参与来支持，而公民政治参与度也是衡量国家政治生活质量的一个重要标准。在中国社会主义民主制度背景下，国家政治机关要靠公民依法行使政治权力产出，公民以政治主体的身份参与政治过程，利于政府加强施政能力，对政府形成制约，消除独断，减少腐败，保持高效廉洁的政府，同时使得民主制度化建设加强。公民在参与政治的过程中，既表达了自己的政治立场，实现自己合法利益需求，也培养了民主法治意识，提高了参政议政能力，增强自身责任感，学会发挥自己作为政治主体的作用。

---

① 塞缪尔·P. 亨廷顿：《难以抉择——发展中国家的政治参与》，华夏出版社 1989 年版，第 173 页。

然而，参与政治的关键在于是否有较强的政治参与能力。这种参政意识来自于公民意识，公民意识形成于学生时代。公民意识培养的关键在于个体主体性的确立和主体意识的觉醒，当人的主体意识觉醒后，进行公民意识的培养就比较容易，而人的主体意识只有到了高中阶段才能真正觉醒，初中阶段学生的主体意识比较模糊，很大一部分毕业生在主体意识尚未觉醒时便离开了学校，这样便失去了培养公民意识的最佳时机，而延长义务教育年限将意味着全体学生可以在主体意识觉醒后适时进行公民意识的培养，这样就能激发学生的政治参与热情，形成公民的参政意识。

第二，延长义务教育年限有利于丰富全体学生公民知识，提高未来政治参与能力。中国宪法规定："中华人民共和国年满十八周岁的公民，不分民族、种族、性别、职业、家庭出身、宗教信仰、教育程度、财产状况、居住期限，都有选举权和被选举权。"宪法和法律的具体规定，确认了公民在政治参与过程中的法定主体地位。因此，只有到了高中阶段，公民才有机会参与政治生活，才能在政治参与中获得相关知识，锻炼提高各种能力，为将来更好地参与政治生活，建设社会主义民主政治打好坚实的基础。

人的一个很重要的本质属性就是政治性，正如亚里士多德所说"人是政治的动物"，参与公共的政治生活是人的本质属性所规定的。党的十七大报告指出："要从各个层次、各个领域扩大公民有序政治参与，最广泛地动员和组织人民依法管理国家事务和社会事务、管理经济和文化事业；推进社会主义民主政治制度化、规范化、程序化，为党和国家长治久安提供政治和法律制度保障。"公民知识的获得是参与公民社会建设的前提条件，初中及其以下学习阶段由于个人主体意识尚未觉醒，很难进行实质性的公民教育。

（三）高中教育为未成年人提供了个体平等生存空间和基本生存能力

现代社会是一个文凭社会，个体只有接受最起码程度的教育，获得相应的证书，才能有资格、有机会找到一个能维持基本生存的工作岗位。

国家实施义务教育的目的也就在于保证全体公民接受起码的、最低程度的教育，并能借此找到维持基本生存的工作。义务教育结束后，学生就开始分流，少部分学生进入高中阶段继续接受高一级教育，大部分学生则走向社会，成为一般社会劳动力，等待进入企业或回家种田，或者自主创业。这些学生的受教育程度一般就是初中毕业水平，这些人要考初中毕业证去谋得工作职位。直至 20 世纪 90 年代，许多企业对劳动力的自身素质并无太高要求，对其文化程度要求不太高，只要是初中毕业生基本就可满足需求。

20 世纪 90 年代后期，产业结构有所调整，经济增长方式快速转变，企业要求劳动者有越来越高的学历，很多企业要求员工的学历水平至少也要为高中毕业。尽管许多工作与受教育程度关联不大，但公司仍要求劳动者的最低学历。这是因为，文凭已成为了一种评估标准，企业追求的是其象征性的意义，至于这个文凭究竟是否能代表个人真实能力和水平，并不是那么重要。按照筛选假设理论的观点，老板在雇佣职员时不能准确判别其真实工作能力，他只能根据经验从职员所提供的信息简介来判断，其中，受教育水平是一个重要的标准。虽然这样并不是一个最好的方法，但它能保证平均的水平。虽然有时候文凭和职员真正的能力不相符，但是，就平均水平而言，还是有正比例关系的。持有较高文凭的求职者一般比较低文凭的求职者有更高的能力。正因为此，企业要求最低学历。最低学历的设置对用人单位当然没有损失。即使所招员工是大材小用，对单位来说也有利无害。然而，这却是求职者很重要的一件大事。因为求职者需要学历的敲门砖，有了敲门砖用人单位才能录用他，否则一切都免谈。

目前，个人就业面临的门槛越来越高，初中毕业生不再像以前那么容易就能找到工作了，而回家务农却无法维持生存。因为中国农业人口已经饱和，还存在劳动力过剩的情况，加上可耕地的减少，农业对劳动力的需求也在减少。这就使新增的大部分劳动力要靠非农产业维持生计。而要从事非农工作，一般最低也要高中学历。至于自己创业则要求创业者有更高的自身素质，初中的知识都是基础性的，对于想创业的劳动者来说这些知识根本不够用。况且，在现代社会，一个大学毕业生自主创业都非常困难，更何况是一个心理与生理尚未完全成熟的初中毕业生。与此同时，中国城市化速度越来越快，每年有数千万的农村劳动者涌入城市，成为准城市人。也就是说这些人也得有基本的学历，这样才有机会参加机械化大生产所需要的培训，获得基本生存保障。只有这样才能通过学习不断改善自身，获得与城市生活相协调的言谈举止、生活习惯等，提高自身素质，顺利地进入城市生活圈。否则将被城市拒之门外。

五、补长中等教育短板，建设人力资源强国

劳动者的受教育程度与劳动生产率密切相关。研究表明小学毕业能提高43%的劳动效能，中学毕业能提高108%的劳动效能[①]。而管理学中“木桶原理”告诉我们，要想把一件事情做好，最主要的是要考虑最薄弱的环节。对于教育而言，这个原理同样适合。现在中等教育既不能从市场获得经费，也得不到政府的高度重视，所以承上启下的中等阶段教育发展明显滞后，成为制约整个教育可持续发展的瓶颈和短板。

（一）高中阶段教育成为中国人力资本积累的主要“瓶颈”

20世纪末，中国双基目标实现，首次在人均受教育年限上超过世界平均水平，人力资本积累进入起飞期。但是，中国的高中教育也正面临许多制约因素，不利于进入全面实现教育现代化建设人力资本强国。

第一，师资不足。目前，中国高中教育发展缓慢，在各级教育中，高中教育的师资力量明显不足，严重阻滞了中国教育健康有序的发展。21世纪初，中国三级教育的师生比分别为1：21、1：19.2、1：16.7、1：18.2，有的大学达到1：35，远远低于先发国家。

① 王守恒：《教育动力论》，人民教育出版社2000年版，第143～144页。

第二，地区间的不平衡加大。按照第五次人口普查的实际学龄人口计算，高中阶段教育毛入学率仅为41.3%。全国有十五个地区的高中升学率低于全国平均水平，最低的省份仅为37.4%，比平均水平低15.8%。从地域分布来看，东部地区、中部地区和西部地区初中毕业生升学率分别为56.7%、47.3%和55.7%，中部地区的一些省份初中生升学率还在45%左右，其中滇、桂、琼、黔、藏的毛入学率低于30%，最低的仅为13.6%。表明中国教育仍有较大地区差异。

第三，高中阶段教育比例偏低。从教育的发展速度来看，2000年，中国15岁及以上人口平均受教育年限高出世界平均水平1.2年，比发展中国家平均水平高2.7年。1964年以来，每10万人口中受过高等教育、高中教育的人口比例均增长了8倍左右，这充分显示中国在普及提高基础教育和发展高等教育等措施上取得了显著成果。但是，现在中国的劳动资源数量高、质量差，在劳动力中有中高教育学历的人数少。

第四，中等教育结构不平衡。高中阶段教育容量不足极大地制约了中国劳动力素质的提高，使中国教育出现“两边大中间小”的情况，产生了教育发展的结构性失衡。这极大地影响了教育水平的上升，也阻碍高等教育进一步发展，是中国劳动力水平以及生产力水平快速提升的最大障碍。

（二）中等职业教育发展落后与现实需要

中等职业技术教育是中国职业教育体系中的一个重要组成部分，它是专门为培养劳动者的一技之长而设立的，曾极大地促进了中国社会的进步。但随着中国经济体制改革的深化，高等教育的发展，大多数学生选择了普通高中，导致中等职业技术教育在市场巨大的需求和自身实力的不足之间不平衡发展。但2001年后，中国中等职业教育的办学目标转为以就业为导向，国家大力支持职业教育，进而职业教育发展越来越快。从办学形式上看，除了传统的职业教育形式以外，各种民间私人教育或是成人中等专业快速发展，资格认证也从无到有。但与快速发展的高中教育相比，中等职业教育还是很滞后，与社会需求不相适应，阻碍了中国人力资源强国的建设。

第一，招收生源不足。改革开放之后，只要是动手能力强的职业院校的毕业生都能找到工作，学生待遇好、出路广，中等职业学校招生也很容易，甚至好的重点中专的录取分数高于重点高中。但随着中国教育改革的不断推进，各大高校的快速扩招，大学毕业生都需要自己找工作，中专学生找工作更难，中等职业学校的学生在就业上没了优势，再加上人们越来越认可高学历，这样就造成了学生都去考普通高中，或者报考了不具备办学条件的中专，使得中等职业教育每况愈下。

第二，扩招混乱、盲目招生，生源质量下降。由于招收生源不足，一些学校为了追求经济利益最大化而开始了虚假宣传，使整个市场受到严重冲击，使职业学校在百姓心中的形象也大打折扣。不切实际的承诺，不负责地用高回扣将学生骗到学校来，根本不理会社会到底有什么样的需求，再加上成绩较好的初中毕业生上了高中，都使考上中等职业技术学校的学生质量明显下降。随着学生人数的减少，中职学校开始降低生源要求。而且，为了确保普及职业教育比例，各地教育部门出台了各式各样的政策，尝试大规模的直接入学，学生进职校完全不需要通过考试，有些学校甚至将初中未毕业的学生和被其他学校开除的学生统统纳入教学班中，这都使得中专教育名声越来越坏。

第三，学校管理不善且定位不明确。学校的教育教学管理跟不上社会发展，而且对在校生的管理十分松散。现在三年制教育的中等职业教育，大部分学校通常是一年级开设文化基础课，二年级开设一些专业基础课，三年级基本上将学生送到社会上进行所谓的实习。学生毕业的时候不管是否满足毕业相关要求，也不论是否成绩合格，只要交够了学费，直接颁发毕业证，予以毕业。同时，许多中专定位不明，没有确立以就业为导向的目标，培养学生的模式和办学体制适应不了社会的发展，无法与劳动力市场紧密结合是现在职业教育最大的缺陷，没有突出技能培训的地位，办学条件受限，缺乏实训环境，职业学校缺少“双师型”师资力量，因此中专学生理论基础跟不上，动手能力又不够强，完全没有职业教育应有的特色。

第三节　剖析教育分配失灵　转变投入的关注点

随着科学技术的不断发展，教育成为促进生产力发展的重要驱动力。只有提高教育水平才能促进劳动者素质的提高和专业科学技术的发展。而且，教育有着导向性的作用，必须摆在优先发展的战略地位上。以教育财政投入为主的投资是教育事业发展的必要物质基础。为此，分析现在中国教育财政投资现状和特点，对于优化教育财政绩效有着深远的意义。近年来，中国政府对教育不断加大的财政投入使教育事业快速发展。但是，由于中国是发展中国家，人口多，经济不发达，财力也不充裕，与先发国家相比，中国教育投入规模相对较小，教育投入产出的效果不明显，教育投入既有越位又有缺位，教育财政投入方向需要转变。

一、合理分担教育投入

当今世界，知识成为提高综合国力和国际竞争力的决定性因素，人力资源成为推动经济社会发展的战略性资源，人才培养与储备成为各国在竞争与合作中占据制高点的重要手段。教育是人力资本的重要支柱，而获得一定的教育需要大量的投入。各个国家竞相增加对教育事业的投入，以期占领教育领域的高地，增加在国际竞争中的优势。这些投入需要根据不同的属性，确定合理的分担机制，使国家、社会和个人共同受益。图 2－2 揭示了个人接受教育水平过程和政府在教育投入中的分担比例变化规律。

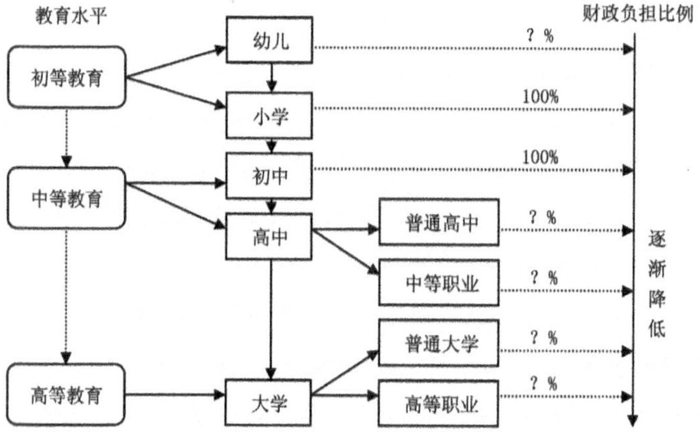

图 2－2　教育水平与经费财政负担比例变化趋势

从这个流程图上可以看出，由于初级阶段的小学教育和中等教育阶段的初中教育的教育属性，各个国家都把它们当做纯粹公共产品，由政府免费提供，并都会把这一阶段的教育以法律的形式确定下来，以确保每一个适龄公民都能获得相应的教育。由于是免费获得，接受这两个阶段的教育也就成了适龄公民的权利和义务。对于其他阶段的教育的属性，各个国家认识并不相同，就是同一个国家的不同的阶段也会做出相应的调整，决定是否实行免费提供。

在欧美发达国家和发展中国家，幼儿教育一般也会被看做是纯公共产品，免费获得。对于高中教育也是如此，一些国家已经普及了高中教育，在这一过程中，普通高中也可以被延伸成公共产品，由国家提供，而中等职业教育和高等教育一般都作为混合产品来提供，因此在受益原则指导下，中等职业教育和高等教育的经费中需要个人、社会和国家来分担，这些阶段对国家来说，并不是完全的不投入，也不是全部投入，大包大揽。一是从经费的总量来说，国家有全部实行所有的教育都免费提供的良好愿望也没有提供全部教育产品的能力。二是由于教育具有外溢性，培养良好素质的公民对于国家安定社会进步有利而无害，因此政府也不会完全不投入，关键在于政府在各个阶段的投入比例如何实现最优化。

基于现实考证，政府提供的免费教育时限并不是完全不变，普及九年制义务教育一般包括小学6年、初中3年，如果政府延长免费教育的年限，那么把幼儿教育或者高中教育（普通高中）加进来的话，免费教育时限就会延长到12年或者15年，这个阶段在一些国家已经实现，那么这个时候，这些阶段的教育投入就全部由政府负担。

从这里可以看出，教育作为一种政府提供或支持提供的产品，其免费提供的时限可以根据国家的实际做出调整，并不是一成不变，当政府提供非免费教育产品支持时，政府负担比例的多少，受到政府执政理念、现实经济发展状况、法律等众多因素的制约。但是无论如何，从总体来看，政府负担的比例会随着教育水平的高低而相应变化，一般是教育水平越低，政府负担的比例越高，但是最优比例却没有定法，不过在实际中，与市场越接近的教育，市场介入的力度越大，政府负担的比例就越小。

二、中国教育财政投入处于缺位的拐点

中国举办着世界上最大规模的教育，每一个阶段的学生规模毋庸置疑都是世界第一。尽管政府对教育的投入逐年加大，但是由于规模过于庞大，财政投入也并非是恰到好处，也存在财政投入不到位及财政投入缺位的事实。对此，中国也在采取积极应对措施。

（一）中国教育财政投入的缺位

教育是一种兼具公共品和私人品特性的准公共品。教育的公共品性质主要表现在一定范围内其消费既具有非排他性，又具有受益的外部性，有一定的社会效益。教育的私人品性质主要表现在教育资源是有限的，其消费具有一定的排他性，一些人消费意味着另一些人将无法消费，而且其受益具有内部性，教育接受者能提高自身技能，增加自身知识。但各类教育所属性质大有不同，从小学到大学，从成人教育到职业教育，

它们在受益外部性方面逐渐减小，在消费的排他性方面逐渐加大，人们受教育的目的性越来越强。教育的公共品和私人品性质为政府供给教育和个人负担教育成本提供了理论依据。长时间以来教育由国家兴办就是因为它有公共品的属性。

就中国而言，义务教育的投入应该由政府承担，按照中国的规定，小学和初中教育阶段属于义务教育，所需经费应该由政府承担。如果政府没有尽到自己的职责，没有为义务教育投入所需要的资金，那么就是政府的失职，也是教育财政投入缺位。中等教育在中国属于非义务教育阶段，所需经费由国家和个人进行分担，这与中国现阶段的经济发展情况相适应。但是，如果政府对中等教育投入过低，没有为适龄公民提供足够平等的受教育机会，那么也是政府的失职和教育财政投入的缺位。

教育财政投入缺位对国民的素质提高和经济发展都是不利的。首先，教育财政投入缺位，使得适龄的公民无法接受必要的教育，影响到整个民族的素质的提高，特别是对中国这样的人口大国，更是如此。本来教育基础就很薄弱，文盲半文盲的比例就比较高，要是无法提供足够的教育投入，没有足够的学校为国民进行必要的教育，势必会产生新的文盲和半文盲，使人口大国永远无法实现人口资源的优势，也无法建设人力资源强国。其次，教育财政投入缺位，也会影响到经济的发展。中国经济发展在改革开放初期，利用廉价的劳力和丰富的资源迅速发展，但是随着经济改革的深入，经济结构调整，对人才的要求越来越高，急需大批量的懂技能的中高等人才，而作为中等教育正是培养中高等人才的重要支撑，普通高中可以为国家培养高科技人才输送后备军，中等职业教育可以为第二产业培养所需的有技能的操作工人，如果国家对中等教育投入过低，就会影响到国家的未来和现在的劳动市场以及企业的生产经营，从而对经济发展产生不利的影响。

因此，财政对义务教育、高中教育和中等职业教育的投入属履行其职责，应避免缺位，如果缺位那么就要采取措施回归本位。

专栏 2－2

2020 年政府性教育投入比例应提高①

“第三次工业革命给人类社会带来全方位的冲击，集中反映在如何培养出适应其需要的高素质劳动者和创新性人才上。”全国人大代表、华中师范大学教授周洪宇在接受本报采访时指出。

而人才的培养，首要的基础是教育经费的投入。

据官方数据，2012 年中国国家财政性教育经费占国内生产总值达到 4%。而周洪宇建议要确定新的教育经费投入比例，“在 2020 年至少达到 4.5% 以上，最好能够达到 5%，加上民间各种投入，全社会教育投入达到 6% 以上”。

2020 年教育投入达 4.5%

《21 世纪》：此次两会您建议要在 2020 年使中国财政性教育经费投入的比例至少达到 4.5% 以上，为什么提出这个数字？

周洪宇：为什么是 4.5%，而不是 4.1% 或者 4.2%，因为我们确定一个国家的教育财政投入要考虑教育改革和发展对教育经费的需要，根据过去教育投入的情况我们测算出来，到 2020 年必须达到 4.5% 才能满足基本需要。

《21 世纪》：这个基本需要的概念是什么？

周洪宇：基本需要包括现有的将近 7000 亿元的债务要还清，高中有两三千亿元，义务教育有 1000 多亿元，我们高等学校的债务还有 2500 亿～3000 亿元，这还是保守的测算，在有些专家的测算中，高等学校的债务在 3500 亿～4000 亿元。

① 姚建莉：《2020 年政府性教育投入应提高到 4.5%》，2013 年 3 月 14 日，见 http://www.21cbh.com/HTML/2013－3－14/1MNjUxXzYzOTA1Mw.html。

高等教育的毛入学率要由现在的27%提高到2020年的40%，需要大量投入。根据规划纲要，高中的入学率要由现在的80%左右提高到2020年的95%，高中的债务化解后还要加大投入。义务教育要保持高位均衡，还需要投入。学前教育是现在整个教育的短板，全中国学前教育的普及率才60%多，这离普及率达到90%以上，实现学前教育的普及化还很漫长，而且现在强调学前教育要以政府的投入为主，财政不拿出来怎么可能。

特别是高等教育，要培养创新人才，现在的投入根本不够。第三次工业革命的到来，教育的设备、课程编制、教育与产业的结合、成果的转化等都是需要钱的。

《21世纪》：在美国、荷兰等国家，教育都是以私立为主的，您怎么看中国教育资金投入的方式？

周洪宇：荷兰的情况可借鉴，但和我们没有可比性。而福利国家芬兰的人口少，倾全国之力投入教育。其实，芬兰也不是放手让学生自由学，它的成功点在于他们教师的教育素质高，绝大部分在博士水平，教师待遇很高。

政府和民间共同投入

《21世纪》：您的观点是，教育还是应该是政府投入为主？

周洪宇：一方面政府应该加大投入，另一方面要吸引民间资本投入，这就是我另外一个建议，要拿出各种激励措施吸引民间资本进入，降低门槛。到2020年，加上民间各种投入后，全社会教育投入争取达到6%左右。

应该建立中央和地方教育财政的协调机制，并且构建多元化的教育经费保障体系，通过资本市场、教育捐赠、校产保值增值、鼓励民间资本办学等方式增加教育经费的投入。

参照国际上教育投入的情况，当我们进入工业化中期、中上等收入这个阶段，我们的教育投入应该有相应的提高，有这个力量为什么不给？

联合国教科文组织的文件指出，在这个阶段的国家，政府和社会的投入要达到6%以上，在20世纪90年代，像中国类似的国家，都在4.3%左右，我们说4.5%绝对不高，这个比例还没有达到充足阶段。

根据OECD的报告显示，政府和民间的投入最高的是韩国，达到7.6%，有些国家是7.3%，其中政府投入这块都在4.5%~5%。

《21世纪》：但经费增加的同时，必须同时制定各种各样的法律法规完善审查机制？

周洪宇：对，我也建议国家要加大对教育经费使用的监督力度，建立教育经费审查和监督机制，建立起独立的教育经费审查机构，行使独立的教育经费审查权，保障教育经费的专款专用。

（二）基础教育财政投入不均衡

中国基础教育就是指九年义务教育和高中教育。基础教育决定了中国国民的基本素质，它对国家人才的培养以及整体素质的提高具有全局性、基础性和先导性作用。高质量的基础教育是一个社会高速发展最为重要的基石。其中，义务教育是法定教育，其公共品属性最强，其性质和地位从根本上决定了义务教育必须是大众化教育，必须实行均衡发展，使每一个适龄儿童都有基本的和公平的受教育权利。公共财政的职能与基础教育的性质决定了基础教育必须成为公共财政的供给对象，并坚持基础教育的财政公平原则。实际上中国基础教育的发展并不平衡。

第一，城乡之间、经济发达地区与不发达地区之间基础教育供给有别。义务教育阶段本来就是应该由国家免费提供的，而且应该保证国民享受到均衡的义务教育，不应该有差别。但事实上，中国的义务教育阶段投入在城市与乡村之间、地区与地区之间、经济发达地区与不发达地区之间都有差别。这主要是由于国家经济发展政策和教育投入体制的弊端导致了这样的差距。一是东部地区拥有更优厚的政策，而中西部地区相对来说则缺少优厚的经济资源，东部地区经济得到较快发展，教育资源配置也从中受益，资金与教师的流动保证了东部地区教育资源的优越性。二是 1985 年《中共中央关于教育体制改革的决定》提出基础教育实行地方负责、分级管理的政策后，地方经济与财政和基础教育联系更加紧密，城市和发达地区拥有更好的财政状况，基础教育发展快，农村和经济落后地区的财政情况相对较差，基础教育发展比较缓慢。

第二，重点学校与非重点学校的差别。义务教育阶段，本不该分重点校和非重点校，所有提供义务教育的学校应该有一致的教学设备、教学资源和师资力量，这样才能保证国民获得基本相同的义务教育产品服务。人为地把学校分成重点校和非重点校，使得教育资源向重点学校集中，包括教师、教学设备等基本的办学条件也会向重点学校移动。因此，一方面很多重点学校能够投入上千万元的经费修建豪华学校；另一方面是贫困地区适龄儿童大量失学，以及贫困地区和非重点中小学校教育经费有很大缺口、教职工资拖欠不发。这都是国家教育发展政策造成的。政府长期以来坚持效率优先兼顾公平的教育理念，只有少数重点学校能获得十分有限的财政经费。这虽然满足了传统文化与现实社会对“精英型教育”的需要，但使得基础教育资源的配置失衡，拉大了中小学校之间的差距，使义务教育阶段产生了许多本不该有的竞争。如果没有重点学校与非重点学校的区别，义务教育阶段同一层级的学校资源配置一样，会更加有利于基础教育事业发展。

（三）加大中等职业教育财政投入，避免成为投入洼地

与普通教育相比，职业教育以满足生产、经营、服务、管理一线所需的技能职工为培养目标，其运行中需要更先进的教学设施以及相匹配的实习场所。因此，在相等的办学规模下，中等职业教育应该得到比普通高中教育更多的经费支持，才能保证其畅通无阻地运转。近年来，职业教育高速发展，国家对中等职业教育的投入每年都在递增。但是，无

论与普通高中的投入相比，还是与发展中等职业教育应有的投入水平相比，中等职业教育经费都没有得到足够的投入，成为投入洼地。

第一，经费总量与均量都不足。2007 年，中国普通高中教育经费收入 1393.50 亿元，占全国教育经费总收入的 11.5%；中等职业教育经费总收入为 851.80 亿元，占全国教育经费总收入的 7%，比高中低 4.5 个百分点。可见，在总量上中等职业教育经费就明显低于普通高中。同时，中等职业教育预算内教育拨款占全国各级各类教育预算内拨款总额的比例为 5.8，比普通高中低 3.2 个百分点。中国当前中等职业教育经费仍然低于普通高中。这不符合普通高中教育成本应该低于职业教育成本的基本规律，这严重阻滞了中国中等职业教育的发展。

第二，经费来源欠多元化、结构不平衡。通过对中等职业学校教育经费分析，可以看出 2007 年中等职业教育经费主要由财政性教育经费和学杂费构成，分别为 512.20 亿元和 240.10 亿元，所占比例分别为 60.1% 和 28.2%，其他渠道来源经费与此相比比重很小。行业、企业等社会力量对中等职业教育的投入很少。这显然不能满足中等职业教育规模扩大的趋势，也不适应国家大力发展职业教育的形势。

第三，经费投入地区间的不平衡。中国中等职业教育生均预算内经费投入省际差异较大。2007 年，中等职业教育生均预算内经费最高的是北京市，为 13987.49 元，最低的是湖北省，为 1170.26 元，二者相差 12817.23 元，两者相差近 11 倍；东、中、西三大区域呈现“东高中低”的情形，分别为 5382.87 元、2136.69 元、3067.47 元，从平均数来看，东部地区高于全国平均数 47.5 个百分点，中部地区的平均数是三个区域中最低的，仅为 2136.69 元，低于全国平均数 1512.17 元；中等职业教育生均预算内教育经费投入最低的 5 个省中有 4 个为中部省份，分别为湖北、安徽、江西和湖南，生均低于 1500 元；东、中部区域内差异较大。东、中、西中等职业教育生均预算内教育经费投入的变异系数分别为 0.68，0.51 和 0.37。可见，东、中部离散程度都比较高。东部省份中生均预算内经费最高的是北京 13987.49 元，最低的是河北 2129.84 元，前者是后者的6.57倍[①]。

三、推进高等教育投入多元化

在中国加大教育财政投入过程中，不仅存在该做而没做的财政投入缺位，还存在着做了不该做的或者是该做但是做了过多的财政投入越位现象，主要表现在高等教育领域。从1999年开始的大规模高等院校扩招，使我们的高等教育迅速由精英阶段进入到大众化阶段，与此相应的是高等教育投入机制的改革滞后，虽然已经具备了多元化的投入主体模式，但是政府的投入仍是占据绝对的优势，亟须市场的力量进入，以优化现有的投资模式，使政府可以有更多的资源投入到初等和中等教育上。与教育财政投入缺位不同的是，教育财政投入越位的现象回归本位的过程显得有点缓慢，影响了财政资源的效率。

（一）政府是高等教育财政投入主体

投资高等教育具有很高的私人收益率和社会收益率，使得个人和社会有了投资高等教育的动机，然而，具体谁为高等教育付费及付费多少的问题还要从高等教育的投资成本来分析。

既然教育是一种投资，那就有投资成本。舒尔茨在《教育资本构成》中指出，教育这种投资是为了增加未来收入和未来满足的，这种投资由两部分构成：一是直接费用支出；二是受教育期间的机会成本。直接费用包括在一定时期范围内各投资主体对整个教育体系的全部投资，其中需要受教育者个人支付学杂费、文体费以及因上学而额外支出的各项生活费等；由社会支出的有政府教育经费，企业、及个人的捐赠费用，以及校办产业收入及自筹经费。机会成本包括社会因放弃把学校的土地、建筑物、教学设备出租给非教育机构使用的机会，或学生因受教育而未就业使政府税收减少，而支付非直接的社会成本；

① 熊颖、郭文富：《中等职业教育经费收支分析》，《江苏技术师范学院学报》2009年第10期，第16～19页。

也包括父母因子女受教育而牺牲的时间收入及其他支出的个人间接成本。人们受教育水平越高，这些成本就越高，并且这些成本在总成本中所占比重也在不断增长。

1986年，美国纽约大学校长、经济学家布鲁斯·约翰斯在《高等教育的成本分担：英国、联邦德国、法国、瑞典和美国的学生财政资助》中提出成本分担理论，即高等教育成本应由政府、学生、学生家长和社会人士共同分担。其承担方式就是父母以现期收入、储蓄或贴现未来收入的形式支付；由学生以储蓄、假期工作收入、兼职收入或者以贷款的形式贴现未来收入支付；由纳税人在联邦、州和地方层次上，以直接税或者通货膨胀形式的间接税形式来承担；此外由社会捐助者用捐赠的形式来负担。

公共产品理论认为，高等教育是一种准公共物品，其投资收益很大。根据经济公平原则，投入与收益应该相对称。主要表现在以下几点：首先，对高等教育的消费不能被某些人独自占有。也就是说在设施满足的前提下，一个接受高等教育的人同其他同样接受高等教育的人在一起，并不影响其他人的消费。其次，高等教育资源非常短缺。在一定教育资源的前提下，一个学生获得的多，另一个学生获得的就少。再次，高等教育作为竞争品，其价格并不能由市场决定，因为高等教育受市场价格的影响非常小。因此，高等教育的价格在需求和供给非常不均衡的情况下，只能由政府按相应的高等教育成本来支付高等教育价格。这就表明高等教育不能单一地用公共物品或私人物品采用的定价方法来决定其价格。

相对义务教育而言，高等教育是一种更接近于私人产品的准公共产品，它不仅为社会经济增长和国家综合国力的提升作出贡献，也使得受教育者个人增加了很大的经济与非经济利益。兼具私人产品与公共产品的特性，使得高等教育无论采取单一的市场机制还是单一政府供给机制都不会使利益最大化，难以达到有效供给，实现所谓的帕累托最优。高等教育由于正外部效应产生了效率损失。与之相对应的是，如果政府免费提供了高等教育，受教育者及社会利益团体自身不必付出任何成本，他们就会将自身需求夸大，导致高等教育被过分消费，造成整个社会的福利损失。因此，政府与市场应该共同对高等教育投资。

对于一个国家而言，高等教育是一种“社会服务”，国家对于高等教育具有一种“社会责任”，教育应是政府对人们的一项公共服务项目。高等教育培养着国家所需的高级专门人才，它不仅生产着国家的劳动能力，还生产着国家的科技能力。在经济国际化和全球化的进程中，高等教育在社会服务方面发挥着独特的功能，促进社会发展，是国家实现民主政治和现代化的理想工具。所以，国家在高等教育中受益最大也最直接，高等教育仍将是以政府投资为主。遵循谁受益谁支付的原则，高等教育最为重要的受益者就是政府，所以政府应在自身受益的范围内对高等教育进行投入。政府一直都是高等教育的主要投资者，而且无论高等教育新增了多少种筹费渠道，政府也不能够推卸自己作为主要投资者所应尽的义务。高校自主权的扩大并不应该成为迫使高校实行“经济自理”的手段，国家和社会“不应把高校看成一种预算上的负担，而应看成加强经济竞争力、发展文化和加强民族的社会凝聚力的长期投资”。

（二）高等教育经费投入结构亟待优化

公共财政理论认为高等教育是准公共产品，政府、学生与社会等都是受益者，都应支付高等教育费用。自从 1997 年统一了高等教育收费体制后，中国建立了以政府财政拨款为主的高等教育体制，已经形成了政府、个人、社会三方多种筹措经费的框架。

第一，高等教育经费主要靠政府财政筹措，但政府财政所占比例逐年下降。到 2004 年，中国政府财政性拨款已经下降到 44.73%，低于美国各级政府对公立高校的拨款。中国实行的是以公立学校为主体的高等教育，国家需要对其负责。针对高等教育中财政投入比降低的情况，学者们解释的国家财政实力不足论、国家改革成本提前支付论、浪费论等虽然在一定程度上能解释得了，但是到2004年，国家财政性教育经费投入为3491.40亿元，占国民生产总值的2.79%，远低于我们计划的目标，距世界平均水平5.2%也有很大差距。在初中高三级教育中高等教育投入只占不到三分之一。可见，高等教育还需要政府加大投资。

第二，学杂费是中国高等教育的一大投资来源，而且自高等教育收费改革以来一直有增无减。学杂费在2004年已占到30.73%，而1995～2001年美国公立学校中学杂费只占18.7%，这样的比例也远高于2000年之前的私立高等学校。中国高等教育实行成本分担的收费制度改革，使得高等教育财政经费难题有所缓解，推动了大众化的高等教育发展，但与之相对应的是高额的学费增长。

第三，其他高等教育经费只占到教育经费总量的很小一部分。如社会捐资和集资办学经费在2001～2004年分别只有1.4%、1.77%、1.37%和0.96%，同美国公立高等学校5.3%和私立高等学校15.1%的平均水平相比相差甚大，也远小于其他先发国家。高校自办企业和高校的社会性服务收入占高校教育经费比例一直在不断下滑，2000年以来基本保持在1%左右，落后于中国经济发展水平。这表明现阶段中国还没有完善的高等教育投资多元化体系。随着高等教育大众化的推广，国家财政分担份额与个人负担压力将不断加大，这会成为制约中国高等教育大众化的一大难题。

目前，政府投资和学费收入支撑着高等教育的资金来源，但是缺乏激励机制和低效的政府拨款制度使教育机构仍旧处在计划经济的桎梏之中；尽管现在有了学费投资的渠道，但由于高校的教育处在供不应求的局面中，所以由学生分担高等教育成本的机制建立起来的消费者权威对教育机构效率的影响很小；其他投资渠道的力量还相对弱小，无法对教育体制造成更大的影响，所以无法实现多元化投资体制的效率目标，需要进行进一步的改革，如表2－1所示。

表 2－1　　高等教育经费构成分析　　单位：%

年份	财政性经费	预算内	团体、个人	募捐、集资	学杂费	其他
2001	53.88	50.68	2.03	1.40	25.04	18.14
2002	49.74	47.70	2.64	1.77	26.94	18.92
2003	46.80	44.77	4.14	1.37	29.29	18.40
2004	44.73	42.78	5.80	0.96	30.73	17.78
2005	42.46	40.64	6.83	0.80	31.53	18.38
2006	42.60	40.78	7.67	0.63	29.63	6.88
2007	43.81	42.52	0.85	0.73	33.95	7.67
2008	47.45	45.97	0.69	0.68	33.92	6.72
2009	48.66	47.03	0.69	0.55	33.32	6.52
2010	52.67	49.34	0.48	0.53	30.63	5.86

资料来源：《中国统计年鉴》（2002～2011）。

（三）加大高等教育市场化程度

在财政支出负担压力大和学费增长潜力较为有限的情况下，利用其他渠道改变高等教育结构成了当前棘手的难题。

第一，增加高等教育企业所占的投入比例。企业受益于高等教育，需要对高等教育加大投入，可以运用直接与间接投入实现企业对高等教育支持。企业对高等教育的直接投入包括为高校直接投入研究经费，企业出资在高校委培专业人才、向高校直接赠予等。企业对高等教育的间接投入则是以税收的形式变为财政收入，再以政府拨款的形式来支持高校发展。

第二，大力提倡民间捐赠。捐资助学造福后世，但中国对高校的民间捐赠数量较少，还难以成为中国高校发展的重要支持。这一方面在于捐资助学的社会习惯还未形成；另一方面也是国家没有大力通过政策税收的优惠来促进社会捐赠；大多数高校没有有效的管理机构和健全的体制管理捐赠资金，主动性差，捐赠渠道欠多元化。对此，政府应适度加大宣传提高公民自身慈善意识和思想道德素养，大力鼓励民间对高校捐赠，资助贫困学生，提高教育公平，进而促进全社会的健康发展。同时国家税收政策应对向高校捐赠过的机构和个人有所照顾，通过建立税收优惠体系，鼓励个人和机构对高校捐赠。高校也应该用新的眼光来看待社会捐赠，设置专业机构和专职人员加强对社会捐赠所得的管理，同时提高社会捐款使用情况的透明度，以自身良好的信任度换取社会更多的支持。

第三，加强高校自我创收能力提升。从高校科研成果的转化来看，中国高校科研成果转化比例大致为20%～30%，而美国的转化率高达70%～80%，其他国家的产学研合作收入也是高等教育收入的重要支柱，在与这些国家的比较中就能看到中国的差距。因此，一是高校要提升自身优势，搞好校办产业利用社会服务增加自身收入。二是广大高校应该居安思危，将自己推向市场，充分发挥自身人才密集优势，面向社会，通过高校自身专利成果与具有较强市场开发潜质的企业联合，相互取长补短，加强技术创新与科技研究，向社会提供专业化服务，增加自身教育经费；提升科技成果转化率，利用高等学校科研实力雄厚的优势，结合市场需求，联合有实力的企业，加速科技成果的市场转化，以专业化形式运作，扩大市场份额。

第四，积极开拓国际教育市场，吸引留学生，扩充教育经费。中国加入WTO以后，高等教育已经作为服务项目面向世界开放，我们要利用本国高等教育资源，借鉴先发国家的成功经验，创新机制吸引留学生，打开国际教育市场，充分利用国外资本，完善高等教育投入体制，加大高校经费投入。要积极引进国外的师资、设备等优质教育资源，运用先进的教育理念优化人才培养模式。通过发展合作办学，不仅增加了教育经费，而且可以为国家培养具有国际竞争性的人才。

第五，为民办高校提供支持，吸引更多资金从事高等教育。美国、日本是私立高等教育高度发展的国家，学费、服务和销售收入、捐赠收入组成了教育经费的主体。特别是，其私立高校一般有多元化的融资渠道，较少靠政府财政支持。多渠道的投资来源使美国高校奖学、助学项目有足够的资金支持，加上其良好的社会声誉保证了优秀的生源，而且它们的学生主要来自中产阶级和社会上层，支付得起学费，因此它们一般就业发展前景良好。但即使如此，美国联邦政府仍对私立高等教育有很大的资助，近几年政府支持在私立高校的资金来源中都占到了10%以上。然而，中国民办高等学校普遍创办时间短、知名度低，学费是学校资金的主要来源，国家和地方财政资助很少，各项捐资也不多，以学费促学校发展。投资来源不足制约了中国民办高校发展，使中国民办高校没有很好的声誉，而良好的知名度又能吸引投资，因此中国民办高校陷入了相当尴尬的境地。

民办高等教育作为中国社会主义高等教育事业的有益补充和重要组成部分，从扩大教育机会、增加多样化教育、培养高素质人才、减轻政府财政压力和促进公立高教全面发展等多方面体现了它的社会公益性。因此，当资金阻碍民办高校快速发展时候，为了不让中国民办高校资金链条断裂，政府有必要也有义务加大对民办高校资金支持从而提升民办高校质量。就实际情况而言，政府拿不出大笔资金来资助民办高校，需要用间接资助的方式，如改革政府对高等教育的投资方式，在政策上做到对民办高校的公平，运用公开招标的方式划拨高等教育经费，允许民办高校与公立高校在同一平台上竞争财政资金。这方面我们应多向美国等国家学习，美国联邦政府不以公立和私立为界限来提供资金支持，而是保障和尊重私立高校的地位与教育自由，按照招投标的方式对高校科研经费、教学、基建等方面保障公立与私立高校间的平等竞争。中国还可以设立教育基金会促进民办高校发展，在贷款、经费、税收以及土地租让方面扶持民办高校，采用多种方式解决民办高校的资金困难，对民办高校的投入与政府财政收入同步增长。

四、教育投入向关注结果转变

教育财政投入在教育投入中举足轻重，在中国现在的国情下，国家对教育的投入占据了绝大部分，经过多年的发展，教育投入发生了很大变化，例如，义务教育由“非”成“真”，高等教育由“全免费”到“全缴费”，中等教育由“全免费”到“全缴费”到“部分缴费”等变迁。教育财政投入关注的重点也在悄然发生变化，更加重视财政支出的绩效，更加重视学校的教育质量，更加关注投入的结果和提供方式更加灵活。

（一）大规模提高教育投入的空间有限

衡量一国政府对教育重视程度的一个重要指标是财政资金对教育的投入水平。国际上通常用一个国家“公共教育经费占国民生产总值（GNP）的比例”或“公共教育经费占国内生产总值（GDP）的比例”作为衡量该国将财政资金投入教育的水平的指标。早在1993年，中共中央、国务院颁布的《中国教育改革和发展纲要》就提出了“逐步提高国家财政性教育经费支出占国民生产总值的比例，20世纪末达到4%，达到发展中国家80年代的平均水平”的战略发展目标，并要求“计划、财政、税务等部门要制定相应的政策措施，认真加以落实”①。2012年，中国终于实现了“4%”这个目标。然而，国家财政对教育的投入空间是不是真的很大，需要审视。

第一，就财政支出本身来说，国家可以动用的财力是有限的而不是无限的，财政收入和支出之间要有个平衡关系，可以有赤字，但也不能让赤字任意扩大，不然不仅会对以后的政府可动用的财力产生影响，也会影响到未来人们的消费预期，甚至政府危机和社会的稳定。比如2010年，全国财政收入83080亿元，比上年增加14562亿元，增长21.3%；

① 中共中央、国务院：《中国教育改革和发展纲要》，《人民日报》1993年2月14日。

全国财政支出89575亿元，比上年增加13275亿元，增长17.4%，财政赤字6595亿元，财政赤字率低于3%。

第二，在有限的财力约束下，支出项目间存在此消彼长的关系。财政支出不是仅有教育支出，还有医疗、建设、社会保障、国防等项支出。财政支出随着社会发展而变化。最近几年中国不断优化财政支出，重点加强了科、教、文、卫支出，加大了对农业、农村、农民的支持力度。比如2010年全国财政支出中教育支出12450亿元，比上年增加2012亿元，增长19.3%；医疗卫生支出4745亿元，比上年增加751亿元，增长18.8%；社会保障和就业支出9081亿元，比上年增加1475亿元，增长19.4%；住房保障支出2358亿元，比上年增加553亿元，增长30.7%；农林水事务支出8052亿元，比上年增加1331亿元，增长19.8%；交通运输支出5488亿元，比上年增加840亿元，增长18.1%；环境保护支出2426亿元，比上年增加492亿元，增长25.4%；城乡社区事务支出5980亿元，比上年增加1046亿元，增长21.2%；资源勘探电力信息等事务支出3497亿元，比上年增加617亿元，增长21.4%；公共安全支出5486亿元，比上年增加742亿元，增长15.6%；科学技术支出3227亿元，比上年增加482亿元，增长17.6%；一般公共服务支出9353亿元，比上年增加1191亿元，增长14.6%；国债付息支出1845亿元，比上年增加354亿元，增长23.7%。在政府的经济建设职能还存在很大比重的情况下，增加教育支出势必会影响到其他关系国计民生的项目的支出，特别是医疗卫生、社会保障这些需求十分迫切的项目的支出。

第三，如果单纯地增加投入，不注意教育内部结构的调控，财政支出效率必定不高。虽然说，中国教育政府投入的比重不高，还有提升的空间，但是在现有资源的限制下，调整教育财政支出内部结构，提高支出效率是解决教育资金投入不足的重要途径。对教育来说，初等教育、中等教育和高等教育的经济学属性是不同的，属于义务教育的政府全部承担是责无旁贷的，但是属于准公共品的中等教育特别是中等职业教育和高等教育由政府承担过高比例或者全部承担则是不合适的。问题在于，国家是不是真的放开私人资本进入到这些领域，就拿高等教育来讲，虽然有很多的民办高校，但实际上这些民办高校无论是招生规模还是教学质量、资金来源等等和公办高校相比都处于不利地位，缺乏公平的机会，而且政府也缺乏鼓励私人资本进入真正的教育领域的核心政策和勇气，教育领域的私人资本只是配角，无论是在初级教育还是高等教育阶段都是如此。如果国家在法律的引导下，放开私人资本进入教育领域的限制，不仅整个教育投入会增加，而且政府教育投入的比重也会下降，随着进入教育领域的私人资本越来越多，原来政府承担的教育本应该由社会承担的投入也会逐渐由私人资本接管，从而政府可以把更多的资金放在初等教育和中等教育，这样在增加总量的同时实现教育内部投资优化。

第四，教育财政投入的边际产出也不总是为正。教育财政投入和其他任何投入一样，也存在着边际收益递减的事实。并不是增加教育投入就一定能带来正的收益，如果说过分提供教育财政资源，超过了边际收益的最高点，进入到边际收益下降阶段，那么教育财政的投入效率是低下的。在义务教育领域，非均衡的教育资源配置是存在的，对一些政府本来投入就多的重点学校，教育设施一流，师资力量一流，如果政府继续增加设备投入，只会带来设备的闲置，优良的师资拥挤在一起，也会造成浪费，所带来的收益必定是递减的。相比重点学校和经济发达地区，非重点学校和经济贫穷落后地区，由于政府投入不够或经济落后，教学设备和师资严重落后于人民的需求，不加大对这些学校的投入势必会造成更加落后，加剧人才流失，使得教育发展不均衡状态更加严重，它们正处于边际收益增长区域，急需政府投入。在高等教育领域也一样，也存在着重点和非重点，“211”院校和“985”院校等的差别，对这些学校来说，是不是有评估机制来评估政府财政投入效益是否达到预期目标，是不是存在很大的浪费，是不是应该吸引更多的社会资金进入，学校之间的实验设备、教学仪器（特别是相邻的高校之间）是否可以实现共享以节约财政资源等。

（二）教育质量越来越受到社会重视

推动教育事业科学发展，必须重视教育质量，促进人的全面发展、适应社会需要是教育的根本目标，需要建立教育发展与人的全面发展以及社会发展的平衡机制，鼓励每一个学校有特色的教学，培养教师和优秀的学生，将教育资源配置到提高教育质量和解决教学关键难题上来，建立以提高教育质量为导向的管理制度和工作机制，制定衡量教育成效的评估体系，建立健全教育质量保障体系。

长期以来，教育备受诟病的主要原因之一就是质量和效益的低下。20 世纪 90 年代以来，学生道德出现滑坡，辍学、厌学现象屡见不鲜，青少年犯罪率增加，教育质量下降已成为人人忧虑的问题，许多人甚至用“教育危机”来形容这种状况。近年来，党和政府大力推进素质教育，素质教育的深化已呈现良好态势，但受各种因素的影响，素质教育没有完全深化实行，实质上仍是实行应试教育的做法，“两张皮”的现象还很严重，因考试、升学失败而致使学生走上歧途的现象比比皆是。素质教育的实施困难重重，而德育缺乏实际效果。目前，青少年学生中普遍地存在着心理素质差、社会意识淡薄等问题；学校德育工作中光说不做的现象还很严重，社会认同感、归属感大大降低。同样令人担忧的是，受应试教育的影响，学生普遍存在动手和操作能力差的问题，许多学校的实验仪器成为摆设，学生实验成绩不及格。总的来说，尽管我们在教育上取得的成就是毋庸置疑，但当前学生无论在德育还是智育上存在的问题，都让我们深感痛心，深感忧虑。就现阶段教育的问题和 21 世纪教育发展的需要，大力提升教育质量和办学效益已成为深化教育体制改革和中国未来发展的必然选择。

教育的质量和效益是紧密相关的。传统的教育质量观重视升学率，传统的效益观重视经济效益，主要是因为这两者存在相辅相成的联系。升学率越高，经济效益越高；经济效益越高，越刺激人们提高升学率。在素质教育中，检验教育质量的标准，是达到促进学生的全面和谐发展、培养具有人文素质和科学素质的社会主义所需劳动者这个目标的程度。

树立了这个全面和谐的素质质量观，有助于我们把扭曲了的教育效益观转回到正确的位置上。学校应当培养适合社会发展需求的人才，若学生毕业找不到工作，那么就大大浪费了教育资源并会导致社会不安定和财政资源浪费。如果受教育者没有很好的政治、道德素质，毕业后不但不能为社会服务，甚至可能危及社会，所以学校如果不根据社会发展的需求来培养人才，那么教育是没有效益可言的。

教育效益是指教育实践活动产生的成果与收效。教育效益可分为广义与狭义两种。广义的教育效益包括教育的社会效益和经济效益两个方面。狭义的教育效益只是指教育的直接经济效益。目前，人们一般是从狭义的角度使用教育效益概念，即强调教育产生的经济效益。这与传统的质量观是有关系的，“质量”高的学校，升学率高，对学生和家长更有吸引力，能招收到更多的学生，也就能创造更多的经济效益，特别是站在学校对升学率等同于质量的认识上，自己向上级学校输送了更多的人，就是培养了更多的人才，这些人才就是学校为社会创造的经济效益。

抓教育质量的提高，最终的落脚点在教育效益上。我们重视教育的社会效益，并不是否认教育的经济效益，教育的经济效益和社会效益之间是辩证的关系：一所高质量的学校，社会效益越大，其经济效益就越好，从这个意义讲，经济效益与社会效益是统一的。但现阶段教育的经济效益和社会效益相互分离，大多数情况下，教育社会效益与经济效益没有很好的对应关系，相反，有时呈相反的趋势。一些学校把教育质量的全面提高放在首位，但降低了对学生文化素质培养；另一些学校只重升学率，只重经济效益的增长，却较少培养学生综合素质，社会效益也就很低。我们应该重点提升学校社会效益，同时，想办法使教育的社会效益与经济效益相结合而发展；以良好的社会收益创造最佳的经济效益；把社会效益作为最高标准，将经济效益摆在第二位的位置上。

高级专门人才的培养，知识与能力都是重要的。但知识、能力，一般属于智育范畴，在全面发展教育中，智育是基础，但不是全部。高级专门人才，不仅要有较高的科学素质，还要有较高的人文素质，影响一个人全面发展的因素，不但有智力因素，还有非智力因素。教育对人的影响，应该是终身受益的影响，是长期、长远的影响。教育的效益也不仅仅是经济效益，更重要的是社会效益，就是学校培养的人才为社会做出了多大的贡献。教育之所以在应试教育的泥沼中难以自拔，一个重要的原因就是过于注重经济效益，过于重视智力因素的培养，而轻视了教育的社会效益，轻视了非智力因素的培养，特别是学生人文素质的培养。因此，新时期的教育改革和发展，首先要转变传统的教育质量观，要将非智力因素的发展纳入培养人才的全面质量中，把传统的知识质量观转变为包含知识、能力在内的以促进学生全面和谐发展为目标的素质观念，提升教育整体的效益。

教育的质量和效益反映了教育的竞争力，教育的竞争归根到底也就是质量和效益的竞争。随着市场经济的进一步规范，学校教育的质量和效益就有机会进行直接比较，将会按照市场标准受到严格的检验。

（三）转变传统观念，教育财政投入要关注结果

财政投入耗费的是公共资源，这种资源是很稀缺的，正如前面所说的一样，公共财政资源是有限的，既然是有限的资源，自然也需要它能发挥最大的作用，达到财政支出的目的。就教育财政来说，国家都希望以最小的教育投入支撑起最有效的教育系统。并且，随着公共管理运动的兴起，人们对公共财政资源的效率越来越感兴趣，对公共资金的投向和产生的效果评估也成为时尚。各个国家为了提高财政资金的效率纷纷实行绩效预算，以便监控财政资金的使用效果并把预算的完成绩效作为拨付财政资金的依据。

为了对财政资金的使用效果进行监督，人们一般会从财政资金的投入到产出效果整个流程进行监控，以减少财政资金的浪费。整个财政资金的使用流程，大致是遵循投入（input）—行动（activities）—产出（output）—结果（outcome）—影响效果（impact）的流程。

对不同的国家来说，关注重点不同，财政资金的使用效率也不一样，一般来说，注重结果和效果的财政资金监督管理体系要比注重投入忽视结果的投入体系效果好，因为有着对财政资金的使用效率的严格的控制和评估，而且会把使用效果作为下一步财政资金拨付的依据，因此，财政资金的使用方也会尽量地减少资金的浪费，为获得更多的财政资金而进行自我约束。

对中国而言，以往的财政投入正是过于关注流程的开始——投入，而忽视财政资金的使用效果。在实际过程中，很少对财政资金的使用效果进行评估，更很少用评估的结果作为财政资金拨付的依据。往往是根据项目来确定所需的资金，在预算上就表现为没有约束或稍有约束，法规性不强，在实行过程中，违规现象比较多，在法律体系不健全的环境下，更容易造成财政资金浪费，各个地方一些公共项目反复拆建，就是不关注结果的有力证据。教育财政上的表现也是如此，很少有人关心财政投入到基础教育的实际效果，而只是注重到表面现象，比如升学率的高低，而实际中升学率的数字有很多水分在里面，正是由于没有有效监督，致使教育财政投入的真正效果大打折扣。

令人欣喜的是，国家已经意识到了财政资金的使用效果的重要性，特别是在财政资金规模不断增加的情况下，对财政资金使用效率的关注越来越重要。从财政资金使用的流程来看，中国正在对财政投入的效果进行评估，并把它作为财政拨付的依据。这就意味着，财政投入的关注逻辑起点发生了变化，由关注投入到关注结果的转变，也是逻辑链的重启构建——Impactinput - activities - output - outcome。关注重点的转变对传统的财政资金的使用模式是一个很大冲击，改变了以往注重投入忽视产出效果的局面，使得财政资金的使用效率有所提高。

但是客观地讲，这只是一个开始，并没有完全推行，也不是所有的政府财政资金的使用都遵循同样的规则。虽然有些地方进行了有益尝试，但是由于建立绩效预算基础的合适的法制环境、制度安排和技术选择上的不足，使得绩效预算进步缓慢。没有合适的法制环境，无法为国民参与、监督政府预算活动提供法律依据；制度安排不当，也会影响预算活动设计科学的程序和内部控制机制；评估技术与评估体系不健全，也就无法进行绩效估计。只有法制环境、制度安排和技术选择三者协调发展，才能对支出规模、结构和资金使用效率产生积极影响[①]。对中国来说，现实的选择是修改《预算法》，补充绩效管理的内容，明确实施绩效的目的、目标、程序、管理机构和责任等内容；进行与绩效预算相关的财务、会计、审计、信息披露等活动的法律规范；加强预算编制，继续推广标准周期预算制度，实行滚动预算编制制度[②]；推行预算公开，完善绩效评估技术，建立科学的评估指标体系，引入多元的评估机制等。

（四）改变教育财政投入方式，购买教育服务

政府公共行政活动就是要通过提供公共产品促进公共事务发展，满足社会公共需要，保障公共利益，这是政府存在的目的。长期以来，政府是公共产品的唯一提供者。但 20 世纪 70 年代以来，政府失灵的现象开始出现，使人们不断讨论私人参与公共产品提供的必要与可能。这也为改变传统的教育投入方式提供了理论依据和现实选择。

第一，私人参与生产提供教育产品的必要。政府全面垄断教育产品是不可能，这主要在于“政府失灵”。所谓“政府失灵”，是指在相当长的历史时期中，由于认为公共产品的非排他性和非竞争性，难以避免“免费搭车”现象的产生。教育是一个庞大事业，最基本的初等教育、中等教育和高等教育，以及现在终身教育的理念对教育终生的追求，决定了对教育的投入是十分巨大，没有任何一个国家能有能力提供和支撑这样庞大的事业。如果由政府单独提供，而没有机构与之竞争，资源配置不合理和生产低效率，无论是质量还是数量，教育产品都难以满足公众日益增长的需求。正如世界银行所指出：“在许多国家中，基础设施、

① 张志超：《美国政府绩效预算的理论与实践》，中国财政经济出版社 2006 年版，第 363 页。

② 张志超：《美国政府绩效预算的理论与实践》，中国财政经济出版社 2006 年版，第 363～365 页。

社会服务和其他商品及服务由公共机构作为垄断性的提供者来提供不可能产生好的结果。"① 因此，打破政府在一些公共产品上的垄断，以私营部门参与公共产品生产的方式，建立竞争机制，促使政府提高效率和资源的利用率，扩大公共产品供给的资金来源，改革公共产品供给制必须施行。

第二，关于私人提供公共产品的可能性。就私人能否参与公共产品的生产和提供这个问题而言，戈尔丁认为，在公共产品的消费上实际上存在着"平等进入"（equalaccess）和"选择性进入"（selective-access）。所谓"平等进入"，是所有人都能消费这种产品，如一个国家法定的义务教育；"选择性进入"则是对消费者在满足一定限制后，才可以进行消费，如一个国家义务教育阶段之外的教育。戈尔丁认为福利经济学没有重视公共产品供给方式上的"选择性进入"。如果不是以市场的方式将公共产品分配给消费者，那么经济上无法保证公平的施行。

关于能否由私人提供公共产品方面，科斯从经验角度给出了论证。在《经济学上的灯塔》一书中，科斯对灯塔这一传统的只能作为政府提供的公共产品的典范，给出了相反的例证。他指出，实际上从 17 世纪开始，英国的灯塔就一直由私人提供，而且在充分供给的情形下，政府只能确定灯塔产权与使用权。所以他得出可以用一整套的制度安排，处理好公共产品消费的外部性问题，同时私人提供公共产品也是能补偿其成本的。

第三，当代教育产品的基本提供方式。一是公共提供。就是政府无偿地提供教育，满足社会的公共消费的需要。消费者可以不受限地获得教育产品的消费权，而不需要付出任何代价或者报酬。义务教育产品就是如此。二是市场提供。即主要由市场提供教育所需费用。在一般情况下，市场主体将通过收费来补偿成本，并获得利润。在这一

① 世界银行：《变革世界中的政府——1997 年世界发展报告》，中国财政经济出版社 1997 年版，第 14 页。

情况下单位需要自己解决教育产品的成本问题，用企业的形式经营，对于教育产品而言就是那些专业培训机构，如外语水平培训、机械技术等。三是混合提供。即指政府以成本价格为基础，通过政府补贴和向受益人收取一定费用的方式来提供公共产品。混合提供有如下三大基本特点：一是作为一种非营利的提供方式。二是在成本中除了向受益人收取费用外还需由政府补贴，并且补贴比例不限。三是受益人确定，是通过公共消费获得利益。混合提供方式是最基本的公共产品提供方式。这一方式提供的公共产品包括科学、医疗、教育、文化、卫生等。因此，政府和企业能共同提供混合公共产品，政府也可通过政府购买方式达到提供服务的目的。

第三章
适时导入绩效预算
大举助推教育跃升

教育对于创造力的开发，科技发明的创造，财富的发掘，机会的把握，产业的替代和社会的不断转型都是至关重要的，可以说教育是人的自由发展，产业创新和社会融合的基础设施。教育投入有限，需要我们顶层设计教育财政绩效管理体系，确立以结果为导向的教育财政拨款理念，再造教育财政绩效管理流程，重塑教育财政投入的监测与评估，避免经费短缺与经费浪费并存的现象，确保相对有限的教育财政投入运用在最需要的地方。

第一节　不断创新财政管理　提升教育发展绩效

财政是为了满足社会共同需要，对一部分社会产品进行的集中性分配。先发国家财政管理的绩效预算管理核心就是强调财政投入的目标与结果有效性之间的关系，进而创新管理理念和管理方式，提高政府管理效率、资金使用效益和公共服务水平。目前，在财政改革稳步推进的形势下，研究探索提高教育财政绩效预算的新措施、新方法，正是进一步深化教育改革的重要内容之一。

一、结果导向是财政改革新起点

所谓结果导向绩效管理，即评判政府工作成效的预期目标是否被政府行为的最终结果所实现，整个流程中的预算、计划、管理和报告等环节是否都是根据政府所期望达到的成效来制定的。它激励着政府及其成员尽力获取良好的“结果”，并且对“结果”承担责任。以结果为导向的绩效预算管理就产生了一个循环反馈路径，而这个路径是以结果为中心的。在这一路径中，结果成为政策制定人、公共事务管理人及其他公职人员工作的动因，他们在工作过程中就会注意并收集与政府绩效管理相关的信息和数据。

（一）结果导向绩效管理理念形成

在20世纪70年代政府绩效预算管理理念开始逐步发生变化。结果导向、顾客导向、市场竞争以及企业家精神等新型绩效管理理念，促进了政府绩效模式从效率导向向结果导向的逐步转变，开始着重关注政府提供的公共产品或服务的效果、质量、公平性和公众满意度等要素。20世纪90年代中期，如何将战略规划的概念导入预算过程、如何透过产出和结果的绩效衡量来落实对政府工作评估的要求成为各国预算改革的重心。发展到今天，将资源分配与施政结果相互连接，强调整体管理过程成为各国政府绩效预算管理的主要手段。

绩效预算管理主旨就是要以市场为基础的治理模式取代传统行政模式。传统行政模式主要是对规则负责，给政府雇员一种有力的激励机制促使其遵守规则，严格按照既定的规则办事，重视过程胜于结果。这就导致政府的管理愈来愈偏离公众和社会的期望和要求。

绩效预算与传统公共行政管理只计投入不同，更加重视政府活动的产出和结果，也就是重视提供公共服务的质量和效率，实现明确的绩效目标控制，即确定组织或个人的具体目标，并根据绩效指标对目标的完成情况进行评估和考量。

美国实施的结果导向绩效预算管理最为典型。20 世纪 90 年代以后，伴随着美国新公共管理和政府再造运动的兴起，结果导向绩效预算管理得以强化，一方面是以结果为本位进行管理控制；另一方面是以服务质量和顾客满意作为首要评估标准，体现了重视服务和顾客至上的管理理念。根据美国联邦责任总署的调查结果，截至 2003 年，联邦管理者使用顾客服务标准、效果标准和结果评估标准的比率已经明显高出产出标准和效率。

（二）绩效预算是对传统预算的提升与取代

20 世纪 90 年代以来，美国和其他一些国家政府推动的以结果为导向的预算制度，主要特征就在于试图将绩效指向未来价值，以结果为导向，也就是说将预期投入的预算可能获得的结果和预期产出列入考虑。

传统预算体制往往是只关注投入，导致政府各个部门根据自己的想法去行动和申请经费，却忽视了公众的真实需要；按支出而不是按产出多少来拨款的原则以及将资金分割成明细分类项目的制度，造成了资金配置效率低下问题。

改革开放 30 多年，中国政府的财政制度改革取得了巨大的成绩，尤其是《预算法》颁布以来，预算制度的迅速建立标志着中国财政支出制度改革步入正轨。但是，由于中国的政府预算制度建立时间较短，与先发国家政府相比，预算管理深度仍有较大的差距。另外，伴随着政府预算完备性的逐步提高，政府部门更着重于如何提高预算支出效率，他们通过财政资源总量控制、财政资源优化配置、财政资源使用有效性，加大对绩效预算编制、执行、评估、审计、反馈等的控制。

（三）以结果导向设计教育财政制度

20 世纪以来，世界范围内的生均教育成本的不断增长与各国教育财政相对萎缩、教育公共支出的增长缓慢之间的矛盾日益突出。因此，在财政资金有限的情况下，如何提高资源的利用率，成为各国教育、财政部门重点关注和企图解决的问题。对此，要构建使命驱动、结果定位、成本衡量、业绩评估的绩效拨款体制，把资源分配的增加与绩效的提高紧密结合，从而解决教育财政总量不足、效率不高等问题。

美国洛克菲勒基金会将教育绩效经费政策分为三大类：绩效拨款、绩效预算和绩效报告，并且给出了明确的定义。绩效拨款，是指政府直接根据学校绩效指标的表现分配指定的财政经费；绩效预算，是指政府将绩效指标的表现作为影响学校财政预算的综合因素之一；绩效报告，是对学校绩效指标的表现的定期报道。绩效报告对教育经费的分配没有正式的影响，本质上不属于绩效经费分配方式，但是作为政策杠杆，它仍然被视为一种绩效政策。在绩效拨款中，财政经费的分配与学校的绩效表现之间具有直接的、自动的和公式化的联系。而在绩效预算中，政府主观决定学校是否能够由于绩效表现出色而获得额外经费。绩效报告则主要依靠信息的公开来刺激学校提高绩效表现，它采用的绩效指标的数量要远远大于绩效拨款或预算中使用的绩效指标的数量。

美国田纳西州和南卡罗来那州的实践更具有特点。美国田纳西州是目前在实行绩效拨款的州中最早制定和实施绩效拨款的州，它被各界人士视为比较成功的案例。1979 年，田纳西州教育委员会与该州学校协商制定了绩效拨款政策，并建立了 10 项绩效指标，对于绩效表现出色的公立学校，政府将给予超出该校财政拨款总额一定比例的“奖金”。1980～1981学年，田纳西州的公立学校可以凭借绩效指标的优异表现获得学校总财政拨款 2% 的最高奖金，并且目前已经提高到学校总财政拨款的 5.45%。田纳西州绩效拨款占教育拨款总额的比例在所有将一部分财政经费按绩效表现分配的州中是最高的。从 1982～1983 学年开始，该州的绩效拨款每 5 年进行一次，在 5 年内根据年度的绩效表现进行微调。经过了几次重大调整之后，10 大绩效指标被赋予不同的权重。其中，产出指标占大多数，所占比重也最大，其次是过程和投入指标。总体来看，田纳西州绩效拨款方式体现出非竞争性和纯奖励性这两大特征，绩效表现出色的学校将获得经常性财政拨款一定比例的奖金，绩效表现不佳的学校却不会受到拨款削减的惩罚，而且学校是否获得奖金和其他学校是没有关系的。

美国南卡罗来那州是美国唯一的将所有教育财政常规经费按照绩效指标进行分配的州，该州以州议会批准的《绩效拨款法案》对绩效拨款政策进行规定。它的绩效拨款方式强调惩罚机制，只有达到“明显超出标准”等级的学校才能获得全额的常规经费，其他等级的学校都将受到一定程度的经费削减。而且，由于州财政拨款的总额是固定的，南卡罗来那州的绩效拨款在学校之间的分配竞争程度是比较高的。

二、创新预算编制保障教育财政规划可持续

政府通过预算编制对集中性的财政资源进行筹集和使用，以实现政府职能。因此，预算编制是绩效预算管理中的一个重要环节，也是实现预算功能的一个重要工具。正如毛泽东同志所说：“国家预算是一个重大问题，里面反映着整个国家的政策，因为它规定着政府活动的范围和方向。”就教育财政预算而言，其政府收支科目的设置状况，直接反映出国家对教育活动的政策方向，而且每年度的教育预算的总量，根本上决定着本年度教育活动开展的广度和深度。总之，教育财政预算为国家教育活动指明了发展方向、确立了“道路规则”、设置了成本控制阀门、教育财政预算决定了教育财政投入绩效的实现途径和实现程度。

（一）绩效预算管理制度创新

客观地评估部门支出所取得的成效，是以绩效管理为基础的预算编制所追求的目标之一。绩效预算编制是绩效和预算分配挂钩的模式，对应于责任和控制的绩效管理能高效率地配置资源，并且更有约束力地管理公共部门。绩效预算编制流程如图3-1所示。在这一流程中，有以下几个环节最为关键：一是明确任务和目标，制定支出项目。二是按照支

出计划进行政府行为，根据相关标准进行跟踪评估。三是根据评估结果来进行责任和控制的绩效考核，然后根据考核结果，对整个流程进行调整和效益提升。

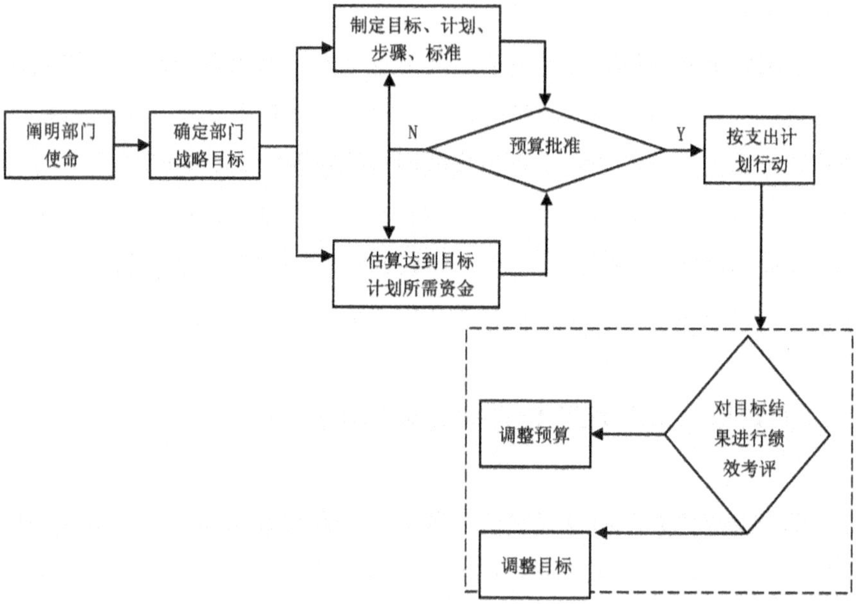

图 3－1　绩效预算编制流程

第一，建立中长期财政框架是核心。绩效预算目的在于实现财政总额控制、优化资源配置、提高财政资源的有效性。为达到这些目的，财政计划与政策之间建立紧密联系至关重要，而中长期财政框架就是连接绩效预算目的和政策之间的桥梁，在绩效预算编制中起着决定性的作用，如图 3－2 所示。

世界上几乎所有的国家政府预算都是按照年度来编制的，但年度预算的时间跨度对于调整支出重点及克服较长时间内出现的不确定性来说，时间太短。年度预算使政府及公众无法了解未来的教育收支政策，部门政策和预算分配之间的联系常常很弱，部门经常发布政策，但预算不能随时提供必要的资金支持。因此，要制定一个好的预算必须考虑年度以外的东西，尤其是宏观经济的实际情况、预期的收入、长期计划成本以及政府政策等[①]。为此，在长期规划基础上，制定中期计划也是非常有必要的。

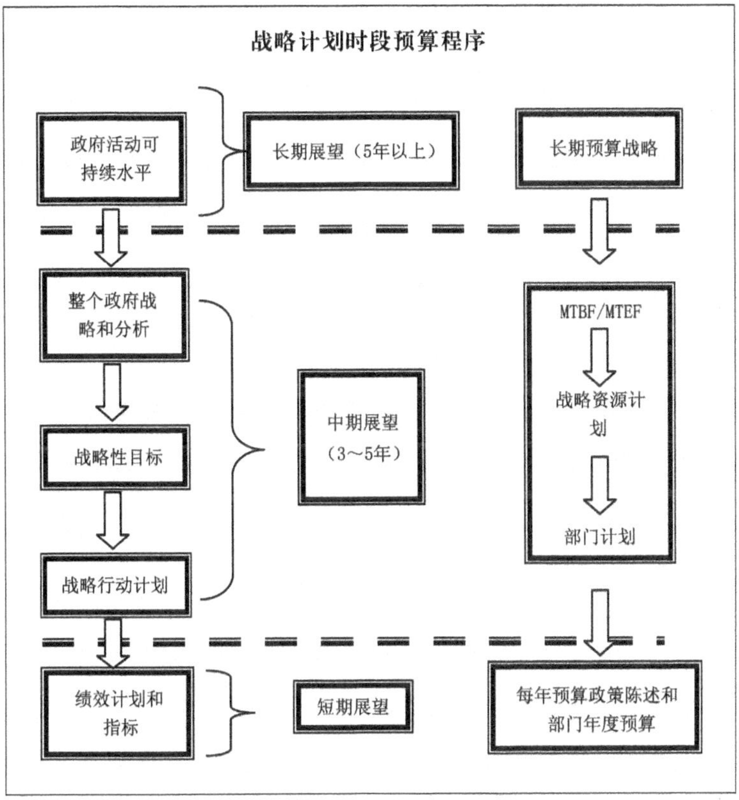

图 3－2　中长期财政框架

资料来源：Jack Diamond，"*From Program to Performance Budgeting: The Challenge for Emerging: The Challenge for Emerging Market Economics*"，IMF Working Paper，2003，p. 169.

世界各国中期计划的目的主要都是通过影响投资的办法来完成经济结构的变化，因而中期计划的时期选择就必须依据商业周期的平均长度（最低点和最高点）和重大投资项目所需要的时间（从构想到投产）。5年是基本的期限，这个期限足以对经济情况和前景做出准确的估计，并制定出合理的指标，足以贯彻必要的执行措施。因此，中期计划通常为

① 亚洲开发银行：《政府支出管理》，人民出版社 2001 年版，第 91 页。

3~5年，同时考虑到不确定性因素，可采用变动滚动式或滑动式方式编制计划，并且要根据随机变量的预期值做出每一个新阶段的决定[①]。中期预算框架的主要任务就是：一要建立起中期可操作的财政目标，政策目标稳定，资金安排有预算，可保障预算项目安排的稳定性和可靠性。二要便于支出管理者制定更好的计划，有利于财政纪律的遵守和资源分配的优化。另外，半数以上的OECD国家对建立中期财政框架有法律要求，尽管各国中期财政框架中包括的内容不一样，但都包括以下重要指标：预算总平衡、经常性平衡、初始平衡、中央政府债务、或有负债、养老金负债等。

第二，控制财政支出总额是绩效预算编制的基本目的，也是首位目标。如果没有支出总额的限制，财政资源的分配效率和执行效率以及支出的有效性就很难达到[②]。控制公共支出之所以重要，是因为申请支出的数额总是超过政府能够或者愿意支出的额度。如果不对财政支出的总额设定限度，受不到约束的需求将导致长期的高赤字以及税收和公共支出占国内生产总值比率的累进上升。

财政支出总额应该相当明确，制定硬性规定而不是软目标，在执行年度强制执行。财政总额控制收支两个变量之间的关系，要保持财政总额控制必须强制执行财政纪律，不能随意增加收入或追加支出的限额，实现这一目标的方法是按比例将支出总额限定为国内生产总值的一定比例；必须在预算制订之前得到实施，独立于年度预算决定之外确定财政收入限额，可以用财经术语表达为国内生产总值（GDP）或总额数字。同时，部分OECD国家还在预算编制中对财政总额控制进行明确的财政纪律限制，且对支出限额做出了明确的控制，只是具体做法差异较大。

基于绩效预算的法律属性、政治属性、经济属性和管理属性，对财政总额实施控制时必须强调以下政策要素：一是体现绩效预算的法律和政治属性，在相关法律文件中对总额控制的指标进行规定，并反映政治

① 莫里斯·伯恩斯坦：《东西方的经济计划》，商务印书馆2000年版，第17页。
② 艾伦·希克：《当代公共支出管理方法》，经济管理出版社2000年版，第25页。

领袖的政治承诺。二是基于绩效预算目标的特点，考虑国家发展水平，财政总额目标必须符合现实且能够实现。三是绩效预算中必须实施预算中期框架，制订和实施预算总额的中期制度。四是基于新公共管理学的要求，总额控制必须基于结构性调整、宏观效率提高、以及分配效率的提高。五是根据公共财政理论，衡量财政总额有多个指标，控制应包括大多数关键的总额指标，而不仅仅是开支总额或赤字，并应包括法定支出和或有负债。

第三，绩效预算编制中，预算分配与绩效评估相结合是一种好的选择。可以通过长期观察追踪业绩的变化趋势，将工作成果与事前设定的目标进行比较并对变化进行分析，将评估与分配联系起来，有效提升预算财政绩效。

（二）教育财政绩效预算规划

支持教育优先发展是公共财政义不容辞的责任。教育财政是指政府通过公共财政手段支持教育的一整套制度安排和实施机制，这些支持可以来自中央政府，也可以来自地方政府。事实上，在多数国家里，教育是各级政府的共同责任，且教育资金来源多样化，但个人付费和公共财政是最重要的融资来源，而且这两类融资来源的相对比重是区别公立和私立教育的主要特征。

教育发展必须要有教育财政规划。教育财政规划是根据社会发展和教育进步的需要，在确立的教育发展总目标下，针对教育事业的发展规模、规格要求和所采取的重要措施等拟定计划或纲领。这为教育事业发展提供了重要的财政保障，也是实现教育规划目标的合理财政方法和途径。教育财政规划的内容，包括说明规划期间教育工作与社会、政治、经济的各种关系，指出教育财政要为什么目的服务，采取什么途径和方法来达到预定的目的。

教育部门应具体负责绩效预算编制规划，指导和推动绩效预算编制。具体来说，教育财政规划应该从以下几个方面着手：确定教育财政的战略目标、部门的核心目标，同时明确各单位的各自使命；着重强调预算部门的权威，调整职能与其目标相一致；建立预算分配机制、政策与项目的协调机制、公众参与机制、部门协调机制等；增强预算项目对政策的回应性；建立政策成本的核算体系，明确政策变动对资源的影响；按职能和广义的经济类型进行总支出估测，审查主要项目和计划的远期成本，并建立滚动支出预测制度；关注主要支出项目，如主要部门的支出或法定支出；预算编制采取自下而上与自上而下相结合的方法。

三、改革预算执行　提高支出有效性

改革绩效预算执行，可以降低成本，提高效率，激发动力，从而提高支出有效性，首当其冲就是确立良好的绩效目标，树立正确的方向，而后设计拨款激励，实施奖惩机制，最大化激发动力，最后要保证总支出在控制之下。并且，绩效预算改革要遵从一定的改革顺序，不能盲目改革。当然，作为绩效预算分支的教育财政绩效预算执行改革也不例外。

1. 确立绩效目标。成功执行面向绩效的预算编制方法很大程度上依赖于详细说明绩效目标的良好框架，但制定有效的绩效指标并不是一件很容易的事情，大部分国家都经历了边干边学的过程，而且在实际绩效和预算拨款之间建立联系非常困难①。例如，在英国，1998 年支出评论的第一套指标并不成功（没有满足 SMART 要求，包括详细、可衡量、可获得、相关和及时），而且国家审计办公室发现很多不能使用定量衡量的项目都用定性的方法来评估，从而带来负面激励。

2. 设计拨款激励。拨款激励有利于鼓励公共机构达到它们的绩效指标，然而缺乏奖惩机制已经成为芬兰和英国等国家的问题。有些国家的教育部门的资源分配只是单纯地基于学生数和通过学位的人数（例如，丹麦、新西兰和瑞士的大学拨款就是采取这种方法）。当前，拨款激励中存在的最大困难是，假如定义的绩效水平没有达到时，应该采取什么措施。

① Statskonsult, "*USE OF PERFORMANCE CONTRACTING IN NORWAY*", OECD the Public Management Department, 1999.

3. 保证总支出在控制之下。放松投入控制，选择基于结果的财务管理可能带来效率收益，但也可能带来总支出的控制风险。为此，需要在供给者之间引进公平和公正的竞争，给良好绩效者以奖励。对给定的公共服务项目，设置拨款"信封"，鼓励服务供给者在"信封"之内竞争，减少服务的过度供给。同时，为公共品拨款设置价格，以限制过剩的需求。

在绩效预算执行过程中，绩效目标给预算执行者良好的动机，使之不会扭曲预算行为，而科学的拨款激励鼓励预算执行者努力实现契约目标，同时奖好罚坏，实现宏观效率。为此，绩效预算执行的成功与否不仅仅取决于预算本身技术的改进，很大程度上还决定于绩效管理的改善。而且，绩效预算控制改革不是无章可循的。OECD 国家经验表明，绩效预算控制改革的顺序是经过政府对支出具有强有力的外部控制后，进而转向内部控制，相同的方面，在内部控制成熟后再强调产出和结果的控制。如果不遵从这般顺序，在内部控制高度发展前就将广泛决策自由下放给管理者将会造成很大风险①。为此，预算控制需要历经三个阶段：中央机构通过对支出项目进行外部控制；进而支出部门对投入进行内部控制；并对产出具有管理决策和责任②。

传统预算控制制度（外部和内部控制制度）着重遵照执行，即详细地通过投入控制来保证不透支和不变动执行中的预算内容，其目的是为了确保财政纪律，但过细的控制会耗费大量的时间和资源，会使得预算僵硬，给予预算管理者灵活性将大大减小。在预算发展各个阶段中，所有国家都建立了外部控制，甚至存在某些国家在其预算体制高度发达的情况下仍然坚持外部控制，然而当前有不少国家已经转向了内部控制，同时一些国家开始着手强调管理责任和产出及结果控制。表 3 - 1 比较了三种不同类型的控制制度。

---

① Jack Diamond, "*From Program to Performance Budgeting: The Challenge for Emerging: The Challenge for Emerging Market Economics*", IMF Working Paper, 2003, p.3.

② 艾伦·希克：《当代公共支出管理方法》，经济管理出版社 2000 年版，第 113 页。

表 3－1　　　　　　　　支出控制的类型

控制类型	执行部门	控制对象	责任方式
外部控制	中央机构	投入；详细明确的支出项目	与详细说明的预算和政府范围内的规则保持一致，对交易进行事先审计
内部控制	支出部门	投入；支出的种类	部门制度服从于政府范围内的标准，进行事后审计
管理责任	执行管理者	产出、结果及运营成本	对产出和结果的责任 事前详细对产出进行详细说明 事后对结果进行审计

外部控制强调中央机构需要对支出机构的政策和过程进行控制，属于指令控制方式，部分程度引入了激励机制；内部控制则强调支出部门对政策和过程进行控制，属于某种程度的激励和协同控制方式；管理自主和责任就是以激励和协同为基础的效率控制。指令控制是指由强大的中央机构来负责管理国民经济，权力高度集中，各级机构需与中央机构保持一致，来保证指令控制的正确决策，这需要大量信息以及具有可靠性；激励控制是指令控制的一种补充形式，不适用于所有的政府任务，政府任务若想获得成功，取决于社会满足程度及各级工作人员的积极反应。因此，任务本身需包含激励机制，对于私人部门任务，政府最好辅之以合适的税收优惠和财政补贴；对于公共部门任务，政府则应给出相应的标准，给予奖励或惩罚。协同控制是指令控制的另一种补充形式，只适用于一些特殊的情况，强调各级机构需要与中央机构相互协商谈判，以此作为决定政策计划的基础，但会导致上下级机构之间的讨价还价。

从预算 100 多年的发展状况来看，外部控制始终是预算控制的重要方法之一。外部控制是在预算的投入方面实施的，属于对支出的事前控制，可以应用于整个政府系统，节约公共支出，并且可将那些决定支出的合法性和适当性的人与实际花费支出的人区分开来，可以对特定的交易进行准确描述；外部控制对资金投入进行详细的控制，要求实际操作者必须准备并实施详细的预算，根据行政事务规则对人员进行雇用并监管，根据政府规定采购物品，定期汇报活动详情。大多数发展中国家的预算管理改革主要致力于加强外部控制，以便减少腐败。但是，由于控制程序繁琐，并且要求进行大规模的监督，以外部控制为基础的管理的成本会增加，因此绩效改革将转向内部控制，继而是管理责任。

内部控制制度有三个明显的特征：一是内部控制意味着使用公共资金的人，需要为其行为的合法性和适当性负责，运作机构则必须根据规定建立标准的人事、采购和其他管理制度。二是内部控制仍然集中于投入，但管理者在采取行动前不必获得外部同意。三是政府为了取代事先审计（在进行支出之前），进而转向了事后审计（在财政年度结束之后），并且不再对所有的交易进行审查，而是采取了抽样审查的方法以确定运作是否与规定一致。内部控制采取指令控制、激励控制和协同控制的部分做法，属于一种过渡型控制类型，既强调外部法律和规则的双重重要性，又赋予支出部门一定权限，在资金的使用方面则关注在中央有关机构授权的情况下，支出机构安排使用资金的合法性和合理性。尽管内部控制赋予了管理者在运作中拥有更大的决策自由，但仍要按照统一的规定执行。在管理资源过程中，必须遵守政府的工资和各类制度，必须依据事先规定的程序进行采购，并且必须遵守外部规则。根本的区别在于某项特定的交易是否符合规定，判断是由它们而不是由外人做出的。

管理责任通过给予管理者广泛的决策自由来加强管理的责任，而管理责任使管理者需要对工作业绩负责。这种交换的两个方面是相互依存的：如果决策自由不存在，管理者就无法对结果负责；如果无法使管理者对结果负责，管理者就不应该享有决策自由。因此，管理责任使控制的重点从投入转向产出和结果，从管理者购买什么转向它们生产什么以及效果如何，有利于运作效率的提高。

外部控制将支出的决策权集中于政府的核心部门，具体执行人员对运作进行责任；内部控制则是让具体执行人员对运作状况进行负责，但是支出控制权却被移交给了部门；管理责任将对资源的控制权和对结果的责任下放给部门内的具体单位去运作。

具体到教育财政绩效预算执行来说，应该加强管理责任，采取以下措施：首先，通过确定产出和结果目标，管理者需要对其服务数量、质量和及时性进行负责，通过优化产出来提高效率。其次，赋予管理者享有运作决策方面的绝大部分权利，使它们可以灵活应用其专业技巧、掌握的信息以及判断力来选择最有效的投入组合，并且收获“效率红利”①。有效加强执行管理责任，最好的方法是从根本上改变公共部门的责任关系。再次，政府机构需要更多的管理自主权以及更多投入的决定权，进而它们可以决定以最有效的方式提供公共服务。最后，需要改变对部门管理者的激励和惩罚机制②，表 3－2 描述了加强管理责任的手段。

表 3－2　　改进责任管理的手段

方　法	好　处
运营成本预算	管理者获得所有的运作资金，它们可以选择自己认为合适的方法将资金投入，从而减少遵循成本和激励管理者良好运作
预算权力下放	具体执行部门管理者可以控制预算，对环境和事项做出反映进行高效运作
效率收益	预算削减的百分比和预期的年度生产率收益是相等的，从而鼓励管理者提高效率
详细说明产出和结果	在预算文件中详细说明预算的产出或者结果，从而使管理者提前得到关于将要实现目标的通知，并使政府可以将目标与结果进行比较
购买者和供应者分离	减少供应商对购买者的影响，使购买者可以在多个供应商之间进行选择，从而在政府之间建立市场
市场检验	通过比较从自己的机构手中购买服务所需成本与从外部购买服务所需成本，选择有效的服务方式
绩效合同	政府与最高行政长官或其他机构之间的契约关系详细说明了可以利用的资源及将要提供的产出，从而建立起评估个人和机构业绩的基础
年度报告和审计	机构关于预算执行结果和产出额度报告受到独立的审计，以使评估绩效信息更可信

① 亚洲开发银行：《政府支出管理》，人民出版社 2001 年版，第 122 页。

② Jack Diamond, "*From Program to Performance Budgeting: The Challenge for Emerging: The Challenge for Emerging Market Economics*", IMF Working Paper, 2003, p. 9.

四、实施绩效预算审计催化财政创新

现今审计的社会影响逐渐增大，社会公众对审计的期望值越高，审计期望差也随之增大。随着教育财政开支的大幅度增长，社会公众对明确资源管理的责任和提高教育财政资金使用效益的要求也越来越高。社会公众关注的不仅是税收的多少，更关心的是教育部门如何践行受托责任；教育资源的使用效益如何，希望教育财政资金使用过程透明化。社会公众如果想获得教育资源使用效率和效果方面的真实信息，就必须依靠于审计部门对教育财政政策的执行和资金的来源、使用进行绩效审查，出具审计报告，出示教育部门履行受托责任的结果。在风险导向模式下进行教育绩效预算审计，降低审计总体风险的目标、确定识别可能存在的重大错报事项、设计财政绩效审计风险评估测试程序，对于进一步降低审计风险，提高审计效率而言，具有极为重要的作用。

（一）绩效预算审计的特征

绩效预算审计是在评估和分析审计风险的基础上，对所审计的项目保有合理的职业警觉，严格审计该模式财务信息并关注审计环境，将绩效评估贯彻于财政资金绩效审计的全过程中。在此基础上对财政资金的经济性（economy）、效率性（efficiency）和效果性（effectiveness）给予评估与监督，这样就可有效地揭露、阻止因决策失误、管理不善等因素造成的国家财政资金的重大经济浪费及损失，督促公共部门提供真实可靠的信息，加大政府工作的透明度，加强公共部门管理的质量，以降低审计风险。

绩效预算审计主体的本质特征是独立性，无论从实质上还是形式上，绩效预算审计都应完全具有并表现其独立性。但由于各方面的限制，在审计执行过程中，对每一项目不同类型的审计均安排特定的专职审计人员是不可能的，因此对审计人员的业务水平要求很高。绩效预算审计的着力点在于被审计单位的绩效标准。比如说，教育财政资源投入和产出的量化指标、各部门单位的任务目标、工作质量与业绩的考核标准等，并没有统一或是固定的方法和技术，也没有可以遵循的严格的审计标准。而且，绩效预算审计执行的基础是大量的非财务指标、数据，但由于被审计部门可能利用所处的垄断地位等条件封锁相关消息，造成审计监督信息不完全，这就使审计部门无法对教育财政资金的管理状况及其使用的效率与效果进行审计。

绩效预算审计在审计证据的收集和评估过程中要保有职业怀疑，在审计测试程序实施过程中增加未预料的因素，将风险评估贯穿于整个审计工作的全过程。不仅要对与审计项目具有直接关系的财务信息进行评估，还要更多地关注被审计单位的宏观经济环境、法律环境、所在的行业环境，以及对被审计单位自身基本情况作详细、系统的调查与分析。

（二）绩效预算审计目标

教育部门对公众承担受托责任，其活动的真正目标是如何综合运用预算，实现教育的宏观经济效益和社会效益的最大化。教育财政绩效审计的总体目标就是要对财政收支项目和资源管理的效率性、经济性、效果性进行评估，以便于促使被审计单位采取必要的措施来加强管理，最终达到提高财政资金的使用效率的目的。因此，教育绩效预算审计工作的重点主要有以下几方面：如何有效地使用教育财政资金，资源的使用结果如何、绩效报告披露的信息是否足够真实，如何改善管理、提高财政资金使用效率，如表3－3、表3－4所示。

表3－3　　　　教育财政绩效审计的总目标

绩效审计要素	审计总目标
经济性	资金使用是否在预算范围内
效率性	资金支出是否合理
效果性	资金预期目标是否达到

表 3－4　　　　教育财政绩效审计的具体目标

教育财政绩效审计具体目标				
总目标	具体目标	经济性	效率性	效果性
教育财政支出	消费性支出	支出规模科学	完全遵循等价交换原则	是否确保教育基本职能的履行
	投资性支出	投资布局合理	社会成本和社会效益最优	有无发挥教育投资导向功能
	转移性支出	资金规模适当	资金拨付严格按规定	是否实现公平效益目标
教育财政收入	税收收入	筹集分摊方式合理	征税的管理成本最低	有利于资源配置市场机制运行
	公债收入	规模和结构合理	发行的成本是低水平	是否达到预期目标
	公共收费	按政策要求收费	收费标准合理	有利于体现公平原则

（三）增强审计对绩效预算的监督

加强教育绩效预算审计是审计机关有效履行预算监督职能的客观需要，也是提高教育绩效预算水平的重要抓手。

第一，要建立绩效预算审计制度的平台。为实现预算管理控制目标，国际组织已经建立一套管理控制的审计标准。各国在设计和建立自身的管理控制系统时，可以以国际组织的审计标准作为示范的框架，为审计人员作提供评估控制的指导。这套标准包括一般标准和具体标准：一般标准包括管理控制的存在是为了确保组织基本目标的实现；管理者和雇员能够在任何时间里对管理控制系统保持积极和进取的态度；各部门或机构的活动确定或制订具体的目标，这些目标应该是合理的，与组织的整体目标是一体化的；管理者能够持续地监督他们的运行，并且当发现不合规章的、不经济的、无效率的或者无效益的行动时，能够迅速采取应对措施。

第二，采用“全程式预算跟踪”动态审计，把握绩效审计重点。

审计中，沿着经费预算、使用、管理的轨迹追踪审查，实现全程式预算跟踪，有针对性提出改进意见。在审计中，突出重点，应着重对经费中老百姓意见较大的项目进行审计，这也是经费支出社会效益的最直接体现。

第三，改进审计报告制度。目前，审计报告基本是对财务工作合规性审计结果的报告，内容粗放、不全面。审计机关对绩效预算的总体运行情况报告，既要报告合规性审计，又要报告绩效审计情况，审计报告要通过新闻媒体完整向社会公布，增加公众的知情权和监督力度。

第四，建立强制信息披露制度，充分公开预算运行的各种信息，统一信息披露的内容、形式、范围。向社会公众提供预算信息查询服务，向社会公布预算编制的政策、依据、绩效预算等信息，接受社会公众的监督，提高财政决策的公众参与度，完善财政民主决策机制，促进预算及实施的效率和效益。

第五，政务公开，加大财政透明度。财政透明度是指预算应该成为全社会的公开性文件，其内容能为全社会所了解。财政透明度是公共预算管理制度的关键内容之一。由于绩效预算全面反映了预算使用的范围、方向，关系到公民对机关的信任程度。因此，应定期将教育各项财政政策法规、各部门在财政管理方面的职责权限、财政收支预算的编制和执行及其结果等向全社会公布。提高财政透明度，能抑制腐败的产生，提高预算管理的水平和效率，进而提升政府在公众心目中的形象，增强公民对政府的信任。

第二节　再造绩效预算流程推进财政治理创新

我们要清楚地界定绩效、政府绩效、财政绩效以及绩效预算的内涵，找准中国教育财政绩效预算管理的着力点，借鉴国外的成功经验，推进教育财政绩效预算流程再造，从而有力地提升教育财政绩效管理水平。

一、绩效、政府绩效、预算绩效、绩效预算的界定

绩效是一个多层次、多维度的复合系统，其内容包含了效率、效益、效能以及效果等几个概念的综合含义。绩效一般包含三个变量：行为、产出和成果（附加价值或影响）。绩效的内涵比效益、效率的内涵更加广泛，包含了效率、产品与服务质量及数量、机构所作的贡献与质量，也包含了节约、效益和效率。为了衡量财政教育投资运用效果，最准确的就是用“绩效”概念，运用“绩效”概念来衡量财政教育投资，所指的不仅仅是一个政绩层面的概念，也不只限于工作态度、工作过程的范畴，主要包括财政教育投资成本、政治稳定、投资效率、发展前景、社会进步等内涵。

政府绩效又被称做“公共生产力”、“公共组织绩效”、“国家生产力”、“政府作为”、“政府业绩”等。一般地讲，政府在社会管理活动中的结果、效益及其管理工作效率、效能被称为政府绩效。政府绩效是指政府在实现其意志、行使其职能过程中所体现出的管理能力。

预算绩效是在政府战略目标的指导下，为合理利用政府资源，提高政府经济效益，而对政府的经营、资本和财务等方面进行总体规划和统筹安排，强调结果导向。简单地讲，预算绩效就是在政府财政管理过程中引入对工作效果的评估，比对为其所支付的财政成本后做出综合评估，并将其作为拨款的依据。其目的是通过调整旧有资源配置的模式，提高政府财政资源的使用效率，当然，更根本的目的是为了更好地完成政府的各项工作，履行好社会赋予政府的职责。

绩效预算是一种以导向为目标，以政府公共部门目标实现的程度为依据，进行预算编制、控制以及评估的一种预算管理模式。美国预算管理办公室（OMB）定义绩效预算是：这样一种预算，它阐述请示拨款是

为了达到什么样的目标，为实现这些目标而拟定的计划需要花多少钱，以及用哪些量化的数据衡量在实施每项计划的过程中取得的成绩和完成工作的情况。布里琼斯（Brizius）认为，绩效预算是根据达到的可计量结果来进行资源分配的过程。乔伊斯认为，采用基于绩效的预算可以确保在政府资源的分配和管理的过程中考虑效果，因此，它有时被称为“资源和效果”的结合。虽然国内外关于绩效预算内涵的描述表达方式不一，但归结起来有一个显著的特点：给部门一个目标，拨付预算资金按完成目标的工作量来衡量，并通过对目标完成情况的评估而对预算完成的过程进行监督。它强调以结果为导向，在这种情况下，部门在资金运用具体方面是有较大的自主权的。

绩效预算将业绩指标、成本核算和预算执行结果都纳入预算体系，是一种新的预算管理理念。制定公共支出的绩效目标，以目标为导向，进行预算编制、建立绩效预算考评体系、控制以及评估绩效目标，逐步实现对财政资金从注重资金投入的管理转向注重对支出效果的管理。当代公共管理的主要措施之一就是推行公共预算改革，建立以绩效为基础的公共预算管理模式，提升政府工作绩效。

二、先发国家的教育财政绩效改进

德国和英国所形成的基础教育财政绩效管理具有丰富的内涵，体现在以下几个方面：政府拨款体制法定化与规范化、预算测定标准体现公平、拨款程序操作性较强；内在改革机制不断调整和发展，具有活力；以公式拨款为标志的统一标准与灵活性项目拨款根据实际情况而定相结合。

德国和英国基础教育财政管理体制的一个最基本的特点是政府教育拨款的法定化与规范化。一是基础教育经费由州和地方议会通过，并通过既定的立法程序合法化。二是政府基础教育拨款强调整合过程的规范化管理，地方教育当局及其他部门作为政府机构，要根据既定标准的拨款程序，将教育经费拨付给所管辖的学校。三是政府拨款机构在具体拨款过程中十分注重协调与拨款有关的政府各部门、地方或学校管理委员会或董事会、校长及其相应的协会、家长和社区代表、学生以及其他有关人员之间的关系，从而使规范化的拨款体制落到实处。

德国和英国对基础教育财务工作的管理重规范、重实效、重视教育目标，因而财务计划的管理往往成为整个学校管理工作的一个内在组成部分，从而易于检查和监测。政府不断促进经费管理与学校教学管理的协调与联系，使经费真正成为一种管理手段。政府与学校都十分重视基础教育财政信息系统的建设，并将财务管理建立在现代化技术基础上。每年，两国政府或经费拨款部门均定期发布经费及与经费有关的信息和资料，促进了教育财政信息的传播与流通，同时也发挥了社会舆论监督的作用。此外，政府把教育经费的分配拨款作为整个管理的起点，而不是把它当做与学校无关的纯粹为上级主管部门的事。学校校长、董事会成员、教师、学生家长等都有权利和机会参与经费预算与管理，地方教育当局的拨款程序基本上是透明的。而且，即使在改变或调整公式拨款因素时，上述人员均有各自的参与权。

德国和英国在规范化基础教育拨款体制的同时注重预算管理，从根本上保证了教育经费的使用效率。例如，英国地方教育当局所制定的财务管理纲要，把整个财务管理分解为四个阶段：预算评议对上一年度财务计划执行情况进行分析，以了解经费支出的类型，并从中发现问题，提出解决问题的办法；预算预测对下一年度所需经费进行预测，使对经费的需求建立在有效基础上；预算编制时一般采用“零基预算”的方法。由此可见，教育财政预算管理是一个跟踪整个预算执行过程的财务控制和监测过程。教育财政预算管理建立了与其相适应的经费拨款测算与监控体系，在处理公平与效率的关系上，将公平作为政府拨款的基础，而把效率作为宏观导向的手段，从预算编制阶段到财务监测的整个过程，较好地实现了两者的平衡。需要指出的是，拨款的可操作性在两国都是十分受重视的，以至于其成为达到教育财政透明与公平之目的的基本保证。

三、导入质量管理体系强化绩效预算管理

在推进绩效预算管理过程中，存在旧的思维、管理方式等习惯的制约和影响，需要在绩效预算管理工作中建立标准化机制，通过管理流程的标准化，提高绩效预算管理能力，规范绩效预算管理中自由裁量权的泛化而导致权利寻租，促进预算体系健康运转。为此，在教育财政绩效管理中引进 ISO 国际质量标准体系，通过建立一种标准，采用系统和透明的方式进行管理，提升管理效率。

（一）标准的定义

所谓标准，是用于比较的一种大家均可接受的基础或尺度，它是组织和管理组织活动的手段。卡普兰（Kaplan）和诺顿（Norton）曾指出，“不能描述就不能衡量，不能衡量就不能管理”[①]。在教育财政绩效管理中，标准是以财政支出为对象，对财政运行中重复出现的、需要协调统一的运行经费管理工作所规定的各种标准的程序、职责、方法和制度等，使之有更具体的遵循和依据，以便进行绩效考核及有效控制教育财政绩效，防止发生资源配置低效和确保使用者公平利用，制约教育财政经费。

成功领导和运作一个组织，需要采用一种系统和透明的方式进行管理，针对所有顾客和相关方的需求，建立、实施并保持持续改进其业绩的管理体系，从而使组织获得成功。ISO 国际标准质量管理体系就是这样一种有效的管理手段。

ISO 国际标准质量管理体系定义是：在质量方面指挥和控制组织的管理体系。通俗说就是规定质量方针、质量目标、职责和程序，并且通过建立和保持相关体系进行过程管理、质量策划、质量控制、质量保证

① Kaplan, R. D. Norton, "*The Balanced Scorecard, Cambridge*", Harvard Business School Press, 1996, p. 6.

及质量改进使其实施和实现所有质量职能与活动。

标准化建设既是一种重要的管理理念，也是一种重要的管理方法。起初，ISO 标准是商业用语，在一些国家使用。它的基本原则是“以顾客为中心”、“用户利益至上”。与此同时，它强调唯有保证过程的质量，才能够有效地保证结果的质量。建立规范的科学决策体系与权力监督机制，尤其是在政府绩效预算管理领域引入 ISO 质量标准体系，规范公共预算质量，建立量化的、有效率指标的、负责任的质量管理体系，是实现预算决策科学化的重要举措。近年来，中国一些地区的公共权力部门先后推行了 ISO 质量管理体系，有效地提高了公共服务质量，成为广大人民群众喜闻乐见的事情。例如，广州天河科技软件园管委会于 2000 年 8 月开始在机关各部门全面实施 ISO（2000 版）标准，2001 年 5 月获得质量体系认证证书，成为中国第一个通过 ISO9001：2000 质量认证的政府行政部门。此后，廊坊市、嘉兴市海盐县政府的主要职能部门相继通过了 ISO9001 认证，开启了政府部门推广标准化管理的新局面。

专栏 3－1

ISO9001 简介①

ISO9001 是由全球第一个质量管理体系标准 BS5750（BSI 撰写）转化而来的，ISO9001 是迄今为止世界上最成熟的质量框架，全球有 161 个国家/地区的超过 75 万家组织正在使用这一框架。ISO9001 不仅为质量管理体系，也为总体管理体系设立了标准。它帮助各类组织通过客户满意度的改进、员工积极性的提升以及持续改进来获得成功。

---

① 王梅：《贯彻 ISO9001 质量管理体系标准》，2013 年 3 月 4 日，见 http：//www. hzbh. com/show. asp?id＝4677。

进入21世纪，信息化发展步伐日渐加速，很多企业重构信息化实现了自身核心竞争力的助力，QIS质量管理信息系统已经在汽车、电子等行业全面应用和推广，支持为ISO9001质量管理体系的电子化提供了平台支撑，并嵌标准的QC七大手法、TS五大手册、质量管理模型，为ISO9001质量管理系统数字化成为可能。

ISO9001质量管理体系适合希望改进运营和管理方式的任何组织，不论其规模或所属部门如何。然而，要获得最佳的投资回报，公司应准备在整个组织中实施该体系，而不是只在特定场所、部门或分部内实施。

此外，ISO9001可以与其他管理系统标准和规范（如OHSAS 18001职业健康安全管理体系和ISO14001环境管理体系）兼容。它们可以通过“整合管理”进行无缝整合。它们具有许多共同的原则，因此选择整合的管理体系可以带来极大的经济效益。

作为第一个质量管理体系标准BS5750（ISO9000系列前身）的创始者，以及ISO9000技术委员会的长期主要会员，英国标准协会（BSI）在标准领域的知识和经验是首屈一指的。BSI知道如何充分利用质量管理体系的好处，确保您能够释放组织的真正潜力。从2010年3月22日起，英国标准协会（BSI）新发的ISO9001和ISO14001证书，除了带有ANAB的标志外，还将带有国际认可论坛（IAF）的标志。这是BSI为了强调证书的国际通行力在全球采取的统一行动。

ISO质量体系的导入，将工作流程化、人员定制化、信息公开化，形成全程的流水线明面设计，在政府进行信息输入与政策输出的过程中，减少暗箱效应。做定时定量的设计，增强群众参与度，将适当政务信息公开化，以公开促进公平公正，以公平公正保证公开。

（二）导入ISO体系，流程化教育财政绩效管理

通过ISO标准，可以逐步建立质量管理永恒改进机制，通过强制性的持续质量改进机制的建立，来帮助管理者实现其永恒发展的目标。而我们推行财政预算标准化建设，最关键的一点就是它可以将绩效考核机制与预算质量、监督机制与行政责任机制、过错责任追究机制结合起来。要实现这一目标，需要逐级而进，坚持在规范中发展，发展中规范，在创新中突破的思路，建立一种动态的质量管理体系，通过新理念、新方法和新流程，改变固有的观念定势、思维定势和行为定势，确保改进机制的有效运行。

第一，质量方针与目标。组织应遵循的质量政策、质量观念和活动准则，以及质量追求和承诺；产品质量、服务质量等应在一定时期内实现量化要求。实施质量方针和实现质量目标是开展质量管理的根本目的。在对绩效预算的管理中，目标应体现为：财政预算运行的高效、透明、节约、效能、顺畅。

第二，质量职责。与质量有关的各部门、各类人员应遵守的明确规定的质量职责和权限。在教育财政预算流转过程中，要明确财政部门、教育部门、经费使用部门的职责和权限，将人、权、责、岗进行实际梳理，建立结构优化、综合管理、执行力强的现代化政府组织体系。

第三，程序。形成文件的程序是质量管理涉及的全过程的控制依据。《质量手册》是基于组织目标体系的框架内，对各岗位的职权范围、阶段任务目标、行政管理细则、执行程序标准等明确规定的立体化执行文件。其作用是及时反馈内外部信息，规范组织流程，具有清晰、准确、可控制的特点。该文件并非一成不变，它会根据行政环境的变化需要而改进创新，随时追踪，确保行政目标定时定量完成。

教育财政绩效管理，是一个关系到教育部门内部对于教育财政费用的管理的流程，是一个有系统、有流程的完整的过程，然而中国政府部门目前在管理方面普遍存在弹性较大、灵活性较强、传统管

理方式在操作过程中缺乏有效的监控，导致行政效率偏低、服务意识差等问题。引入ISO质量管理体系来规范教育财政绩效管理流程，构建新的质量管理平台，对管理的全过程实施检查和监督，通过建立量化的、有效的、指标的、可问责的绩效预算质量体系，保证教育财政绩效管理目标的实现。同时，通过寻找一种与国际接轨的新途径，创建一套符合国际规范、公开透明的财政预算量化指标，保证教育财政预算的有效、正规、廉洁运行，提高服务质量，从而适应新形势发展的需要。

教育财政绩效管理基于ISO质量标准所遵循的过程方法、系统方式的原则，明确流程、系统关联的重要性，围绕质量方针和质量目标，通过控制条件，即人、机、法、环、检，也就是通常所说的编制、设备、操作规程管理、环境、质量与品质的控制，在PDCA（plan－策划、do－实施、check－检查、act－纠正）循环中持续改进，达到目标。教育财政绩效管理根据管理体系文件规定的职权范围和工作进度要求，工作人员可在完成任务后根据结点进行有效连接协调，保证流程，形成良性循环，涉及了教育部门的所有与经费运行直接和间接有关的职能和活动，具体管理体系设计如图3－3所示。

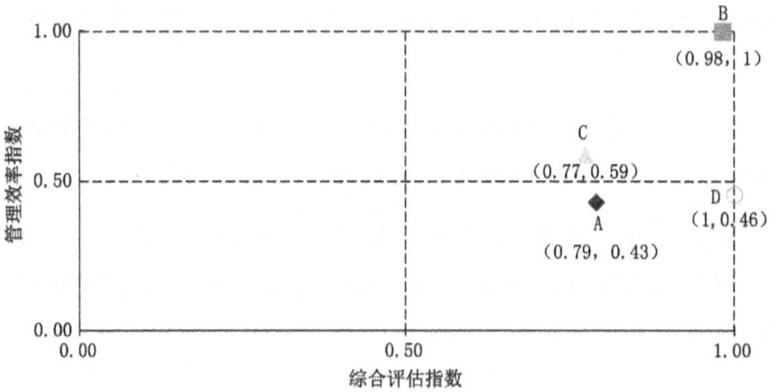

图3－3　教育财政绩效管理体系

教育财政绩效基于ISO的质量管理体系，通过以上流转程序，在

PDCA 循环中持续改进，最终实现教育财政运行高效、透明、节约、效能、顺畅的目标，如图 3－4 所示。

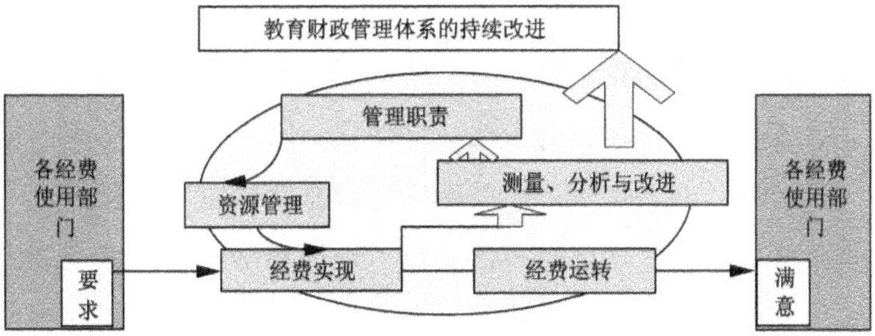

图 3－4　基于 ISO 的质量管理体系

（三）基于 ISO 的教育财政绩效预算管理体系设计

绩效预算管理通常包括以下过程：确定部门战略目标—根据战略目标制定年度绩效计划以及年度部门预算—执行预算—提交绩效报告—进行绩效考评—绩效考评结果的运用。ISO 通过流程化的执行管理，可在执行中对教育财政绩效预算的执行情况进行及时的反馈，确保绩效预算的顺利执行。将教育绩效预算纳入到 ISO 质量体系中，编制 ISO 的绩效业绩指标、绩效成本指标、绩效预算结果指标，通过运行质量体系可以有效控制教育成本的逐年增加，遏制教育财政资源的严重浪费，达到教育财政绩效预算目的，如图 3－5 所示。

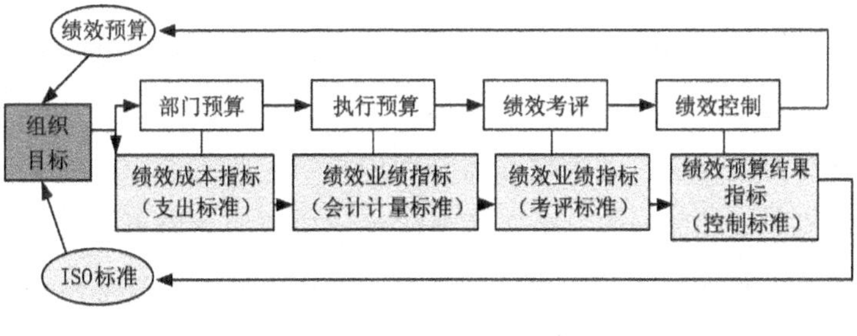

图 3－5　基于 ISO 的教育财政绩效预算管理体系

四、加强电子政务建设提升教育财政透明度

随着信息技术在世界范围内的迅速发展，尤其是互联网技术的普及与应用，推进政府部门办公电子化、自动化、网络化以及全面的信息共享已是一种必然，电子政务正在逐渐成为信息化最重要的领域之一。电子政务是政府再造的理性选择和信息技术进步相结合的必然产物，是政府机构运用现代计算机和网络技术，将其管理和服务职能转移到网络上去完成，同时实现政府组织结构和工作流程的重组优化，超越时间、空间和部门分隔的制约，向全社会提供高效优质、规范透明和全方位的管理与服务。

电子政务有如下优点：一是可以优化政府工作流程，使政府机构设置更为精简合理，从而解决职能交叉、审批过多等问题。二是可以使政府运作公开透明。这可以在很大程度上遏制“黑箱”操作、人治大于法治等现象。公众增加了参政议政的机会，对政府的监督也更有效。三是可使政府信息资源利用更充分、更合理。电子政务使得政府各类信息资源数据库互联共享成为可能，也使得这些资源得到统筹管理和综合利用，从而避免资源闲置、浪费和重复建设。通过电子政务共享的信息资源更易存储、检索和传播，共享的范围和数量也更大，可以更有效地支持政府的决策。四是可以有效地提升政府监管能力。电子政务通过网络能够实现快速和大规模的远程数据采集和分析，从而可以实现跨地域信息的集中管理和及时响应，大大增强监管者的核对、监管能力。五是电子政务将使政府服务功能增强。电子政务将推动传统的政府由管理型向服务型转变，政府职能由管理控制转向宏观指导。六是电子政务将使政府办事效率更高，管理成本更低。网上办公提高了办事效率，节约了政府办公费用的开支。政府通过网络可以直接与公众沟通，及时收集公众的意见，提高了政府的反馈速度，降低了政府的管理成本。因此，电子政务对提高教育行政体系透明度具有很大的作用。

专栏3－2

湖北省推行的财政与编制公开改革①

开展财政与编制政务公开工作是近年来湖北省省委、省政府所抓的一件大事。这项工作2005年先在麻城、京山等14个县（市）试点，2006年开始在全省全面推行。主要任务是通过互联网络，将便于群众办事、方便群众知情的财政与编制政务信息向社会公开，接受群众监督，让人民群众可以方便地进行网上查询、网上建议、网上咨询、网上举报和投诉。财政政务公开的主要内容有三个方面：

一是便于群众办事、方便群众知情的财政与编制政务信息。具体包括财政部门内设机构和办事程序、主要职责，财政工作方面的法律法规、政策、管理制度，经各级人民代表大会通过的财政预算、决算报告，政府采购管理信息，行政许可和审批事项，行政事业单位国有资产管理等八个方面的内容。

二是涉及群众切身利益的财政专项资金的分配管理。包括涉及人民群众切身利益的部门预算、财政专项资金、涉及社会主义新农村建设的财政专项资金和转移支付资金。应公开的财政专项资金包括农村中小学贫困生“两免一补”资金、中小学危房改造资金、农村改水资金、农机购机补贴资金等47项专项资金和农村税费改革转移支付、取消农业税及除烟叶外特产税转移支付、农村义务教育政策性转移支付、公检法司政策性转移支付、革命老区专项转移支付等5项转移支付资金。

三是部门预算编制和执行情况。湖北省财政厅通过建立“湖北省

① 李先宏：《湖北省推行的财政与编制公开改革》，2006年11月12日，见http：//news.sohu.com/20061112/n246331924.shtml。

财政与编制政务公开网”，以互联网络为平台，充分发挥人民群众对政府行为的监督作用，使其能直接与政府进行沟通、反馈。湖北省财政厅通过网络将人民群众普遍关心的财政与编制政务信息向社会公开，具有重大意义。

首先，对财政与编制政务实行“阳光操作”，通过网络向社会公开，可以畅通人民群众反映意见、参政议政的渠道。这项工作着眼于解决人民群众最现实、最关心的问题，有利于制止各种侵害人民群众利益的行为，杜绝财政资金被挪用、挤占，减少损失和浪费；通过将财政与编制政务的办事政策、办事程序、办事依据、办事结果进行公开，把党委和政府的工作置于人民群众的直接监督之下，有利于不断改进工作，完善各项管理制度，真正做到坚持立党为公，执政为民。

其次，推行财政与编制政务公开，把财政资金的分配政策、分配结果以及行政事业单位的主要职责、规章制度、办事程序和人员编制等内容向社会公开，接受群众的监督，有利于进一步转变政府职能，促进各级各部门依法行政、依法理财，建立行为规范、运转协调、公正透明、廉洁高效的行政管理体制。

最后，推进财政与编制政务公开，是从源头上预防和治理腐败的重要措施。通过财政与编制政务公开，切实加强对人员编制和财政资金使用等重点部位、重点领域的管理和控制，有利于增强财政收支和人员编制管理的透明度，防范各种违纪违规行为的发生，防止权力滥用，规范权力运行。

电子政务有利于公开教育部门的职能、办事程序等，促进工作透明度的提高，便于公众行使对教育工作的监督权利，有利于廉政和勤政建设，并有利于进一步深化政府职能转变，建设高效、透明、公开与法制化的教育行政体系。这是由于电子政务增加教育财政透明度，吸引公众参与，提高决策科学化、民主化水平，加强对教育财政资金使用情况的监督检查，提高财政运行效率。教育部门在制定教育政策、作出重大决策过程中，可以通过网络让公众参与，让公众发表意见，让公众提出建议。公众也可以通过信息网络监督教育部门的运作，了解其工作进程和工作业绩，从而对教育工作作出比较准确的评估，达到改进政府工作的目的。这可以归结为建立“可视”政府，即实现政府管理和服务的四个“可视”，即流程可视、过程可视、状态可视和对象可视，大众与教育部门将从以往的“迂回沟通”转为“直接沟通”，形成真正的“鱼水关系”。

第三节　剖析绩效管理变迁　优化整合教育流程

理念的创新和制度的选择是教育财政管理的关键，但是绩效预算管理在具体运转过程中的关键性因素往往是技术方面的，世界各国的绩效预算管理实践也充分说明了这一点。绩效管理既是制度创新，理念转变，同时也是技术变革，预算管理流程的再造。鉴于现代社会的复杂性，教育职能的不断快速升级、财政与其他社会系统的联动性，推进教育财政绩效管理绝不可能单兵突进，它的建立和运转必须是一项系统工程。需要按照系统的视角来进行绩效预算管理工具的开发和应用，注重绩效预算管理工具的综合性运用，探索教育绩效管理创新路径。

一、剖析政府绩效预算管理的技术路径

纵观先发国家政府绩效预算管理的发展历程，我们可以发现各个国家都将绩效预算管理纳入政府绩效管理的总体框架下进行处理。因

此，对政府绩效预算管理模式的梳理，实际上与政府绩效管理的演进历程是分不开的。而在政府绩效评估与管理的演进过程中，政府绩效评估与管理的理念与工具也在发生着相应的变化。虽然预算管理是一个只涉及政府财务管理的范畴，但是在考虑绩效预算管理时必须通盘考虑，在政府管理的整体框架下进行考量。只有这样，在政府管理的各个技术束中，各个技术面才能相互作用、相互耦合，形成政策的合力，从而降低政府绩效预算管理的运行成本和推行阻力。其中，技术束是一个工程用语，用来表示为完成一项工程所包含的所有技术的总和。

如果以美国绩效评估专家英格拉姆（Patricia W. Ingraham）教授提出“管理黑箱”理论作为分界线，那么政府绩效预算评估与管理大致可分为不涉及“政府管理黑箱”的“黑盒管理”和关注“政府管理黑箱”的“白盒管理”两种技术束。黑盒和白盒的概念是借用软件测试中的术语。黑盒测试是在测试时把待测的软件系统看成是一个整体，而无需关注其内部的各功能模块以及各接口之间的关系，而仅把已准备好的数据输入该系统，然后观察输出结果，来判断整个软件系统的功能。而白盒测试恰好相反，是在测试时首先要把整个系统进行解构，不仅要关注整个系统的输入、输出结果，还要关注数据处理的整个过程。在这里借用这个概念来区分政府绩效评估前后两个阶段的主要区别。其中在“黑盒管理”阶段，又可以分为效率导向型和结果导向型两种具体形式，最为典型的就是英美两国在“新公共管理”运动中所推行的绩效管理改革，其改革思路就是从效率导向型评估逐步转为结果导向型评估。而在“白盒评估”阶段，随着绩效管理工具的不断创新，政府绩效预算的“白盒管理”也呈现出“百花齐放、百家争鸣”的局面，在这一阶段对政府管理黑箱的解构和政府绩效管理内部过程评估要素的创新成为最主要的变革方向，比较具有代表性方法包括美国的“总统管理议程的红绿灯体系”和“公共部门通用评估框架”两种具体形式。

（一）政府绩效预算的“黑盒管理”

在政府绩效预算管理的前期，先发国家所采取的形式主要是“黑盒模式”，这种模式的特点是把政府管理作为一个专属名词从整体上加以把握和理解，因此在这个时期政府的预算管理者并不太关心政府内部的情况，只是从政府外部的因素下手进行分析，这一时期的政府绩效预算管理主要包括效率导向型和结果导向型两种典型形式。

第一，效率导向型政府绩效预算评估与管理。在“管理黑箱”理论提出之前，由于受立法与行政相分离政治形态的影响，政府内部的管理行为往往由“行政官僚制”的行政体制来独立管理。议会对于行政部门的绩效评估往往有意地忽略政府内部的管理过程，而把政府管理看成一个统一的整体来进行考量，从经济意义上对政府提供公共产品和服务的成本和收益进行评估，从而仅仅关注政府输入与政府产出之间的关系，因此，这时的评估重心主要放在政府活动的投入与产出上，如图 3－6 所示。

图 3－6　效率导向型政府绩效评估

在具体的标准选择上，效率导向型评估主要有四种选择：一是投入—产出标准。这里的产出是指工作量，投入是指资金或工作时数。二是产出的有效性标准。该方法假设政府活动的“真正产品”比“直接产出”更重要。例如，政府花钱修一条路，然后再花钱把路重新破开，按照投入—产出的标准应该是花了两笔钱，而按照有效性标准则是无效的，因为两笔资金使用后的效果是零。三是设备和雇员的使用率，通常被表述为“实际使用的资源量/可使用的资源量”。一般来说，政府设备的闲置时间越长或政府雇员工作时间的闲置越多，资源的使用效率就越低。四是生产力指数。生产力和效率是同一层次的概念，可以用产出和投入来区分。效率是指单位

产出的成本即效率 = 投入/产出，生产力是指单位的产出量即生产力 = 产出/投入。

在实践上，效率导向型的绩效评估以英国的雷纳评审最为典型。1979 年撒切尔夫人一上台就任命雷纳爵士为她的效率顾问，并在首相办公室设立了一个效率小组（rayner efficiency unit）。效率小组的主要任务是，在首相效率顾问的领导下，对中央政府各部门的运作情况进行全面的调查、研究、审视和评估活动，拟定提高部门组织经济和行政效率水平的具体方案和措施，负责行政改革的调研和推行工作。这就是著名的旨在提高公共组织经济和效率水平的“雷纳评审”，这一评审活动持续了十多年。雷纳评审以“解决问题为导向”进行了“经验式调查”，关注的重点是经济和效率，追求所谓“资金的价值”（value for money）——即通过效率的提高，在保持既定服务质量的前提下，大幅度减少政府部门的行政开支和运营成本。

第二，结果导向型政府绩效评估与管理。20 世纪 70 年代，由于受到新公共行政的影响，政府绩效预算评估的理念逐步发生了变化。结果导向、顾客导向、企业家精神以及市场竞争等新型绩效管理理念，促使政府绩效的模式逐步从效率导向型转为结果导向型。结果导向型评估重点关注政府提供公共产品或服务的质量、效果、公平性和公众满意度等要素。英国学者哈特瑞（Hartzell）最先在《评估城市政府基本服务的有效性：最初的报告》一书中提出了结果评估的三个标准即有效性、效率和工作量，其中有效性主要包括五个评估指标：公共服务之预期目标的实现程度；非预期的、负面影响的出现；所提供公共服务的质量与社区需要、期望和付费意愿的吻合程度；回应公民需求的态度和行动；公众对公共服务的满意度。而且，在哈特瑞看来，效率和工作量只是结果评估的一个要素。

专栏 3-3

北京制定政府绩效预算管理：政府乱花钱可取消新预算①

2011 年 11 月 15 日，北京市政府再发绩效管理方面的重要文件《关于推进本市绩效预算管理的意见》（以下简称意见），明确本市各级部门将推行全过程绩效跟踪，绩效评估差的部门下年度或取消预算安排。

一、预算编制前：制定目标公开竞争

“预算单位在编制年度预算时要同时制定绩效目标，并编制清晰、量化、便于考核的绩效指标。”这是意见明确的重要原则之一。同时，按照意见要求，财政部门根据各部门上报的绩效目标，结合年度政府工作重点和财政财力，审核预算安排。

此外，在预算资金分配环节，探索引入竞争机制，根据预期绩效，以公开、竞争、透明的方式分配资金。

可以理解为，为使有限的资金发挥出更大的效果，避免预算资金浪费，分配资金前期便结合预期绩效，通过透明公开的评比，将资金配备给绩效有望发挥更高的部门，以达到预期的效果。

二、预算执行中：动态监控及时纠偏

意见对于预算执行过程中各部门的职责也进行了详尽要求。各单位要健全预算执行管理制度，财政部门要加强国库执行管理，健全预算执行动态监控机制，把提高资金使用效益作为加快预算执行进度的落脚点。并特别指出，要加强政府采购管理，规范政府采购行为。

---

① 孙乾：《北京制定政府绩效预算管理》，2011 年 11 月 16 日，见 http：//money.163.com/11/1116/09/7IVIRKSU00253B0H.html。

此外，预算执行过程中要建立绩效跟踪机制，加强对绩效目标完成情况的跟踪管理、督促检查，当预算执行绩效与绩效目标发生偏离时，主管部门要及时向财政部门报告，并采取矫正措施。

三、预算执行后：绩效问责挂钩资金

为确保政府花钱到位，意见要求须建立绩效问责机制，将各部门预算支出纳入市政府绩效管理；对绩效预算管理未达到相关要求的部门，采取收回预算资金等形式实行绩效问责；违反财政法律法规规章及制度规定的，按照《财政违法行为处罚处分条例》执行。

与此同时，绩效评估结果要作为下一年度编制和安排部门预算的重要依据，绩效评估结果较好的部门项目优先考虑或重点支持，绩效评估结果较差的部门项目相应减少预算乃至取消预算安排。

四、半年内北京市多举措聚焦绩效管理：从内部监督转向社会公开

2011 年 6 月底，国务院批准包括北京在内的 8 个地区进行政府绩效管理试点。在此之后，针对绩效管理问题，北京市在半年内实施了多项举措。成为试点之初，北京市人大常委会联合市政府召开北京市加强人大预算监督工作推进绩效预算管理制度建设研讨会，研讨会上达成共识，今后北京市将推行绩效预算管理问责制，政府部门乱花钱，相关责任人员可能面临撤职处分。

随后，北京市成立市政府绩效管理工作领导小组，其相关试点工作已从 2011 年 7 月陆续展开，其中，政府绩效管理的评估指标涵盖民生改善、基北京公共服务、依法行政等内容。在经过几个月的前期准备工作后，10 月中旬，北京市下发《关于做好政府绩效管理试点工作的意见》，并明确，2012 年起，本市 16 个区县政府将纳入政府绩效管理范围。

值得关注的是，备受公务人员看重的干部选拔任用等人事调整将与其工作绩效挂钩，绩效考评的结果会报送组织部门，这在外界看来是一大积极举措。但仍不完美的地方是，该意见并未提及针对区县政府的绩效管理是否将引入公众评议和第三方监督的相关情况。

时隔一个月，北京市再下发绩效预算管理意见。据了解，绩效预算管理是政府绩效管理非常重要的组成部分，其因涉及政府财政运行管理的质量而备受社会关注。意见要求各部门要逐步公开绩效预算信息，主动接受社会监督。

结果导向的评估在美国实施的最为典型。20 世纪 90 年代以后，随着新公共管理和政府再造运动在美国的兴起，结果导向型评估得以强化，主要体现在两个方面：一是政府绩效预算评估作为一种技术工具，体现出明显的管理主义倾向，是一种以结果为本位的管理控制机制。二是政府绩效预算评估以服务质量和顾客满意为首要评估标准，体现了服务和顾客至上的管理理念。美国联邦责任总署的调查结果显示，截至 2003 年，联邦管理者使用效果标准、质量标准和顾客服务标准等结果评估标准的比率已经明显高出产出标准和效率，如表 3－5 所示。

表 3－5　　美国政府绩效评估的标准选择

绩效标准 \ 年份		1997	2000	2003
结果标准	效果	32%	44%	55%
	质量	31%	39%	46%
	顾客服务	32%	39%	47%
效率标准	产出	38%	50%	54%
	投入/产出之比	26%	35%	43%

资料来源：张强、韩莹莹：《美国政府绩效评估的基本途径》，《中国行政管理》2005 年第 12 期。

（二）政府绩效预算的“白盒管理”

随着新公共管理运动的不断深入，由于政府管理体制的僵化和管理效率的低下，越来越多的学者开始对传统的政府黑箱式管理过程感到不满，在这之中，新公共行政学一反以往过于重视效率的价值观，在传统公共行政学的目标中加入了“问责”与“透明”，围绕着“分权”、“参与”、“沟通”等若干问题展开讨论。针对传统公共行政制度过于重视官僚制度，以及把政策的制定与执行割裂开来等问题，政府绩效评估开始对传统评估模式下政府管理“黑箱操作”进行关注，并明确地提出了要对政府施政的全过程进行研究，即从问题构建到方案制订，从执行到评估全面展开讨论，并提出要改善政府施政系统，提高服务质量的政策建议。20 世纪 70 年代美国有许多管理学院将研究范围由企业内部管理扩展到外部的社会（政府）管理，从企业的角度来研究政府绩效，把企业管理的技术与方法运用到公共部门用以打开政府黑箱，随后产生了被人们称为“企业管理型”的公共管理模式。其中，美国绩效评估专家英格拉姆（Patricia W. Ingraham）教授正式提出了“管理黑箱”理论，使新的政府绩效评估模式呈现更为公开、更为科学和更有责任意识的新特征，使得原本近乎“完全黑箱”的政府治理过程变得可接近、透明化、公开化和易于监控。图 3－7 清楚地显示了对政府管理黑箱的多维解构。后来，在此理论的指引下，关注政府管理过程的绩效评估方法不断推陈出新。

二、教育财政绩效管理工具系统性创新

教育财政绩效管理系统性工具创新可以针对“黑盒管理”和“白盒管理”两类不同的技术束条件设计出两种体系。其中黑盒管理的系统性工具创新主要体现在内部因素之间的耦合作用机理，白盒管理的系统性工具创新则更多地侧重内部流程的有机整合。

（一）黑盒管理技术束下的教育财政绩效管理的工具创新

管理工具系统性创新就是要按照系统集成的观点、依据系统工程的

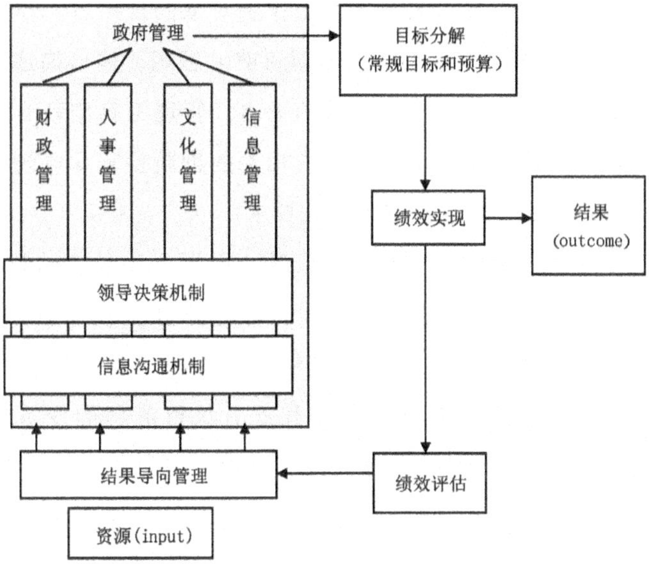

图 3－7　政府绩效预算管理中政府黑箱的解构

原理，引入管理科学方法，建立模型，如图 3－8 所示。

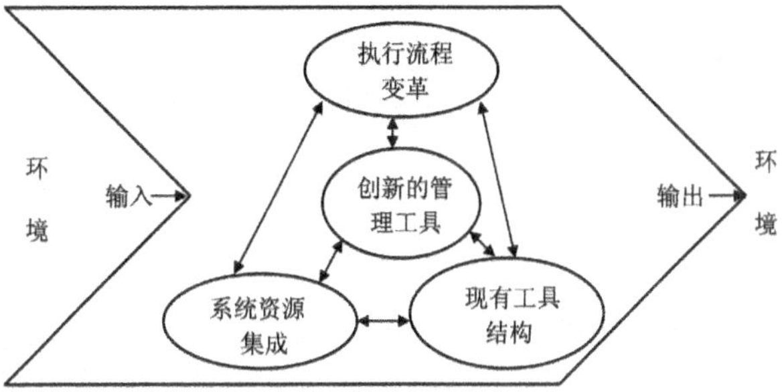

图 3－8　管理工具的系统性创新

管理工具系统性创新过程就是将各种管理方法、手段、工具集成地运用，以实现系统资源、现有工具结构和执行流程的集成与融合，达到创新目的。而且还要求在环境变化时，进行相应的管理变革去应对这种变化。管理工具系统性创新模型中含有一个输入和一个输出。管理工具系统性创新过程通过输入和输出达到一种通向环境的交换关系：输入是进入创新过程中的工作量对象和这些工作量对象的提供者，体现了“组织内部集成”、“全球化虚拟研发”等创新前沿思想；输出描述的是通过过程实现和完成其功能的工作量对象的输出。管理工具创新必须时刻关注创新系统运行态势，及时调整和引入相关的创新要素和管理参数，保证系统的正常运行，并适应外界的变化要求。

管理工具系统性创新依靠三种要素：资源、过程、结构的融合。首先，是多种系统资源集成的过程。创新资源分为物质资源、组织、经营和技术三种资源，工具创新就是借助信息技术的应用实现将这三种资源有效集成的过程。其次，是过程或者执行流程的变革。现代管理工具的创新是建立在整体概念基础上的以市场和顾客为导向的系统工程，贯穿一个企业或政府组织的管理全过程，并且包含流程再造的理念在内。最后，是现有工具结构与资源之间的集成优化。这个方面有两层含义，即管理工具本身结构优化和管理工具为资源和执行流程的耦合提供了桥梁。

管理工具系统性创新就是要将创新的各个基本活动融合成一个不可分割的整体，通过管理方法、手段、工具的协同作用，既能使各创新要素的优势聚合放大，又能使创新组织作为新的集成体实现功能倍增。对管理工具集成创新系统来说，其结构优化应该从三个层次上分析。依据上述原理，绩效预算管理工具的系统性创新将集中在工具创新的理论源泉、时代背景和机理与政府管理工具、技术、组织、信息、科学管理等方面的有机融合。具体来说，教育财政绩效管理工具系统性创新模型可以描述为图 3－9。

在这里，经济、政治、财政、社会等因素可以理解为教育财政绩效管理的资源输入，在绩效管理的黑箱中绩效管理首先将这些外界输入的资源进行资源集成，然后在教育绩效管理目标驱动、创新的教育绩效管理工具、DEA、AHP 等科学管理方法以及绩效管理流程实现这四大因素的共同作用下相互耦合、相互发生作用，最终输出绩效管理的正向结果，从而促进经济、政治、社会以及财政体系本身的前进与发展。

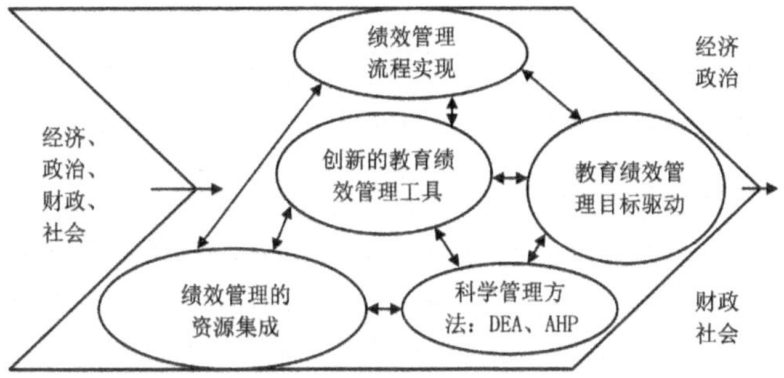

图 3-9 教育财政绩效管理系统性工具创新

（二）白盒管理技术束下的教育财政绩效管理工具创新

在白盒管理技术束下，黑盒管理技术束下的教育财政绩效管理工具的内部集成、内部耦合机制将会被打开，成为开放式的系统，在管理内部过程透明的前提下，教育财政绩效管理工具的系统性创新将会体现为教育行政管理体系内部结构的重塑。

第一，绩效棱柱的运用。由于现有的绩效棱柱分析法①的运用已经在私人领域取得了巨大的成功，为公司绩效管理的真正难题和面对现实的挑战提供了一个有效的、全面的框架。因此，在这里本书尝试将绩效棱柱法引入教育财政绩效管理之中，以全面地考察影响教育财政绩效管理的所有利益相关者。

当绩效棱柱应用到绩效预算管理中时，五个相关的主题：一是利益相关者的满意——谁是教育财政绩效管理的主要利益相关者？他们的愿望和要求是什么；二是利益相关者的贡献——相关部门可以从利益相关者那里获得什么；三是战略——绩效预算管理应该采用什么战略来满足

① 绩效棱柱分析法是 Cranfield 管理学院的研究人员和 Accenture 咨询公司的咨询顾问共同提出的一个全新的绩效模型，也称为“绩效三棱柱”模型。绩效棱柱最早是应用于私营企业，其模型的建立是基于下述逻辑：私营公司要取得长远的成功，首先必须清楚地知道，公司重要的利益相关方是谁，他们想得到什么；然后据此制定战略，以通过实施战略将价值传递给相关方；再次，在执行战略时必需要有能够有效地发出命令和执行命令的过程；而且，在过程中必须有能力以保证流程的顺畅。最后，也必须获取利益相关方对公司的贡献，才能使公司得以保持该种能力。

利益相关者的需求，同时也满足教育部门自己的要求；四是流程——教育部门和财政需要什么样的流程才能执行绩效预算的战略；五是能力——教育部门需要什么样的能力来运行这些流程。而这些主题都要围绕绩效预算管理的特点和层次进行确定。

因此，在中国经济面临快速发展的条件下，首先，教育部门必须非常清楚地了解谁是主要利益相关者以及他们的愿望和要求是什么。教育部门还必须从他们的利益相关者那里获得一些东西。通常包括来自教育部门以外其他政府部门财政资金和信用度、来自顾客（公民）的反馈和愿望、来自教育部门内部工作人员的工作积极性以及来自第三方的监督和服务等。其次，还需要明确所要采取的教育财政绩效管理战略以保证实现分配给利益相关者的价值。为了实施这些战略，它们还要考虑教育部门需要什么样的做法，必须做到既有效果又有效率。在其内部，如果教育部门拥有适当的能力、适当的人力、良好的实践、技术分析工具和物质基础结构的综合，那么政策才能得到执行。从本质上讲，绩效棱柱为以一种理性的方式通盘考虑绩效预算的这些关键问题提供了一个结构，使执行者们能基于可用信息做出决策。这五个层面循环构成了教育财政绩效管理的绩效棱柱框架，如图 3－10 所示。

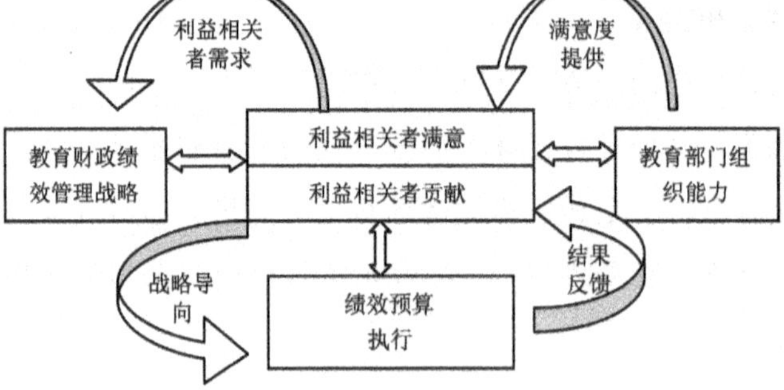

图 3－10　开放系统下的教育财政绩效管理系统性创新——绩效棱柱

其具体的应用步骤为：

第一步，检查现有预算制度的绩效测量和管理过程，列出四个关键问题（合适的东西被测量了吗？是以正确的方式被测量了吗？数据被捕获并分析了吗？根据数据采取行动了吗？），并确认预算测量的质量和预算管理的质量，从而衡量出教育财政绩效，如图 3－11 所示。

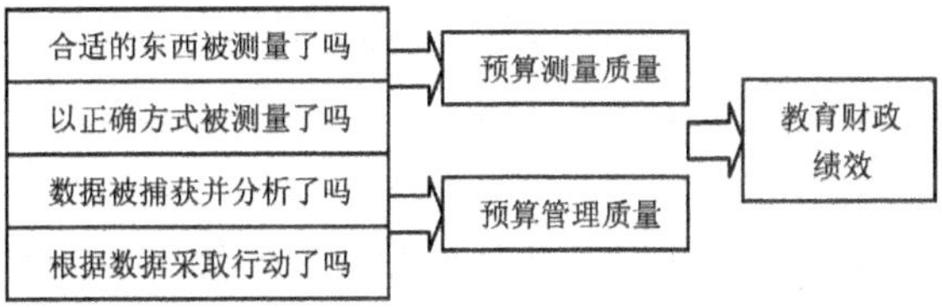

图 3－11　确认绩效测量的关键问题

第二步，根据绩效预算管理利益相关者的关系图，确认决策者、审计部门、公务员、公民、社会团体、社会中介与预算部门之间相互耦合的关系，如图 3－12 所示。

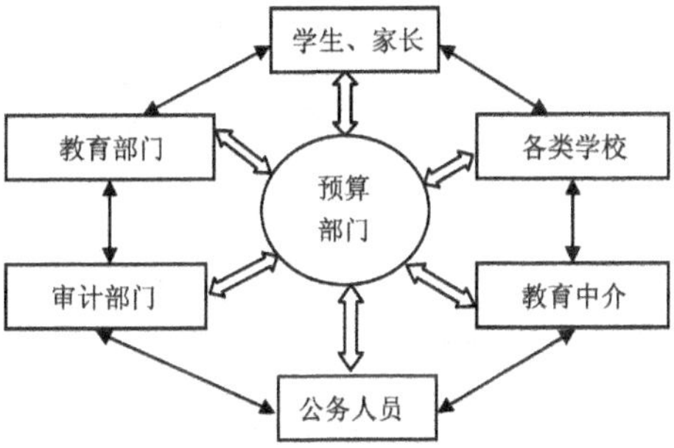

图 3－12　教育财政绩效管理的利益相关者关系网

并对利益相关主体关系进行分析，确认利益相关主体满意度、利益相关主体和利益相关主体贡献，进而如何利用教育财政绩效管理满足利益相关者的基本愿望和要求，如表 3－6 所示。

表 3－6　　教育财政绩效管理的利益相关主体需求和贡献对比

利益相关主体满意度	利益相关主体	利益相关主体贡献
高效良好的服务结果，群众满意	教育部门决策者	正确决策，合理资源配置
得到相应的教育服务，物质文化生活水平提高	顾客（学生）（学生家长）	文明素质、社会公德、科学文化素质、劳动能力等

续表

利益相关主体满意度	利益相关主体	利益相关主体贡献
人文关怀，收入，激励，自我成长	公务员、教师	敬业、忠诚、能力
合法，公正，真实，安全	学校、教育中介	建议、监督
合法合理的分配战略和执行流程	审计部门	提供反馈，监督

第三步，在与每个利益相关者有关的方面，依据教育财政绩效管理的战略、做法和能力来研究解决上述问题的技巧，利用绩效棱柱的结构特征满足利益相关者的愿望和需要，如图3－13所示。

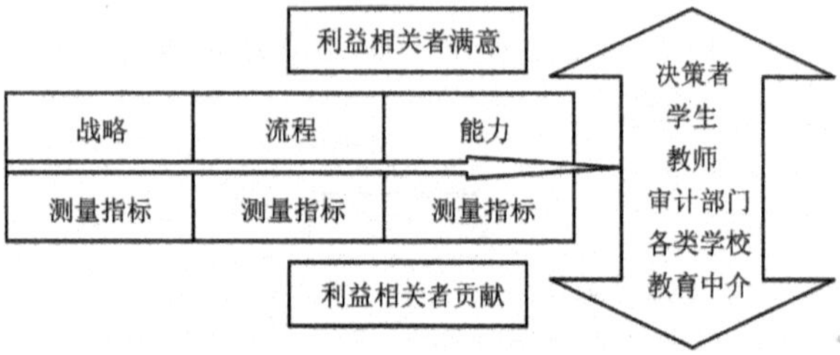

图3－13　教育财政绩效管理的绩效棱柱

第四步，建立教育财政绩效管理模式，把每一个关键的绩效管理因素（利益相关者的满意与贡献、绩效预算战略、流程和能力）结合和联系起来，提供一个完整的图表，使绩效预算部门的工作人员了解。

第五步，运用绩效测量方法定义模板，包括目的、规则、频率和数据来源，并验证方法是否适合具体地区的情况。

第六步，定义教育财政绩效测量系统四个基本流程：第一个流程是测量指标的设计；第二个流程是测量系统做准备；第三个流程是使用测量指标进行管理；第四个流程是管理测量系统本身。实践新的测量方法和测量系统，利用“四个基本流程”模式的第二个和第三个过程。

第七步，应用“四个基本流程”模型的第四个过程，定期评估和更新测量方法和测量系统。回到第一步和第二步，开始实现绩效测量连续提高，保证教育绩效战略的实施，如图3－14所示。

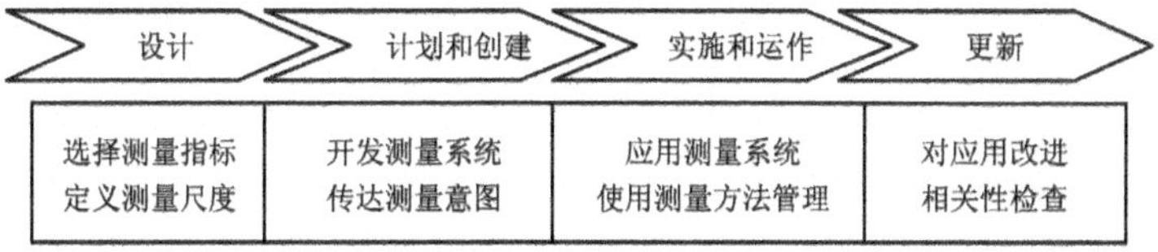

图 3－14　教育财政绩效测量基本流程

第二，流程整合的运用。流程管理则是从流程再造的角度来认知和具体实施预算分配。由于流程管理中蕴含了系统论与控制论的思想，认为绩效管理是一个控制系统，流程管理要求在预先规划好的预算成果——流程管理的目标的前提下，要实现绩效管理目标，必然有赖于绩效评估，实施绩效评估必须建立在对绩效理念的有效沟通基础之上，而绩效沟通的基础是绩效评估指标体系，绩效结果的获知有赖于评估数据的取得。因此，流程管理就是沿着上述逻辑思路展开，结合教育财政绩效管理实践，提炼出绩效流程链、绩效指标维与绩效数据源三个有机联系的组成部分。

绩效流程链是绩效目标驱动下的教育财政绩效评估过程实现的实施程序，对应绩效目标形成预算配置绩效评估、执行绩效评估与产出绩效评估三个模块，内含评估对象、评估指标、评估标准、评估方法等核心内容。现实地反映教育部门所有收入和支出的部门预算为评估对象界定为收入与支出预算提供了直接的理论与实践依据，收支预算的具体项目则是评估对象的逐层细化。评估指标是衡量绩效的载体，评估标准是反映绩效水平的尺度，评估方法则是获取绩效结果的途径。

作为教育财政绩效管理量化载体的绩效指标维是科学评估绩效预算的客观前提。具体而言，教育财政绩效评估指标维必须实现与教育部门预算管理原则的整合，形成预算配置的经济性与合理性、预算执行效率性与严肃性、预算产出效益性与科学性有机结合的指标设置规范。预算配置的经济性与合理性是从支出预算是否节约、收入预算是否保障角度的考虑，相应设计预算支出变动率、预算收入保障率、预算收支平衡率等指标；预算执行的效率性与合理性是从收入预算组织、支出预算控制与预算调整角度的考虑，相应设计收入预算到位率、支出预算落实率、预算调整率等指标；预算产出的效益性与科学性是从经济与社会效益、预算执行效果角度的考虑，相应设计教育事业发展绩效、财务绩效、执行收支保障率等指标。

绩效数据源作为绩效流程链与绩效指标维的数据支持系统，在部门预算框架下实现与绩效指标的耦合，践行绩效流程。预算配置、执行与产出绩效对应预算收入数、预算支出数、收入执行数、支出执行数以及预算产出数五类数据源。预算收入、预算支出是指在预算中确认的收入与支出数，执行收入、执行支出是指预算执行中实际的收入与支出数，预算产出数是衡量预算成果的多维数据；预算收支数、收支执行数之间存在理论上的配比关系，能够衡量预算管理的经济性与效率性，预算产出数则与评估客体的经济效益与社会效益直接挂钩，体现了绩效预算内涵的辩证统一关系。

而激励管理作为整个流程的反馈节点和下一期预算分配过程的起点，其所发挥的作用不言而喻，理应保持与绩效目标驱动与绩效过程实现的逻辑对应。根据绩效目标驱动、过程实现与结果激励的逻辑关系，规划科学的绩效预算分配机制，将公共部门绩效水平和奖惩机制写进绩效合同。可以考虑将预算资金分为基本控制数与追加奖励数两大类范畴，前者是满足部门正常运转的资金，可由财政部门依据基数预算思想结合教育事业发展需求划定支出上限；后者是基于教育部门上年绩效程度确定的激励资金，可由财政部门确定这部分资金数额，绩效评估结果代表了分配比率的高低。在新的预算年度开始时，财政部门将预算基本控制数、追加奖励数以及当年的绩效合同下达给教育部门，教育部门结合教育事业发展合理使用公共资金，以使自身的期望效用最大化，实现绩效结果激励的实质作用。

重塑教育财政绩效管理的内部结构，可以利用预算管理系统运转过程中的管理流程进行整合，如图 3－15 所示。

在这种基于流程的系统结构重塑中，从图 3－15 中我们可以看出：

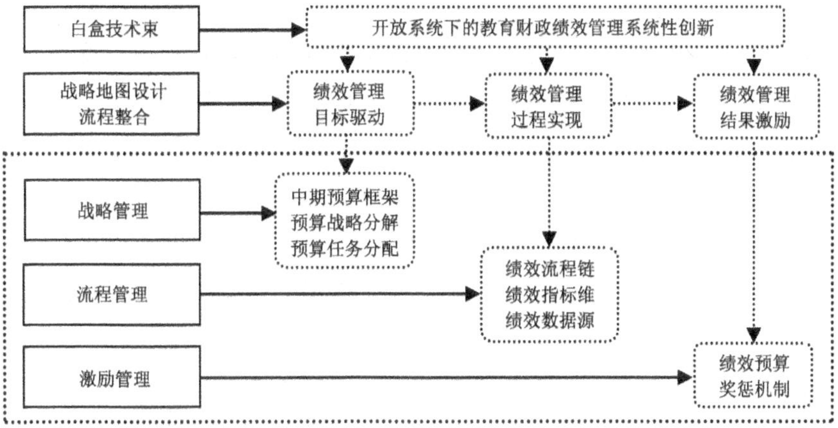

图 3－15　开放系统下的教育财政绩效管理系统性创新——流程整合

首先，从系统视角来看，正是在白盒技术束的前提条件下，教育财政绩效管理工具的系统性创新才得以选择开放的形式，从而打开绩效预算管理的黑箱。图 3－15 中最大虚线框中所包含的管理过程恰恰代表着绩效预算管理的整体框架，在战略地图所设计蓝图的指引下，教育财政绩效管理的实现过程可以分解为战略管理、流程管理和激励管理三个部分。战略管理恰恰是对战略地图的细化，是一个具体的、具有明确目标定位的、具有可操作性的预算计划，在它的定位下，基于流程的预算执行管理将可以按照标准化的程序和预先设定好的操作规程按部就班的对教育财政的分配、执行、考核等环节进行较为科学的管理和控制，从而可以有效地避免非客观因素对于预算过程的干扰，提升预算执行的效率。然后激励管理通过奖惩分明的机制设计保障战略管理的推行和流程管理的封闭性和完整性，从而保证整个系统运行的持续性。

其次，打开教育财政管理的黑箱，我们也可以选择流程整合这样的系统工具，按照这个思路，教育财政绩效管理工具按照整体预算流程又可以分解为绩效管理的目标驱动、绩效管理的过程实现、绩效预算管理的结果激励等三类系统工具。由于“注重结果（产出）而非投入和过程的原则是片面化的"[1]，因此，这提示我们仅仅注重预算产出绩效目标是不够充分的，有必要选择互补的理论视角理解绩效预算管理。按照这样的理解，预算产出绩效是衡量预算成果的最终目标，其路径实现将依赖于预算资金分配与执行的过程管理，绩效预算目标理应吸纳预算配置与预算执行绩效两个目标，这才是包含了目标驱动、过程实现和结果激励的与预算流程管理密切整合的绩效目标驱动体系。

最后，基于流程设计的这三类系统工具将在绩效预算管理的实现过程中与战略管理、流程管理和激励管理相呼应，分别承担中期预算框架、预算战略分解、预算任务分配以及绩效流程链、绩效指标维、绩效数据源和绩效预算奖惩的职能。这其中中期预算框架是连接绩效预算和财政政策之间的桥梁，它对于预算的战略分解和预算任务的分配直接起到了宏观的指导意义。如图 3－16 所示，政府所执行的具体的预算分配程序正是基于中期预算框架中的政府战略计划而执行的。由于在预算分配程序运转之前，政府已经从战略层面依据政府活动的可持续水平依次进行了整个政府的战略分析、战略目标的设定、战略行动计划的制定以及绩效计划和指标的敲定等工作进行了预先的规划，并相应地制定出了其对应的长期（5 年以上）、中期（3～5 年）、短期（3 年以下）执行时段，这就使得预算分配的执行程序从一开始便呈现出从上往下的系统性安排，分别从长期预算战略分解为战略资源计划和具体的部门计划，从而有的放矢地对每年的预算政策进行评判和考核部门的年度预算。一旦中期预算框架建立起来，教育部门的预算政策将会形成连续的、由上至下的系统性的有机联系，每个层级的职能部门将可以从中获知自身部门的职能在整个教育体系中的作用，从而有助于相互协作完成教育部门的整体政策目标。

---

① 安秀梅：《公共治理与中国政府预算管理改革》，中国财政经济出版社 2005 年版，第 35～38 页。

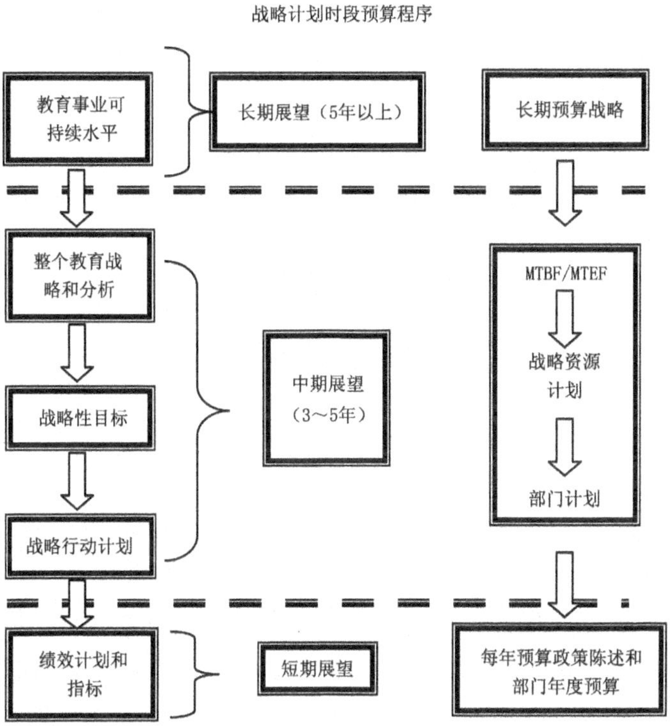

图 3－16　基于教育战略规划的中长期教育预算程序设置

资料来源：Jack Diamond，"*From Program to Performance Budgeting：The Challenge for Emerging：The Challenge for Emerging Market Economics*"，IMF Working Paper，2003，p. 169.

第四章
设定目标规划路径
促进教育跨越发展

实现教育发展的新跨越是一个此岸到彼岸的渐进过程。教育跨越式发展需要多层次细化，对不同层次的教育设定具体的前进目标，创新教育体制机制，支撑教育发展新跨越。在教育资金的筹集方面，可以考虑建立教育普遍服务基金，实现教育投入的多元化。在跃升教育资金的使用绩效方面，应建立教育绩效预算制度，助推教育发展新跨越。

第一节　细化层次发展目标
满足未来拓展教育

教育事业是一个涉及多层次多层面多维度的一项系统工程。教育的跨越式发展需要树立多层次细化的发展目标。就中国教育发展的实际情况来看，义务教育、高中阶段教育（包括中等职业教育）、高等教育和非学历的社会教育是四个不能忽视的重要领域。义务教育当下主要需要解决的是教育的可获得性问题，实现城乡教育资源统筹，推进义务教育均衡发展。高中阶段教育主要是解决人力资本持续积累的问题，即在义务教育后实现教育的可持续，工作的重心是要大力增强中等教育的吸引力。高等教育重在为经济社会发展培养合格的高素质人才，过去那种“象牙塔”式的高等教育已经不适应当今经济社会快速发展对高等教育的诉求，因此以社会需求为导向，增强高校社会服务能力是关键。非学历教育是中国教育体系的重要组成，对于促进终身教育和打造学习型社会不可或缺。

一、实现城乡教育资源统筹　推进义务教育均衡发展

义务教育阶段的公平是教育公平的基础。义务教育的本质，是要为每一个人的生存和发展提供一条公平的起跑线。目前，中国义务教育发生了根本性的变化。1965 年小学的升学率为 84.7%，初中的升学率只有 21.6%。而现在从全国的平均水平看，85% 的人口地区已经基本普九，全国人口受教育年限在不到 5 年的时间里从 4 点多年达到 2010 年的 9.5 年。这样的成绩是举世瞩目的，中国用几十年的时间走完了一些先发国家几十年甚至上百年走过的道路。

中国已经在全国城乡实行了免费义务教育，把义务教育经费全面纳入国家财政保障范围。这是中国教育体制的一个历史性变革，从而使几千年来“有教无类”的理想变成了现实。2006 年 9 月 1 日起开始实施新《义务教育法》的修订草案的第二条明确规定，“国家需要实行九年制义务教育”。义务教育由国家统一实施，要求所有的适龄儿童和少年必须接受，同时也是一项国家必须实施保障的公益性事业。在实行义务教育过程中，不得收取学杂费。对此，国家需要建立义务教育经费的保障机制，以敦促义务教育能够实施。

2006 年，西部地区农村义务教育阶段中小学生全部免除学杂费；2007 年，中部地区和东部地区农村义务教育阶段中小学生全部免除学

杂费；2008年，各地农村义务教育阶段中小学生均公用经费全部达到该省（区、市）2005年秋季学期开学前颁布的生均公用经费基本标准；中央财政安排资金扩大免费教科书覆盖范围①。虽然农村义务教育还存在教育经费保障机制不够完善，农村学校教育质量和师资水平偏低，农村学生辍学率较高等问题，中国的教育工程、农村中小学现代远程教育工程、西部地区"两基"攻坚计划，以及农村贫困家庭中小学生"两免一补"政策，农村义务教育事业发展还是取得了显著成效。

"义务教育均衡发展"不仅仅局限在数量的考量，还应包含政策上的衍生含义，以及有关资源配置的方式、制度设定形式和未来发展方式等方面的变动。其中，资源配置方式主要指的是为了使受教育者都能接受相对平等的受教育机会和条件——具体包括教育经费、办学环境和条件、师资配置和学生生源质量等。制度设定形式主要指通过制度的规范，促使教育权利能够切实落实，学生在现实中可以获得平等的升学、就业机会。发展方式的变化指的是义务教育已经逐步从个体、部分层面的发展向着共同、协作的模式演进。

当然，"均衡发展"是一个相对的概念。"义务教育均衡发展"的绝对标准是必须保障所有适龄人口根据相关法律规定都能接受义务教育，逐步使尽可能多的适龄人口能享有充分、良好的义务教育公共资源。在此前提下，必须承认在均衡状态下某种差距的存在及其标准的相对性，同时必须把全国各地义务教育发展水平的差距控制在合理区间。差距悬殊于合理区间之外是中国现阶段义务教育均衡发展遭遇的最大问题。这种差距是其历史差距、经济差距的延续，也是以行政区划为主的公共财政体制、政策差异所造成的人为差距。目前，形成中国目前义务教育非均衡发展的成因主要有：

1. 生产方式。不同时期不同地区的生产力水平不同，这是造成教

---

① 《国务院关于深化农村义务教育经费保障机制改革的通知》，国发［2005］43号。

育区域差异的重要原因。这是由于生产力发展水平制约着教育经费投入水平，影响教育发展的规模和速度。中国古代经济发达地区，人们重视教育，文化繁荣，各级教育设施较多。但是，从清末洋务运动开始，近代教育发展重心开始向沿海地区和城镇转移。民国时期，教育发展较好、较快的地方仍集中在经济富庶的地区。这是由于山区、牧区以及广袤的高寒地区，环境恶劣，义务教育适龄人口居住分散，导致义务教育学校难以形成适度规模。这种非均衡状态在新中国成立以后又不同程度地延续下来。目前，与生产力发展水平密切相关的义务教育公共财政体制，建立在以行政区划为主的公共财政体制基础上，经济差距导致各行政区划之间义务教育公共财政资源的巨大差距。同时，经济基础制约教育的社会性质、受教育者权利和教育目的价值取向。长期的城乡分裂取向及其二元结构是造成中国义务教育城乡差异的根本所在。

2. 政策选择。精英主义取向及其重点学校政策是形成义务教育校际差异的根本原因。这是一种优势资源集中于少数学校的政策选择。重点学校政策是特定历史时期的产物。为了快出人才、早出人才、出好人才，政府采取了集中稀缺教育资源办好重点学校的教育发展政策。这对推动当时社会经济和教育发展都发挥了重要作用。但这一政策在推动部分中小学教育质量提高的同时，不可避免地扩大了城乡间、校际间资源配置和教育质量的差距。城市窗口学校与薄弱学校之间办学条件与质量差距不断扩大，成为择校的根源；乡镇中心学校与村办小学之间的办学条件差距不断扩大，导致村办小学的青年教师大量流失。无论是小学还是普通初中，获取公共义务教育资源最多的都是城市重点学校，获取资源最少的学校都在农村。

专栏 4－1

新中国成立以来中国的重点学校政策[①]

重点学校政策及其实践始于20世纪50年代。1953年5月，教育部要求在全国积极充实和重点办好高级中学和完全中学，以逐步提高中学教育质量，请各省、市、自治区选定学校。同年7月，布置各地应办的学校数量，总计全国重点中学194所，占全国中学的4.4%。60年代初期是重点学校建设阶段，政策扩展到小学。1962年12月，教育部发出《关于有重点地办好一批全日制中小学的通知》，要求各省、市、自治区范围内选定若干所中学，在每一县（市）和市属区范围内选定一所小学，首先集中力量切实办好。至1963年9月，27个省、市、自治区确定的重点中学共487所，占公办中学总数的3.1%；重点小学共3071所，占公办小学总数的7%。十年动乱期间，重点中学遭到严重破坏。1977年，邓小平提出：为了适应社会主义现代化培养建设人才的需要，先集中力量办好一批重点学校。1978年1月，教育部颁发《关于办好一批重点中小学试行方案》，并确定了由教育部办的20所重点中小学校名单。1980年10月，经国务院批准，教育部颁发了《关于分期分批办好重点中学的决定》，建设700所全国首批重点中学。1983年8月，教育部颁布《关于进一步提高普通中学教育质量的几点意见》，提出“重点中学应逐步成为本地区中学开展教育、教学研究活动的中心”。1995年国家教委发出《关于评价验收1000所左右示范性普通高级中学的通知》，提出根据有计划、有步骤、分期分批建设的原则，将于在2000年以前分期分批建设并评估验收1000所左右示范性普通高级中学。虽然没有提重点中学概念，其依据仍是1980年之后教育部颁发的《关于分期分批办好重点中学的决定》，这实质上还是重点中学政策的延续。

① 中国教育年鉴编辑部：《中国教育年鉴（1949～1981）》，中国大百科全书出版社1984年版，第167～168页。

3. 制度安排。配合重点学校政策，评估制度偏好把示范学校、窗口学校建设作为考核教育官员的政绩工程，对义务教育学校间办学条件和教育质量差距的监测和分析不足，更人为地加大了本就不合理的差距。2005 年某城市普通初中校际间的“生均公用经费总支出”差距已达到 3.4～37.3 倍，普通小学校际间的差距更是高达 14.3～439.2 倍①。政策差异和制度缺欠导致区域、校际之间教师的经济待遇和社会地位迥异，形成教师由低而高的流动惯性和差别巨大的薪酬格局。这说明，校长和教师在一定区域内巡回流动的前提条件和制度保障还没有完整有序地建立起来，对弱势学校的政策干预和保护才刚刚开始，在生源政策和制度安排上现在仍然倾向于重点学校优先选择优质生源。

因此，实现城乡教育资源统筹推进义务教育均衡发展意义重大。义务教育均衡发展的目标应该是保障优质基础性教育服务在社会各阶层之间的均衡供给，这也是基础教育资源在空间地域上均衡分配政策导向的深层次内涵。短期来看，教育普遍服务的着力点，一方面要提高中央政府在义务教育阶段的财政责任，通过差异化的转移支付模式，增加经济欠发达地区的教育投入，缩小义务教育阶段各地教育发展的地域性差距；另一方面更要通过改革户籍制度、完善财政救助、遏制教育腐败等措施的实施，打破因制度性歧视而造成的优质教育资源的阶层垄断。长期来看，教育普遍服务的着力点在于通过延长基础教育的年限（建议普及十二年义务教育），培养能与社会实现顺利对接的高素质劳动者，变“九年制”为“十二年制”。

具体来说，中国可以推行以共享促均衡。义务教育资源的整合和共享是合作意义上的办学条件均衡化。“补差”固然重要，但“用优”更为智慧。均衡发展不是杀富济贫，而是鼓励学校在平等政策环境下公平竞争。优质学校将保持自己文化意义上的社会资本优势，发挥其对社会的宏观影响力，同时也要加厚和延展社会资本力量。这种影响力包含对

① 叶平、张传萍：《对教育公平与义务教育均衡发展的思考》，《政策》2007 年第 4 期，第 40～42 页。

薄弱学校的辐射和带动。在社区范围内依托一所或几所办学质量较高的学校，联合周围的若干学校建立学区。学区有统一领导，在学区内学校之间实现资源共享，尤其是学区内学校的教师合理分配、流动，最大限度地保证学区内的每一所学校教育资源的均衡和共同发展。通过建立“城乡教育共同体”，使城区学校与农村学校建立起相互对应、相对固定的实体，促进城乡学校之间的联手合作。

此外，在财政资金使用方面，把财政资金用到广大农村，实现义务教育的均衡发展决不意味着“撒胡椒面”式均匀分配财政资金，而应该是集中优势教育资源，实现教育供给的相对集中，提升义务教育质量。义务教育资源应逐步向乡镇中心校和县域集中，通过农村道路等基础设施建设逐步降低人员流动成本，通过建设寄宿制学校间断学生的乡土文明情结，逐步实现生产力的浓缩。同时，配套义务教育服务的全覆盖，实现教育服务的全区域可获得性，实现基本的生存权和基本的发展权，保障弱势群体最基本的受教育权利。

二、增强中等教育吸引力　加速普及高中阶段教育

分析中国当前面临的转型社会历史进程，诸多因素都在不可避免地促使愈来愈多的民众以自愿（如盲流现象）和非自愿（下岗、企业破产倒闭所造成的失业等）的方式脱离原有的生存结构和阶层。这些因素包括了宏观社会结构的变迁、既得利益集团对于利益的分化、高收入群体和低收入群体之间财富、权力等两极化分散等。中国现在社会和经济的发展速度，虽然已达到了较为高速水平，但远远不能使得这些脱离原有生存结构的“边缘化”主体重新被新的生存结构、阶层所容纳，因而成为“游离态”的社会群体。加之“收入差距拉大”、“文化鸿沟”、“教育鸿沟”、“就业机会鸿沟”、“数字鸿沟”等知识、信息和发展机会的丧失，这一部分的人群将构成未来社会矛盾、社会不稳定的主要诱因。

中国的义务教育已经达到了普及阶段，是一个不争的事实。因此，如何在中国发展高中阶段教育，特别是中职教育的驱动作用，成为当前最为紧要的任务。统观职业教育的职能和作用，涉及了经济结构的调整，城乡一体化建设的实现，产业结构调整，新兴战略性企业的发展，农业发展方式的转型，生态文明的建设和整体社会的协调发展等诸多方面，因此其重要性不言而喻。

为了能够更好地为加快经济发展方式转变服务，职业教育需要在整体的布局结构、具体专业设置、宏观办学规模和总体的育人目标上与为市场供应高素质产业工人、农民和人才要求相适应。职业教育需要紧紧跟上相应产业调整、升级、发展的总体步调——随经济发展的方式而动，紧跟企业对于技能型、高素质人才需求而走，围绕企业的升级调整方向而转，伴随市场的需求变动而调整。总而言之，只有跳出教育的范畴来反思教育本身，根据市场和产业的需求办学，才能够从根上使职业教育发挥助推器的功用。

特别是，产业结构的调整和升级必然会引来新的就业方向和就业岗位，因此对于高素质专业技能型人才培养的规格、数量和内在的质量也均产生了更高层次的需求。具体而言，职业学校本身的专业设置、人才培养模式必须要参照国家相应的产业建设状况、区域经济发展状况，实现专业与产业、专业链与产业链以及学校办学模式和区域经济的一一对接。反观当前频频出现的“技工荒”，正是这种需求升级所引致的衍生问题。

职业教育同其他类教育进行比较可以发现，这不仅仅是一种培养人才的活动，而且同经济社会的整体发展有着千丝万缕的联系。正所谓“授之以鱼”不如“授之以渔”，职业教育需要解决的正是教授人们具体的职业技能，从而解决最具体的生存问题。为了能够有助于农村劳动力的转移，职业教育在培养劳动力的专业素质、智能，塑造劳动者本身的道德修养和人格等方面都有不可推卸的责任。

正因为职业教育担任着为社会提供农村新生劳动力培养的重要任务，

职业教育的发展规模、速度、质量以及效益理所当然地成为决定农村劳动力转移速度、程度的最关键因素。“读完初中上职专，打工致富一路通”这样不乏戏谑意味的口号，事实上真是道出了广大“农二代”对于职业教育以及职业培训的欢迎和赞许。特别是，近些年来，中国农村职业教育和培训的发展速度突飞猛进，各职业培训机构对就业工作的重视程度逐步提升——“订单式培养”促进就业，“产学结合”等都在无形中促进着农村新生劳动力的转移。毋庸置疑，中职教育者们用实践践行着中职教育助推器的作用。

根据中国经济发展对人力资源的需求来看，受过初中等技术教育的劳动力供求失衡，在较长一段时间内都将是供不应求。加之中等技术教育投入的周期短，与市场经济发展的衔接紧，提高实际劳动力生产率的成效明显、收入弹性变化大，从而使学习能够在毕业后所获得的收益可以补偿因上学所放弃的收入，这种收益较之读普通中学所得收益更高，在就业和创业过程中，中职教育可以有效提高成功概率。为此，不少家庭及学生愿意付出这些成本而接受中等职业。在现阶段以及可以预见的未来，有一段较长时间优先发展中等职业是确实可行的。

促进就业和改善民生，也迫切地需要职业教育增强培养劳动者就业创业技能的能力。中国有 13 亿人口，人口多、劳动力多，特别是农民多，这是我们的基本国情。要大力发展职业教育，调整教育结构，通过职业教育提高劳动者的就业和创业能力，提高人民群众收入和生活水平。另外，职业教育可以减少失业，对学生就农村社会态度问题进行再教育，传播就业技能和改善就业态度，弥补城市和农村年轻人发展的先天不利条件，阻止农村人口向城市迁移，部分解决城乡“二元结构”问题。

然而，中职教育作为一种重视实践与教学结合的特殊教育，办学成本本身来讲就超过了其他类型的教育。这就使得在办学过程中不得不征收更高的学费，来弥补国家有限的财政投入与实际所需之间的差异。但是，职业学校的学生由于入学分数低、家庭收入低的客观事实，往往无法支付这笔高昂的学费，进而错过了进入中等职业学校的机会，无法掌握一技之长，立足于社会。这就是阻碍人口流动和劳动力转移的因素之一。因此，政府必须通过增加公共财政资金中职业技能培训支出的份额及其绩效管理，为弱势群体提供表达公共需求的途径，提供社会普遍化的民生关怀，从而有效地防止贫困人群边缘化，防止底层社会的出现。并通过对社会发展绩效的关注，切实关注公共资金的实际使用效果。在社会意义上实现对所有人的公平，实现中国社会转型的“软着陆”，避免中国在农民现代化过程中陷入“现代化断裂”的陷阱。特别是，政府应采取各种措施提升贫困家庭的教育投入收益预期，以各种方式补助弱势家庭的孩子接受职业教育，从而破除人力资本持续积累的障碍，增强中等教育吸引力，加速普及高中阶段教育。

但是，中等职业教育属于准公共产品，并非纯粹的公共产品，政府并不能承担全部的支出。对此，我们应当围绕职业学校，树立“以服务为宗旨，以就业为导向”的办学理念，实行“校企结合，工学结合，注重技能”的办学模式，提高中职教育运转过程中的收益，使个人、企业和学校获利。这有利于中职教育在边际上扩大规模，提高受教育的边际收益，促进中职教育步入良性发展轨道。

三、以潜在的社会需求为导向 增强高校社会服务能力

各国之所以如此重视高等教育的发展，根本原因在于大学能够为社会培养人才。反之，大学所培养的人才，如能适应所在社会的发展要求，将会极大推进该国或地区的经济社会发展水平，进而也会直接提升大学本身的声誉和办学水平。例如，曾经号称为“日不落帝国”的英国就因为其在高等教育方面的失策，而丧失了国际上的霸主地位，让位于德、美、日等新兴资本主义国家。虽然英国在12～13世纪就建立了牛津大学和剑桥大学，成为高等教育的翘楚，但在随后的几个世纪中，一直鲜有更大突破，只在苏格兰建立了少数几所大学。同时由

于教会势力的钳制，英国的大学一直固守对于古典人文学科的重视，忽视了受市场需求的实用学科的开发，致使科技人才十分匮乏，英国的竞争力日益衰减。反观德国的高等教育，包括科隆大学、特里尔大学、斯特拉斯堡大学等等，都曾因教学内容与实际脱轨，在社会的压力下进行调整。总而言之，大学人才培养的全过程，应以满足社会需求为培养的根本目标。

为了能够提高大学人才培养目标与社会的适应性，其基本路径应当是首先了解社会对于人才需求的具体内容——需要哪种人才、怎样的人才。社会现象广博深邃、社会需求复杂多变，人类仅凭现有技术很难完全把握社会对人才的真正需求。而且，大学培养人才，在客观上需要一定周期，这就决定了大学人才培养的周期会明显滞后于社会的需求。为此，许多先发国家开始加强预测和规划工作，希望提前了解今后若干年的社会需求，但从目前的情况来看，非常准确的预测几乎不存在，社会的复杂多变使这些预测结果与若干年出现的情况产生不少的差距，而目前人们还没有找到缩小这种差距的方法（当然更不可能完全使这种差距消失）。在这种情况下，人们开始将目光投向战略匹配，即在国家或区域的经济和社会发展的战略构想和总体规划中，将教育的内容考虑在内，但由于这项工作自身的局限，问题也不可能有效解决。实际上，即使在先发国家，人才供求关系的矛盾也一直存在，目前还没有一个国家有能力真正实现人才供求的平衡。

知识经济时代，大学是一个社会创新思维诞生的源泉和财富积累的摇篮，对社会经济发展尤其重要。大学不仅仅是知识和社会文明的聚集中心，更是文化、人才、创意、技术等因素的中心——将人力资本、技术和创意资本等要素凝聚起来的重要的社会复合资本元素，并且兼有教育、研究和社会机构的多重复合身份。身为教育机构，大学是文化传播、人口素质提升以及高素质人才培养的决定性因素；作为研究机构，大学是“学院科技”研究的主导力量——为其提供知识化、规范化和科学化的研究成果，用以支撑“民生科技”与“后学院科技”的发展；大学还是一个社会机构，它能够通过其广泛的社会影响力，培养出社会的新文明。由此可见，大学最初使命的内在逻辑已经从知识的传承（教育）扩展到包括知识的创造（科研）以及所创造的新知识的商业应用（创业），创业型经济体系中的大学也逐步从教学型大学、研究型大学向创业型大学迅速迈进。

目前，最好的方法是实现“产学”、“研金”、“创政”三者的有机结合。这三者的有机结合，从总体上看，是对“产学研体系”的不断完善与升级，就是要促成企业、政府机关、科研单位、高等院校、金融创新机制等在创新领域中的合作，力图将教育、科研、开发、中试、生产、销售、投资集为一体，完成技术创新上、中、下游的对接与耦合，从而提高企业的创新能力，加速科技成果的转化，催生原创产业，促进产业技术升级，提升国家竞争力。通过“产学研金创政”这一生态合作机制，实现大学与市场的结合、实现实验室与产业的结合，打破大学与社会界限，实现大学与社会融合。产学研结合即产业、学校、科研机构相互配合，发挥各自优势，形成强大的研究、开发、生产一体化的先进系统并在运行过程中体现出综合优势。产学研合作作为推进高等院校和科研院所科技创新成果转化的有效途径，它在诞生之初就天然地将政府、企业和高校及科研院所紧密地联系在一起。然而，在多年的产学研合作实践摸索过程中，一些关乎产学研合作向纵深发展的深层次问题逐渐浮出水面。如何定位政府、企业与高校之间的关系？如何更好地激发高校科技创新能力的同时，又保证风险利益的主体企业肯投入、乐于投入，从而形成产学研合作链条的良性循环？政府、企业、高校在这一过程中应该分别扮演怎样的角色？综合国力的竞争在很大程度上是经济实力的竞争，随着智力因素及高科技成果在经济增长过程中决定性作用的不断扩大，通过产学研的紧密结合，将高校创造的科技成果尽快转化为产业优势，从而推动区域经济的增长，已经成为高校发展的一个重要命题。美国奥斯汀大学校长福克纳曾表示：“大学要服务于地方经济，帮助所在地区解决社会问题也是大学不可推卸的责任。”同时“大学必须研究当地未来经济发展最重要的方面，这些情况既紧迫又容易察觉，把好脉方能更贴切地为地方服务”。

从本质上说，“产学研金创政”相结合是一种顾客主导型创新模式，是指在顾客与创新即知识生产者的相互关系中，“消费者是发布命令者”，是起支配作用的一方，企业必须听从顾客的意见来组织创新，要根据顾客的需求与偏好，安排自己企业创新产品的研发、中试。当代西方经济学者大都认定顾客主权是不可动摇的经济学原则。首先，这一理论承认消费者、企业的“利己心”都可以得到满足和实现的原则。其次，它被认定为是使社会资源得到有效配置的原则。市场上的生产者按照消费者的“投票”情况以及票数多寡来判断社会的供求关系，筹划安排人力、物力的使用，进而来调整具体资金的调配投向和规模。

事实上，从亚当·斯密到哈耶克，西方经济学界历来习惯于把顾客主权看做是生产者（企业）和消费者均可以享受到的效益的概念，同时亦是市场经济理论中不可动摇的原则。进入20世纪90年代以来，随着国内、国际市场竞争的融合和加剧，科学技术尤其是高技术的蓬勃发展，顾客的主动地位更加突出，顾客逐渐成了“上帝”，企业与顾客的关系成为企业市场经营的生命线。在这种形势下，顾客对产品的使用情况、反映和要求是企业创新的直接来源和推动力；企业不仅向顾客提供产品，而且要用“超值服务”奉献给顾客，这已成为全球成功企业的重要经营原则；顾客需要的重点不仅包括成本、质量，而且包括服务和时间，及时性已成为满足顾客需要的一个极为重要的指标；顾客满意战略已成为企业普遍推行的新的经营理念；产品个性化日益风行，柔性生产逐渐取代刚性生产，以满足各种顾客的不同需求。

在“产学研金创政”相结合的基础上，培育区域创新系统是提升国家创新力的重要举措。区域创新系统（regional innovation system，RIS）主要由参与技术发展和扩散的企业、大学和研究机构组成，在充分利用其文化、组织或制度、劳动力、生产企业以及知识生产机构等基础上，由市场中介机构组织广泛介入和政府适当参与的一个为创新、储备和转让知识、技能和新产品的相互作用的创新网络系统，它是中观层次的创新系统，在国家创新系统中承担着承上启下的作用。区域创新系统实质上是一种网络经济组织形式，就是数量众多的高技术企业在空间上聚集，高技术企业间以专业化分工与协作为基础，形成具有稳定的技术经济联系的网络体系。这里的网络是指区域内的高技术企业、大学、科研机构、金融机构、服务性行业、政府部门等行为主体之间进行合作，并在此基础上所结成的长期稳定关系。

区域创新系统是在市场以外以及在等级组织以外的新的组织形式，是新型的“有组织的市场”：企业间以经济流为基础，进行包括文化、技术、制度、政府各方面的交流，使交易费用大大降低。政府机构、企业、高等院校、科研院所通过大量的、无限的相互作用而融合在一起。它可以激活环境，增加灵活性，减少不确定性，使企业能更好地控制环境，进而增强稳定性。

例如，硅谷模式。硅谷位于美国加利福尼亚州旧金山以南圣克拉拉县帕洛阿尔托到圣荷塞市之间，长约50公里，宽约16公里，共70余平方公里的一个谷地。因这里的半导体工业特别发达，而半导体的主要材料是硅，故称为“硅谷”。它是世界上第一个高技术区。虽然硅谷的迅速崛起仅仅是近几十年的事情，但它所开创的高技术区已成为高技术研究开发的一种重要形式，被称为硅谷模式。其特点就是以大学或科研机构为中心，科研与生产相结合，科研成果迅速转化为生产力或商品，形成高技术综合体。

硅谷模式是继科学技术的个人研究、研究单位集体研究、国家组织的大规模项目研究之后，人类研究发展科学技术的又一种重要方式，是当代发展高技术产业的成功方式。这种方式是一种自组织系统。在高技术领域，技术在越来越大的程度上表现为物化的科学知识，它越来越要求科学、技术与生产趋于同步。硅谷模式正是这种最新趋势的集中体现。硅谷发展取得成功，取决于以下几个因素：一是智力和高技术高度密集。

大学、研究机构和风险企业聚集在一起，联系密切；并由此引起知识和信息的汇集与交流，成为高技术发展的重要源泉。二是集新技术的发明家和创业的企业家于一体。在硅谷，高新技术的发明者一般不是向企业转让其技术成果，而是自己设法创办高技术企业，直接从事技术商品化工作。三是风险投资起着巨大作用。风险资本家不仅向有发展前途的高技术公司提供必要的资金支持，而且还提供管理和技术方面的咨询。四是学生性风险企业家大有人在。在硅谷成功的企业中，大学毕业生和研究生占有极大的比例和地位，他们在风险资本的支持下，将自己的高技术发明商品化。

归根结底，国家的创新力将体现为以大学为支撑的“知识配置力”。这种“知识配置力”将体现在以大学为核心所形成的创新网络对知识生产、传播、应用的加速和催化及其螺旋沉淀和耦合，为下一轮知识创新过程提供基础，从而为国家的发展提供不竭的动力保障，使国家保持持久的竞争能力。其功能主要通过人才汇集、信息共享和知识沉淀三大机制形成国家创新体系。国家创新体系通过分工与协作使得创新主体获得稳定高效的供应商服务及专门化的中间产品，这不仅提高了生产效率，而且节约了生产成本。聚集在一起的企业群又把相关人才吸引到体系内部，从而保证充足的人才供给。充足的人才资源为企业降低了用人成本，众多的企业也为人才提供了发展的空间。市场信息、供求信息、人才信息、技术信息在内的信息共享机制是以体系内企业和相关公共机构的高密度聚集为载体的全方位信息的凝聚、整合、保存以及流动。这些信息通过信息凝聚汇聚到创新体系内部，再通过内部企业和公共机构的整合筛选，保存在公共信息数据库中，经过合理的流动，输出到公共信息平台予以发布，从而降低单个企业的信息搜集成本，提高创新企业的效率及其竞争力。知识沉淀机制就是通过创新企业间的关联性和互补性，发挥知识溢出的正外部性，促进隐性知识的外显，为下一轮创新过程提供必要的知识积累和储备。创新系统为企业间提供了近距离交流学习的机会与条件，从而提高了隐性知识的共享与传播效率，如图 4－1 所示。

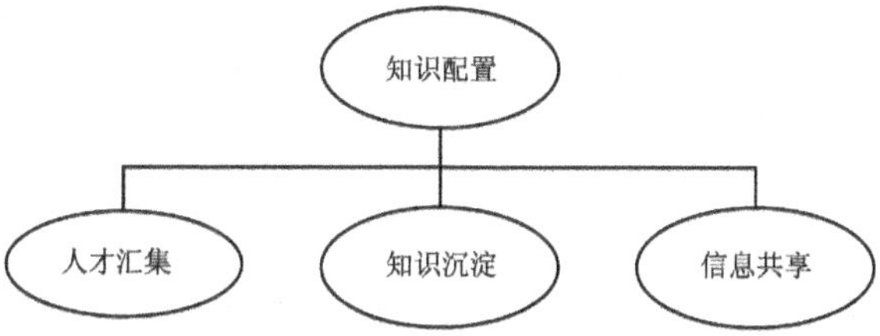

图 4－1　国家创新体系中以大学为核心的“知识配置力”

四、完善非学历教育　打造灵活开放的终身教育

从人类社会经济增长的内在机理分析，一个经济系统要产生持续增长，就必须要克服回报递减，实现要素回报的递增。简单地讲就是，一个经济系统要想能够持续增长，就必须寻找到一个可持续的发动机（ENGINE）。历来经济理论研究中的核心问题，也是争议最多、困难最大的问题，就是经济增长的原因、内在机制和具体的实现途径。

20 世纪 30 年代，哈罗德－多马（Harrod－Domar）首先建立起研究经济增长的数学模型，将经济增长理论引入了“现代”时期，从而实现了经济增长理论从思想分析到模型分析的第一次飞跃；20 世纪 50 年代，索罗（Solow）将经济增长理论引入了“新古典”时代，成功地解决了经济增长路径的稳定性问题，并发现了技术进步对经济增长的重大贡献作用，这是经济增长理论研究的第二次飞跃；20 世纪 80 年代中期以来，以罗默（Romer）、卢卡斯（Lucas）为代表的一批经济学家，致力于技术进步的内生化研究，探讨经济增长的内生机制，从而实现了经济增长理论从外生均衡分析到内生机制分析的第三次飞跃，将经济增长理论引入了“新”时代。

新古典增长理论、“新”增长理论都对经济增长的源泉及内生机制

从一个侧面或几个侧面进行了分析，但却在另一些问题面前显得乏力。新古典主义在完全竞争均衡条件下，把国民生产总值的增长看做是资本积累、劳动力增加和技术进步长期作用的结果，但却没有对技术进步产生的原因做出满意的解释。以研究内生技术进步为核心的“新”增长理论，通过建立以人力资本为核心的技术进步方程，成功地解释了经济增长的内生机制，发现人力资本的规模及人力资本的生产效率是经济增长的关键因素，因此，一个国家要实现长期稳定增长就必须致力于人力资本的投资。根据前人对经济增长的研究成果，可以对经济增长的影响因素作如下分类，如图 4－2 所示。

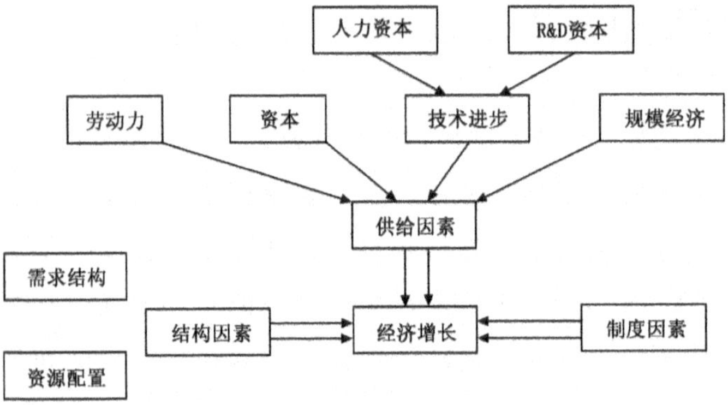

图 4－2　经济增长的综合因素分析框图

1. 供给因素。劳动力的增加；有形资本存量的增加；投资于正规教育及非正规教育（如在职培训及实践学习等）所形成的人力资本存量的增加；投资于研究与开发（R&D）所形成的 R&D 资本的增加；规模收益递增，等等。

2. 结构因素。由部门间边际生产率的差异所引导的以及由需求结构变动所引发的资源再配置效应。

3. 制度因素。适当的激励机制、完善的市场竞争体系及合理的制度安排所激发的经济效率。

在经济发展早期，经济发展处于工业革命之前，我们可以称之为

"资源、劳动力经济阶段"，农业在国民经济中占据重要地位[①]，此阶段的生产要素主要是自然资源和从事体力劳动的人口，人类的生存和发展主要依赖于自然界中的资源，同时还需要大量的开采自然资源的体力劳动者。由于对自然资源的过度依赖，使这一阶段的人类生产处于一个很不稳定的时期，世界上的人口分布以及工农业生产的分布也主要依赖于自然地理环境。由于生产主要依赖于前人积累下来的经验，科学研究在人类的现实生活中无法经常得以运用，可以说劳动力投入特别是有形资本的积累是经济增长的最重要源泉。

工业革命之后，经济发展进入高速增长期，这一阶段人类生产活动所依赖的主要要素是资本，资本代替资源和劳动力成为社会经济发展的动力源泉，我们将它称为"资本经济发展阶段"，只有拥有了大量的资本，才能够获取生产所需的资源、技术和劳动力等等。现在的发达市场经济国家几乎都是通过大量的海外殖民活动进行资本积累，为其国内的经济生产提供基础。在此阶段，工业和服务业开始逐渐成长，农业在国民经济中的地位开始逐渐减弱。产业结构的调整促使劳动力及资本等资源从生产率相对较低的部门流向生产率相对较高的部门，生产活动逐渐开始受到科学研究成果的影响。

工业经济增长在经历了辉煌的增长后，在"边际收益递减规律"作用下呈现出明显的一元经济结构特征，有限的土地和自然，劳动投入的持续疲软，都不可避免地会导致有形资本的边际生产率逐渐减小，整体经济出现规模报酬递减的总体趋势，资源再配置的结构效应出现固化，因此，以要素投入（即外延式增长）及结构转换效应为基础所实现的经济增长无法继续持续下去，无形资本的投资又使得有形资本和无形资本互补，无形资本的投资对于有形资本边际生产率下降的延缓，极大地说明了科学研究所引起的技术进步的作用。因此，知识经济时代必然是人力资本、技术创新引领经济增长的时代，如表 4-1 所示。

---

① 此处的农业是指以家庭为基本生产单位的小农经济，农业人口在社会中的占有绝对数量。

表 4-1　　经济形态与生产要素对应表

经济形态	生产要素	优先因素
农业社会	土地、劳动	土地
工业社会	土地、劳动、资本、企业家才能	资本
知识社会	物质资本、劳动、人力资本、思维创新	知识

传统粗放型增长方式的基本特征是：经济增长由大量的生产要素追加投入来实现，其中资本投入的增长速度通常较大幅度地高于经济增长速度；由质量因素推动的增长部分比重较小，经济增长中技术创新缓慢、劳动力素质较低、产业结构和产业组织不合理、经营管理水平较差；经济增长过程中存在着较大的经济波动，在扩张时期，经济增长受到瓶颈部门的严重制约，在紧缩时期，国民经济中又常常存在生产能力的大量闲置；通货膨胀的压力较大；产出的品种较少、质量较差。因此，在粗放型增长格局下，虽然经济增长速度可能在短期内达到较高的水平，但长期而言，增长的投入产出率远远低于在相同经济发展阶段内可能达到的最大水平。一个国家在经历了以有形要素的投入、结构的优化配置、制度上的创新为基础的经济增长之后，面临的首要问题就是如何保持经济持续稳定增长。从原则上来讲，经济持续增长的实现需要以外延式增长方式向内涵式增长方式的转变作为前提，即从主要依靠要素数量的扩充转向主要依靠技术进步（全要素生产率）的提高。

从内生增长理论的角度来看，技术进步的主要来源是人力资本和R&D资本的生产。人力资本的积累是以劳动者为主要载体进行的，体现为劳动者自身素质和技能的不断增加，其中包括劳动者的生产效率、组织管理效率的提高——这就是技术进步的软技术部分。相比之下，R&D资本则多以生产中产生的实物资本（如机器设备等）为载体，体现的是生产中资本品的技术水平，这就是技术进步的硬技术部分。二者相结合，将共同推动生产效率的提高——这就是技术进步的内在机制。其中，R&D是为增加知识的总量（包括人类、文化及社会方面的知识）以及运用这些知识去创造新的应用而进行的系统的、创造性的工作。可见创造与创新是研究与开发的决定性因素。R&D资本则是研究与开发活动所创造出的新设计、新发明等。这些新设计、新发明作为中间产品促成了新资本品的产生或使得原有资本品的技术水平升级，这就提高了生产中所使用的实物资本（机器设备等）的技术水平，从而大大地提高了实物资本的生产效率。因而，R&D投资提高了R&D资本水平，即提高了生产中所使用的资本品的技术水平，从而提高了资本品的生产效率，如图4－3所示。

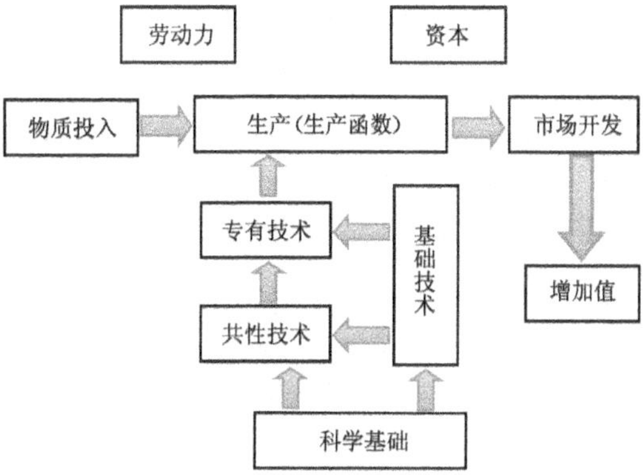

图4－3 G. 坦森以技术为基础的经济增长模型

因此，在知识社会中，知识是所有财富的源泉，是社会进步的永恒动力。处在知识社会中的人，必须永远学习才能在社会竞争中处于不败的境地。“活到老、学到老”将不仅仅是一句口号，更会是一种实际行动。终身教育将成为时代发展的主旋律。终身教育将呈现终身性、全民性、广泛性、灵活性四大特点。首先，终身教育最大的特征是“终身性”。终身教育将教育视为个体终其一生、连续不断的一种过程，突破学校和培训机构的框架，囊括了人们所接受到的各种意义上的培训的总和，既包括了针对受教育者的正规教育，又包括非正规教育和其他存在于教育体系中的各个形式、阶段。其次，终身教育强调全民性——即接受终身教育的人包括所有的人，无论男女老幼、贫富差别、种族性别。联合国教科文组织汉堡教育研究院达贝就曾经提出“终身教育具有民主化的特色”，进而反对所谓的“精英教育”的概念。他指出，健康的教育应当是指具有多种能力的一般民众能平等获得教育机会。再次，广泛性。教育是一个广义上的概念，既包括家庭教育、学校教育，也需要包含社会层面的教育。因此可以说，终身教育是一个贯穿了一切时间、一切地点、一切场合和一切方面的广义概念。从这个意义上来说，终身教育是整个教育事业新鲜活力的来源，也是教育概念的延展。最后，值得一提的是现代终身教育不乏灵活性——任何需要学习的人，都可以在任何时间与地点接受任何形式的教育或培训。

完善非学历教育是实现灵活开放的终身教育的重要途径。非学历教育的一个重要表现是成人教育。成人教育是指整个有组织的教育过程，不论其内容、水平、方法如何，是正规的或是非正规的，不论是延续或是取代学校和大学进行的初步教育以及在企业的学徒训练。通过这个教育过程，使社会成员中被视为成年的人增长能力、丰富知识、提高技术和专业资格，或使他们转向新的方向，在人的全面发展和参与社会经济、文化的均衡而独立发展两个方面，使他们的态度和行为得到改变。从教育学的观点看，当我们说一个人进入成人期意味着其认知能力及学习能力均达到了成熟的水平。如能够运用经验去认知周围的事物、能够自导学习的过程等等。诺尔斯曾将成人学生与儿童学生作了比较，指出两者之间存在着极大的差异。他认为：第一，成人是自学者，从心理学的角度看，成人系指能够独立地指导和控制自己行为和活动的人。因此，在制定和实施教育计划时，应把成人的自学能力考虑进去。第二，成人学生是具有生活经验和工作经验的人，这些经验增强了他的认知能力。经验是成人学习的一个重要的资源。第三，成人是主动学习的，成人是带着解决工作及生活中的问题这一动机来学习的，学习的目的相当明确，学习的态度相当主动，其学习的效果显然优于儿童。

第二节 成立普遍服务基金 保障公民起点公平

虽然财政资金对教育投入具有义不容辞的责任，但这并不意味着教育所需资金必须要政府全部买单。构建教育普遍服务基金，在发挥财政资金的基础保障性作用的同时，发挥财政资金的“四两拨千斤”作用，充分吸引社会资金投入教育事业，必将提升财政资金投入绩效。构建教育普遍服务基金，不仅可以合理分配教育资源、有效整合社会教育资源，而且可以实现财政资金的集中供给、规范使用和提升效率，从而实现资金的多元筹集、封闭运行和降低成本。构建教育普遍服务基金的目的是让有上学意愿的学子都能接受到自己满意的教育服务。

一、设立教育普遍服务基金保障教育公平与社会公正

教育是一个国家的立国之本，是一个国家在未来竞争中处于不败之地的最有力武器，因此，任何国家忽视了教育就等于放弃了自己未来的竞争力。教育公正是社会公正的重要基础。促进教育公正是缩小教育差距的现实要求，是改善民生、全面提升国民素质的必然要求，是国际教育发展的共同趋势。

（一）教育公平是社会公正的基石

公正（或称正义）是社会、道德范畴之一，也是一种道德品质。《辞海》将其定义为：“从一定原则和准则出发对人们行为和作用所作的相应评价，也指一种平等的社会状况，即按同一原则和标准对待相同情况的人和事。”简言之，公正就是给同样的事物以同样的待遇。《20世纪中国哲学著作大辞典》对公正有以下定义：公正就是和谐（毕达哥拉

斯)、公正就是斗争（德谟克利特)、公正就是知道如何行动是最好的(苏格拉底)、公正就是各司其职、各守其序、各得其所①。社会公正是社会主义的核心价值之一，是良序社会的基本特征与关系状态。

社会公正的内容不只是合理的财富分配，还包括公民要求的政治权利、社会地位、文化教育、司法公正、社会救助、公共服务和社会福利等。要全面维护和实现社会公正，除缩小收入差距，扩大社会保障外，还必须从法律上、制度上、政策上努力营造公正的社会环境，保证全体社会成员都能够比较平等地享有教育的权利、医疗的权利、福利的权利、工作就业的权利、劳动创造的权利、参与社会政治生活的权利和接受法律保护的权利。从这个意义上说，社会公正不仅是社会发展进步的一种价值取向，也是衡量社会文明与进步的一个重要尺度。

自文明产生以来，公正一直是人类社会追求的方向，社会公正既是每个人的问题，又是所有人的问题。而社会公正的条件是物质的极大丰富和人的充分自由发展。人力资本是创造社会财富的重要因素，教育能提高人力资本的质量，提升受教育者的知识水平，使穷人及其后代提高收入，是改善生活的重要途径。教育不仅使受教育者受益，还推动整个社会经济增长，增进人类的文明，促进社会进步。因此，教育是推动社会公正的重要手段。美国公立学校之父霍瑞思·曼（Horace Mann）曾经说过："教育是实现人类平等的伟大工具，它的作用比任何其他人类的发明都伟大得多。"

受教育权是国际公认的基本发展权，这种权利是"人人生而具有的"，它直接关系到个人能否有尊严地生活、能否实现其他相关人权。世界各国的宪法和法律都非常重视对教育权的保护，都把教育权特别是受教育权规定或确认为公民的基本权利。这是由于任何人置身于特定社会关系中，都需要通过教育和学习具备谋生和担负社会责任的能力，从而完成自己的社会化并能够适应社会生活。对于现代社会的公民来说，受

① 汤玉奇、陈继新、曾辉尧：《20世纪中国哲学著作大辞典》，中共中央党校出版社1990年版，第36页。

教育过程中获得的其他知识和技能则是将来独立谋生的必要准备，在知识密集化且职业竞争异常激烈的现代社会更是如此。并且，教育在使个人潜能得以发挥、才智得到发展时，整个社会也因此得以快速向前推进，社会创造力由此精进。

中国《国家中长期教育改革和发展规划纲要（2010～2020年）》（以下简称《纲要》）提出了“优先发展、育人为本、改革创新、促进公平、提高质量”的20字工作方针，明确了“促进公平”是教育改革发展的重点任务，教育公正成为国家一项基本教育政策，在未来10年教育改革发展中具有极其重要的意义。对此，教育公正的内涵主要体现在教育的公益性和普惠性，立足于社会主义初级阶段的基本国情，立足于保障人民群众的受教育权利，立足于社会主义现代化的建设需要，教育公正要做到保基本——基本水平、基本条件、基本保障；全覆盖——学生不因家庭经济困难、就学困难、学习困难等原因而失学。

政府是促进教育公正的主要责任者，要明确分工，落实责任，健全以政府投入为主、多渠道筹集教育经费的财政体制，合理配置教育资源，进一步加大农村、边远贫困地区、民族地区教育投入；坚持教育公益性原则，健全政府主导、社会参与、办学主体多元、办学形式多样、充满生机活力的办学体制；形成政事分开、权责明确、统筹协调、规范有序的教育管理体制。另外，教育公正需要全社会共同促进。对此，政府要积极鼓励行业、企业等社会力量参与公办学校办学，扶持薄弱学校发展，同时鼓励出资、捐资办学，促进社会力量以独立办学、共同举办等多种形式兴办教育，扩大教育资源，增强办学活力，提高办学效益，满足社会对教育的选择要求。

特别是，政府要建立扶持困难群体的教育资助体系，“应助尽助”。针对不同人群采取有针对性的措施，扶持困难群体，逐步对农村家庭经济困难和城镇低保家庭子女接受学前教育予以资助，提高农村义务教育家庭经济困难寄宿生生活补助标准，改善中小学生营养状况，建立普通高中家庭经济困难学生国家资助制度，完善普通本科高校、高等职业学校、中等职业学校家庭经济困难学生自主政策体系，设立研究生国家奖学金，完善助学贷款体制机制。

（二）立足中国教育现状，推进教育公正建设

当前教育公正方面呈现明显的阶段性特征：“有学上”问题基本解决，但“上好学”问题十分突出。普及义务教育，我们用20多年时间走完了先发国家上百年普及义务教育的历程。虽然成就巨大，但快速发展必然带来不少问题，积累不少矛盾，加上发展不平衡，普及的水平不高。其阶段性特征可归纳为：一是发展不平衡问题。中国区域之间经济社会发展不平衡，使区域之间义务教育发展不均衡；城乡二元结构，使城乡义务教育发展不均衡；区域内学校的历史发展状况不同，使义务教育学校之间发展不均衡。因而，不是所有适龄儿童少年都能“上好学”。二是“上好学”问题突出。现阶段人民群众对教育的要求高了，社会关注度高了。人民群众日益增长的对优质教育资源的需求和优质教育资源不足的矛盾十分突出。这是社会进步的表现，也是教育公平的新要求。三是流动性增加。工业化、信息化、城镇化、市场化、国际化深入发展，对教育公平提出了新课题和新挑战，对教育质量提出了新要求。由此带来的受教育者的流动性增大，需要解决进城务工人员随迁和留守子女平等接受教育问题。促进公平，推进均衡，既要提高农村教育办学水平，也需要根据城镇化进程扩大城镇教育资源。对政府而言，面临新的挑战，对资源配置提出更高的要求。当然，不同学段教育具有不同社会公正含义。

第一，义务教育阶段的教育公正。推进义务教育均衡发展是促进教育公平的重中之重，是各级政府的法定职责。从法律层面看：义务教育是教育工作的重中之重，是由义务教育的性质决定的；从教育属性层面看：均衡发展是义务教育的战略性任务，是由义务教育性质和发展阶段共同决定的。义务教育阶段公正主要体现在面向全体学生，推进均衡发展。按照中央要求更加重视制度规则保公平，要制定国家的义务教育基本办学标准。对此，所有学校都要达到国

家确定的最基本的标准，同时鼓励各省（区、市）制定高于国家标准的省级标准。

第二，普通高中教育的教育公正。普通高中不是义务教育，因此，要普及也可以免费，但不是义务，不能强制。而且，高中普及也不是普通高中的普及，是高中阶段教育的普及，包括普通高中和中等职业学校。普通高中是学生才华初露、个性形成、多元发展的关键时期，更加强调人人成才，因此必须尊重选择，注重培养学生自主学习、自强自立和适应社会的能力。为此，普通高中教育公正主要体现在：尊重差异，发展潜能，将大众化的高中教育与个性化的学生培养相结合。

第三，学前教育的教育公正。未来10年学前教育将成为规模增长最大、发展速度最快的教育阶段。学前教育既是教育事业组成部分，又是社会公共福利事业，双重属性决定了其发展比其他阶段教育在社会公共事业中更具独特地位。现阶段学期教育促进公正主要体现在：实现基本普及。《国家中长期教育改革和发展规划纲要（2010～2020年）》明确提出了基本普及学前教育的事业发展目标，要求要明确政府责任，重点发展农村学前教育，并设立了农村学前教育推进项目。贯彻落实《纲要》，一要把基本普及学前教育的事业发展目标分解到各地，因地制宜，全面推进。二要抓好改革试点，探索新形势下发展学前教育的体制机制，切实落实政府责任，建立政府主导、社会参与、公办民办并举的办园体制机制。

改革开放以来，中国效率优先、市场取向的改革举措，在加速教育发展的同时，扩大了教育差距，影响了教育公正。兼顾效率与公平、更加关注公平，强化教育的公共服务职能，维护教育公平成为社会关注的热点和教育政策的基本取向。目前，社会环境使得教育需求从满足生存型社会的教育需求到满足发展型社会的教育需求，即从主要解决供给约束型教育资源短缺的矛盾，转变为解决需求导向型教育需求日益多样化的矛盾。对此，实现教育公平是重中之重。

二、教育投资应引入教育普遍服务基金方式

教育是公共物品，是人们发展权的保障，同时也是实现其他权利的基础。为此，教育公正是最重要的社会公正。目前，教育自身面临着教育发展区域不均衡、各级各类教育发展不够协调等问题，破解这些矛盾，应继续加大财政对教育投资的力度，需从以下几个方面推动教育公正：

1. 充分发挥公共财政职能，增加公共教育投入。深化教育体制改革，增加公共教育投入，由于目前中国的义务教育经费主要由县级以下财政负担，但该级财政能力相对薄弱，无力增加更多的教育经费，需要省级与中央级政府作为主要承担者。而且，中国目前绝大多数的教育资金都投入到高等教育上，而高校多集中在中心城市，这一方面造成城乡间投入的不公平；另一方面，也造成初、中等教育资金匮乏。参照国外经验，这一比例应当重新划分，特别是加重农村地区的比例，保证农村义务教育的普及，建立起农村义务教育经费保障的长效机制。提高经费保障水平，并将农村义务教育阶段学校各项收支纳入预算管理。此外，针对中国目前存在的教育资金在城乡投入过程中出现的倾斜和不公平现象，政府机构应该明确经费分配比例，监督做到专款专用，严惩违规使用经费的行为。

2. 中央加强转移支付力度，缩小地区间教育水平差距。中国是一个经济发展水平极不平衡的发展中国家，由于地区间发展的差异，导致地方政府的财政能力有所不同，这就不可避免地造成地方上教育发展不均衡，由于教育对经济发展起到基础性的作用，这种不均衡往往会进一步加剧地方经济发展的不平衡，由此导致“马太效应”的产生。因此，就需要更高一级的政府通过转移支付等手段弥补地方政府间财政能力的差异，来促进全国教育水平的均衡发展。由于教育具有很大的外部性，公共教育所产生的收益不仅被本地区居民享有，也会外溢到其他省区。中央政府的转移支付措施也是将外部性内部化的一种制度安排。

3. 建立对弱势群体的补偿机制，加强对弱势群体的补偿力度。不仅是农村地区，城市中也存在相当数量的弱势群体，他们收入低，生活条件差，公共财政还应该关注到这一部分人，除了直接的资金补助外，更重要的是制定具有保障性的政策，保证弱势群体的基本生活水平，而且政府应当关注处境不利的弱势学生，提供有利于他们享有教育机会并从教育中获益的援助，优先解决农民工子女就学问题。尽量为每一个孩子提供同样的人生起点，这也是社会正义的追求。

4. 缩小校际差距，创造平等的教育环境。中国同一地区学校之间存在较大的差距，人为地通过集中优秀教师、挑选优质生源和加强资源配置等手段打造出了不少“重点”学校，由此引发了学生家长择校问题，这都违背了教育公平的原则。对此，日本政府采取的“教师定期流动制”很好地解决了这一问题。日本教育法规定，每位老师不能在同一学校工作连续超过六年，这样就保证了老师在校际之间的流动，对平衡学校师资起到了重要的作用，也保证了基础教育的公平性。因此，中国应逐步取消学校的等级之分，推行中小学基础设施标准化建设，使各学校拥有基本相同的办学条件，并采取一定措施平衡师资力量，让城乡中小学生能够接受到平等的教育。另外，美国兰德公司 1999 年的一份教育研究报告也显示，教育平等不仅仅只是给受教育者带来丰厚的收入，也会为国家乃至整个社会创造巨大的公共经济效益，政府应当坚定不移地维护教育的公平性。为此，中国更应该采取各种财政措施来保障教育公平，建设和谐社会。

但是，教育是一种稀缺资源，只凭政府力量，难以保证应对教育资源投入的巨额需求，市场应当成为促进教育公平的有益补充。尽管市场在提供教育时表现出教育外部性的存在、教育市场的不完全性、教育分配的不平等等市场缺陷，但是市场失败、再分配和正义的要求并不必然要求公共服务直接由政府或公共部门提供，实际上政府作用也存在局限性，而且新公共管理理论早已指出传统的官僚机构进行公共资源配置的无效率：例如，缺乏竞争、僵化和官僚化、信息不对称等委托代理困难、过度专业化、缺乏评估，或参与程度不够，管制者被虏获等等。诚如斯蒂格利茨所言，虽然市场存在失灵问题，且要求政府以某种形式进行干预，但它没有必然地要求政府进行生产。由此可见，无论选择政府或市场，都有可能功能失灵，产生既低效又不公平的后果。

因此，在体制创新上，我们既不能选择纯粹的市场，也不能选择纯粹的政府，而是两者相互作用，避免政府与市场的内在缺陷，现在是政府和市场都存在“缺位”和“越位”的问题，其中政府的“缺位”和“越位”是主要的。对此，建立教育普遍服务基金是增进教育公正的不二选择。

教育普遍服务基金与一般的投资基金、风险基金等不同，是为了实现教育服务普遍化以及支持教育普遍服务的实施、保障人人享有基本受教育的权利而设立的政府教育专项基金。教育普遍服务基金可以保障所有人具有公平地受教育的机会。设立教育普遍服务基金目的在于设立一个资金归集的平台，整合全社会的教育资源，实现财力使用的集中性、规范性，增进资金使用的经济性、效率性和有效性，解决穷人不能上学的问题。教育普遍服务基金保障任何有就学意愿的社会成员不因经济原因丧失教育机会。基金的监督职能应由教育行政部门履行。教育行政部门应当对教育普遍服务成本予以科学的匡算，设定普遍服务基金的征收比例，规范普遍服务基金的使用，对普遍服务基金的归集与使用、服务的供给以及产出给予验收和监管。基金的运营可以引入市场机制，委托专门基金组织或独立基金公司运营管理。基金的资金来源可以将城市教育费附加和国家现行的助学贷款资金纳入基金管理，同时考虑出台相应的税收优惠政策鼓励个人、企业、社会机构捐赠资金支持教育事业发展。基金的分配使用，一方面应关注“教育保障”，保障社会成员的基本教育，重点向农村、边远贫困、民族地区的学校提供维持运转和发展的资金，促进教育的均衡发展；另一方面应关注“优质教育机会”，增加社会成员享受优质教育的机会，在人口相对集中、教育设施相对完善的县级及以上城市，引导优化教育资源的布局，促进优质学校的发展，并形成对经济困难学子的财政救济机制。

教育普遍服务基金具有以下特点：首先，透明度高、公平、公正。普遍服务基金由政府或专门的非营利组织管理，其运作独立于任何主导运营商或新进入者，基金的收缴、补偿制度由法律法规确定，管理制度公开、方法公开、来源及流向公开、运行效果按年度公布。与其他方案相比更易于监督，符合技术中立、市场中立的原则。其次，促进学校竞争，保证服务质量。基金的分配可采纳学生自主选择方式，履行同样教育服务前提下，收取学生多可获得更多资金支持，教育普遍服务基金对于那些实力弱小但有潜力的学校而言，有了平等竞争的机会，可促进学校在竞争中努力提高教学质量。最后，灵活性强，效率高。在基金的运用上，各国的实践证明，那种针对性强、补贴金额相对较小的项目最易取得明显效果和示范作用。基金由专门机构掌握投向和运作方式，主管部门可以做到掌管全局，力图以效益最大化为原则立项并确定补贴额，可以保证资金运用的高效率。

教育普遍服务基金不以盈利为目的，相反要帮助那些长期弱势群体和落后的地区摆脱贫困；不以“大锅饭”为原则，相反会使效率高、潜力大的学校获得补贴资金的支持和发展机会；不会加剧社会的动荡，相反会在消除城乡教育差距、解决城乡居民受教育地位不平等进而解决发展权不平等方面起到巨大作用，为社会的稳定、进步做出贡献。

三、教育普遍服务基金契合政府管理与市场协同运作

从近些年中国的实践来看，教育普遍服务在保护弱势群体、缩小城乡发展差距方面的贡献，已经有目共睹，建立教育社会普遍服务机制既可促进教育公正、个人进步，又能推动社会全面、协调、可持续发展。但是，资金缺口一直困扰着教育普遍服务在中国的大规模推行，政府尽管在数十年时间里做出了很大努力，然而不同地区教育发展不平衡仍然不断加深，这又影响到不同地区经济的进一步发展。无论依靠计划还是

依靠市场，都不能满足落后的中西部农村地区对教育的需求。因此，构建中国的教育普遍服务体系，迫切需要在资金支持方面有所创新，能够为普遍服务提供充足、持久的物质保障，建立符合中国国情的教育普遍服务基金。

（一）教育普遍服务基金的筹建

经过财政部和教育部共同起草的《教育普遍服务基金管理办法》，建立了教育普遍服务基金管理中心，同时实现了审批、管理资金的进出，各省、市、县的银行托管资金账户的基金管理模式，与此同时，制定出了贫困生助学贷款和救助实施细则，建立了学生累积信用体系——通过资本运营实现教育普遍服务资金的保值增值。最后，还可以委托专门的组织或者具有独立性的基金公司进行运营和管理，以保证收支双线进行。在基金分配使用方面，可以考虑差异投入的分配方式，以强调对于农村教育投入的倾斜政策。与此同时，我们无法否认的是，涉及教育普遍服务基金方向的体系设计是一个环环相扣的科学流程。因此，完成教育普遍服务基金的设立可以考虑以下几个环节：

第一，需要建立为教育提供普遍服务的专门管理机构，借以来确定教育的服务义务及相应的服务项目。同时，还可以根据经济社会的现实来制定针对不同受教育对象需要的服务应提供的普遍服务水平，制定普遍服务基金的使用管理办法，同时监控普遍服务的实施与质量和各项普遍服务基金的运营与管理。

第二，教育普遍服务基金的专业管理机构的设立。作为非营利性组织，教育普遍服务基金的专业管理机构的主要职责是建立“普遍服务基金”，其核心为成本补偿，用以来弥补市场失灵带来的缺陷。这一专业机构的日常事务是由任职的专业工作人员来处理，可以聘请来自财务、金融、经济等专业方向的专家组建委员会，来负责具体义务教育的项目评估和某些重大课题的研究，借以减少开支，促进效率和决策的科学性。

第三，教育普遍服务基金按照科学比例征收。为了能够使得教育的投入实现再平衡作用，通过政府或者财政基金可以发放富裕人群、发达地区的人群对于农村、偏远地区人群的补贴。对申报受补贴地区的要求，主管部门将需要普遍服务基金补贴的地区上报普遍服务基金管理机构，并对该地区的自然状况、经济发展水平等特征进行详细描述。然后进行项目排序，按照普遍服务规划，结合每年的补贴预算，对申报项目优先顺序进行排序，对实施成本低且相对容易的项目优先安排资金，根据最后的预算额度，发放补贴资金。管理机构会同地方相关管理部门，加强内外部监控，对资金的使用和普遍服务实施的进度与质量进行审计、监督与评估。

第四，对于教育普遍服务基金的使用进行规范和监督。教育普遍服务基金只有通过科学的规范、管理才能充分发挥相应职能与作用。财政部可以通过建立基金项目进行审查追踪，以便加以内部和外部控制的结合，同时可以委托有经验、资质的中介机构，对有关用款项目不定期进行财务审计。检查出问题之后，需要及时予以纠正、修改。

（二）教育普遍服务基金的筹资原则

设立普遍服务基金的目的之一是用来弥补落后地区或弱势群体享受服务的数量和质量的不足。政府要想办法拓宽筹资渠道，采取由政府立项或出资、企业和个人捐赠以及基金会资产增值相结合的筹集资金方式筹资，筹资原则应遵循公平、合理、效率扭曲最小化。

教育普遍服务具有自身的特性：一是其服务提供方几乎只能是政府。二是服务手段是建构促进教育权利实现的普惠制度框架。三是义务教育阶段服务方式是无偿的，或只支付低廉的价格即可，因而其提供成本应直接建立在公共财政的基础上。教育基金最基本职能要为保障全体国民受义务教育的权利提供成本补偿，因而这部分义务教育成本理应由政府承担。教育还包含高等教育、职业技术培训等方面，高等教育应由国家、个人和企业共同负担，个人可以采取上学贷款、毕业工作归还或者企业资助的方式接受大学教育；职业技术培训应由企业或者个人承担。鉴于教育，特别是义务教育是隶属于政府的责任，政府财政应当承担大部分费用，而企业应当按照固定比例来向教育资金缴纳资金，支持营利性教育企业的运作，借用社会力量筹集资金。另外，个人和机构的捐款，也是发展的重要来源，特别是教育普遍服务基金帮助政府解决增加教育经费投入问题，理应得到政府政策法规支持，要让愿意捐赠的个人和企业名利双收，得到减免税收的经济优惠和社会方面的良好声誉，充分体现各方的社会责任。

（三）教育普遍服务基金的管理与运营

对教育普遍服务基金的征集就产生了对教育普遍服务基金管理的需要，我们要结合中国国情对教育普遍服务基金进行管理与运营。政府作为教育普遍服务体系的建设者，理应成为教育普遍服务基金最重要的管理者，但由于普遍服务基金结构复杂，从效率角度考虑，由民间组织来参与管理也是必要的。依据政府在普遍服务基金管理中的地位和作用程度，可采用政府集中型基金管理方式管理基金。对此，根据中国的具体国情，在设立教育普遍服务基金之后，政府通过财政部门、教育主管部门等来行使管理职责，负责相应普遍服务项目在全国范围的政策制定和督导。

由于中国幅员辽阔，省份众多，宜成立垂直的、分级的普遍服务管理机构，即中央的与省（区、市）二级管理机构。财政部门、教育主管部门等在行使管理职责时，可以考虑建立教育普遍服务基金项目审查追踪制度，以加强内部控制同外部控制的结合，对检查出的问题，及时纠正整改。将基金的收支管理作为重点，政府对教育普遍服务基金管理的方式与内容主要有预算管理、财务监督、投资管理三种。

第一，预算管理。政府预算管理是教育普遍服务基金管理中最为重要的组成部分，教育普遍服务基金预算管理方式主要有两种：一是基金预算。一种基金预算的方式是与国家财政保持相关联系的基金预算，以基金的形式来反映普遍服务的财务状况，并独立于政府公共预算之外单独编制；另一种是与国家财政完全独立的基金预算。二是政府公共预算。这是福利国家通常采取的基金管理模式，即将普遍服务资金全部纳入国家财政预算内，同政府其他收支混为一体，由政府直接控制着普遍服务事业的发展。

第二，财务监督。即政府财政部门、审计部门与教育部门对普遍服务基金的运行全过程都实行财务监督，确保基金的安全运行。这种管理主要通过日常监督与定期或者不定期审计来实施。

第三，投资管理。对于可供运营的教育普遍服务基金，为减少投资风险，政府应当对基金的投资实行较为严格的管理，包括制定相应的规则、严格挑选优质的投资机构、对投资过程进行严密监控，等等。

借鉴国际经验，具体的普遍服务项目管理和基金管理工作则由一个专门的非营利性公司——教育普遍服务基金管理公司来承担。而且，鉴于中国目前的制度环境、社会状况以及教育普遍服务基金的行业背景，让基金管理公司完全社会独立化是一种新的尝试。政府授权以契约的形式把管理和使用基金的权力交予该管理公司。基金管理公司不纳入政府体系，其性质为具有法人资格的民间组织，主要人员由政府任命但不是政府干部，其他人员从社会招聘，工作要遵循标准化、透明化的原则，职责分明并具有一定的工作自主权。基金管理公司要对政府负责，受政府监督机关监管。

基金管理公司作为教育普遍服务运营机构，主要有以下几大职能：一是管理教育普遍服务基金的专用账户；二是通过开展必要的调查、跟踪研究国内外教育的新发展和新技术的变化，提出调整教育普遍服务目标的建议；三是研究开发估算教育普遍服务成本，并在主管部门批准后，对中国教育普遍服务的具体项目实行成本估算；四是监督和评估资金使用情况以及普遍服务已实现程度，每季度向主管部门汇报和提出建议。基金管理公司应具备如下几个特征：首先，是一家非营利性的组织，受国家主管部门领导。其次，应由中央和地方共同组成，中央一级起主要作用。最后，这一专业机构的日常事务是由任职的专业工作人员来处理，可以聘请来自财务、金融、经济等专业方向的专家组建委员会，来负责具体义务教育的项目评估和某些重大课题的研究，借以减少开支，促进效率和决策的科学性。

经过科学渠道而筹集的教育普遍服务基金，必须经过具有规范性的针对特定项目使用，才能将教育普遍服务制度的职能与作用发挥至最佳效果。也就是说，教育普遍服务基金的使用应是专款专用、尽量不发生交叉。否则，容易引起成本负担不公、基金发放混乱、成本超额补偿或补偿不足、出现基金缺口等问题。

借鉴美国、澳大利亚实施普遍服务的经验，教育普遍服务基金的使用应围绕具体工程项目进行。具体设想如下：一是受补贴地区申报。地方主管部门将本地区需要的普遍服务基金补贴上报基金会，并对该地区的自然状况、经济发展水平等特征进行详细描述。二是项目排序。基金会按照普遍服务规划，结合每年的补贴预算，对申报项目优先顺序进行排序。对实施成本低且相对容易的项目优先安排资金。三是发放补贴资金。根据最后确定的各地区上报的项目投资预算，发放补贴资金。四是项目监督与管理。基金会会同地方相关管理部门，对资金的使用和普遍服务实施的进度与质量进行监督、管理。

为提供教育普遍服务而设立的基金，规模应是相当大的。因此，对基金的运营，实现其保值、增值无疑是教育普遍服务体系成败的关键问题。当然，在资本市场上，教育普遍服务基金进行投资，固然有其特殊性，但是也要遵循投资的一般原则，即安全性、盈利性和流动性三大投资原则。另外，教育普遍服务基金投资还应该遵循“高收益、低风险、高流动性”基本原则。教育普遍服务基金必须投资于具有良好流通性的金融工具，主要包括国内依法公开发行和上市的股票、债券以及经中国证监会批准的允许人文普遍服务基金投资的其他金融工具，如现金、银行存款、国债、股票和封闭式证券投资基金等。

由于投资的安全性与流动性成正相关关系，即流动性越高，投资就越安全；流动性越低，投资的安全性就越差。因此，教育普遍服务基金的投资组合实际上是分析教育普遍服务基金投资的盈利与风险之间的关系。在进行投资时，必须结合具体情况，灵活选择投资工具和投资策略。在构建投资组合时，可以考虑将基金的资产分成两个部分，一部分进行积极投资，另外一部分进行指数化投资，当然具体的比例和方案，应该由基金契约来确定。并且，教育普遍服务基金的投资组合应当符合以下规定：教育普遍服务基金持有一家上市公司的股票，不得超过基金资产净值的10%；教育普遍服务基金持有一只封闭式证券投资基金的比例，不得超过该证券投资基金总份额的10%。教育普遍服务基金投资于封闭式证券投资基金的比例，不得超过普遍服务基金资产净值的5%。基金会应当持有相当于基金资产净值5%的现金（含现金等价物）。

然而，教育普遍服务基金毕竟是典型的公共基金，公共基金管理中存在的最大问题是激励与约束机制不健全导致的“代理人”问题和“道德风险”，应保障教育普遍服务基金价值的稳定增长，可以设立三层储备基金体系，保障最低收益的实现。

第一层储备是基金会管理教育普遍服务基金形成的“超额盈余储备基金”。对教育普遍服务基金运行计入的最高收益做出相应的限制，当基金会所管理的教育普遍服务基金实际回报超出总体最高收益指标时，超出的部分要拨入到专门的储备基金账户形成“超额盈余储备基金”。一旦基金会管理教育普遍服务基金的业绩低于国家规定的最低收益保证标准，基金会必须从储备基金中提取资金将教育普遍服务基金实际回报率补足到最低收益保证的收益率水平。

第二层储备是基金会自己出资形成的有风险抵押性质的“自有储备基金”。基金会要管理教育普遍服务基金，必须由基金会的股东出资建立一个储备基金，该储备基金的规模必须达到所管理教育普遍服务基金资产价值的1%～3%。如果基金会的“超额盈余储备基金”不足以弥补最低收益保证所要求的收益率水平，基金管理人必须从公司的“自有储备基金”中提取资金加以弥补。

第三层储备就是政府财政。如果基金会的“自有储备基金”资产数量不足，无法把受托管理的教育普遍服务基金的收益补足到法定最低收益保证的水平，同时该公司也无其他资金来源进行补足时，该基金会也必须进行破产清算，由政府充当最后出资人，政府从税收中提取资金把该部分教育普遍服务基金的收益率提高到最低收入保证要求的收益率水平。

四、教育普遍服务基金利用资本市场扩充规模

教育普遍服务基金利用资本市场这一金融工具可以实现自身的保值增值，实现教育财政资金与金融市场的有机集合。从理论上来讲，教育普遍服务基金进入资本市场主要有两种方式：直接入市和间接入市。按照商业化方式运作教育普遍服务基金，引导教育普遍服务基金投资于证券市场，是一个必然的趋势和理性的选择。现阶段，中国教育普遍服务基金进入资本市场，宜采取间接入市的模式，也就是，将教育普遍服务基金委托给专业化的资产管理机构如证券基金管理公司、券商、保险公司等金融机构进行投资理财。教育普遍服务基金通过委托专业化的资产管理机构间接进入资本市场，更符合社会分工细化的需要，效率会更高一些。在具体操作教育普遍服务基金入市方面，有两种模式可供选择：

一种模式是由基金会与基金管理公司进行一对一的谈判，由教育普遍服务基金和基金管理公司共同为教育普遍服务基金量身定做一个资产委托管理的方案，或者由基金管理公司专门设计适合教育普遍服务基金投资的基金，进行专门针对教育普遍服务基金的私募。这种方式的优点在于基金的设计会更多地考虑教育普遍服务基金的特点，更符合其对流动性、收益性和风险性的要求，基金组合的资产与教育普遍服务基金更相互匹配。

另外一种模式就是标准化的专家理财形式——基金形式，开放式基金可能是现阶段最适合教育普遍服务基金的投资方式。首先，开放式基金最大的特点就是规模不受限制，这就消除了教育普遍服务基金在基金投资上的规模性障碍，教育普遍服务基金可以随时将新增资金在合适的时机申购合适的基金，而在有资金需求时也可以随时赎回基金份额而无需承担流动性风险。其次，开放式基金在存续的时间上不受限制，更有

利于教育普遍服务基金投资的长期资产负债管理。再次，开放式基金的价格形成机制可以有效地规避流动性风险。开放式基金的申购和赎回价格的确定是以基金的资产净值为依据的，而不受市场供求关系的影响，基本上不存在流动性风险。最后，从激励、约束和监督机制来看，开放式基金较封闭式基金信息披露时间间隔短，并且开放式基金二级市场价格较封闭式基金价格透露的信息更真实、更及时，有利于规范基金的管理和投资行为。同时，由于开放式基金的赎回机制，使基金经理人必须分担经营风险，其利益与基金收益挂钩，增加了经营压力和责任感，从而保证人文普遍服务基金可以根据基金管理人的管理水平、投资水平选择或改变资金的管理者，提高资金的收益率。

第三节　聚焦教育绩效预算　切实提高治理水平

关注教育绩效预算有助于助推教育发展新跨越，这就要求以绩效预算及以绩效评估为突破口催化教育发展，以绩效合同为载体变“设机构养人”为购买优质教育服务，实现预算监督创新、形成教育投入绩效反馈机制。教育绩效预算的目的在于显著提升教育财政投入的有效性。

一、以绩效评估为突破口催化教育跨越式发展

绩效评估是绩效预算管理的重要环节，是以绩效预算的理念催化教育发展的突破口。通过对学校财政拨款的绩效评估，将可以促使教育行政主管部门由“管理部门”转向“服务部门”。财政支出的绩效评估将会使政府弄清楚自身在义务教育的投入上到底产出了多少合格学生，这些钱花得是否值得。因此，在原有“基数预算拨款方式”的基础上引入

绩效拨款，既可以向纳税人汇报财政在义务教育方面支出效果，也可以满足考核教学质量效果的需要，从而促进行政主管部门由管理转向服务。

就中国近几年来的教育发展而言，在政府特别是中央政府科教兴国和教育优先发展战略的指引下，通过不断追加教育投资，取得了显著的成就。但是，中国的教育财政投入仍然没有摆脱粗放式增长的趋势，资金使用和管理效率并无实质性提升。这就意味着传统财政资金分配和使用模式并没有发生根本性的改变，财政资金的使用仍处于一种“零和博弈”的状态，并非“帕累托改进”，是以牺牲其他公共服务为代价而实现的一种短期的、非可持续的发展。这主要是由于绩效评估指标体系的不完善和绩效评估工作实施的制度环境存在问题。

1. 中国目前的教育管理由于缺乏一套有效的“投入—产出”监督评估体系，致使义务教育投资的资金被挪用或被低效使用的现象普遍存在。就资金运用效率而言，一方面是义务教育财政资金十分紧张，各地方政府都在抱怨义务教育财政投入不足；另一方面在不少地方教育资金的使用仍缺乏有效的严格监督，浪费和挤占挪用教育经费的现象也时有发生。由于GDP政绩考核指挥棒的指引，各地的地方政府表面上十分关注本辖区内的义务教育财政投入工作，但实际上财政创收、招商引资、工业增加值、产业结构调整等经济工作却始终是各地地方政府的头等大事。因此，在这种行政工作重心有的放矢的现实情况下，教育工作就仅仅成为一种稳定工作，而非发展工作，即义务教育工作的重心是保安全、别出事，其次才是加大财政投入，最后才是提升教学质量。所以，在这种工作思路的影响下，义务教育就变成了一种被动工作，其效率也就难以得到保证。

2. 由于中国财政预算管理体制的特殊性，使得财政预算的软约束现象十分普遍。预算外资金的监督仍然是当前义务教育各个监督环节中最薄弱的部分。在很多地方，学校的各种收费还没有完全纳入财政管理，还有些地方采取收费全额上交再全额返回的办法。特别是，由于在义务教育政府买单之前的很长一段时间内，乡村小学的建设资金都是通过村民捐助和行政摊派等方式实现的，然而这些社会捐助资金实际上并没有纳入财政资金专户管理，而是大多被纳入县域教育行政部门的“小金库”。虽然这种捐资助学资金的管理方式并非一定会产生行贿、受贿、私自挪用等行为，但是这样一笔庞大的资金，既没有向社会公开，也没有纳入政府财政监督，势必会造成政府财政体外循环、教育资金的暗箱操作，并在相当程度上难以保证资金的有效使用。

3. 教育监督还存在着很大的法律真空。虽然中国先后颁布了《教育法》、《义务教育法》等教育相关法律，但事实上这些教育相关法律大多缺乏财政监督活动的法律依据。例如，法律上规定人大有财政预算监督权，由于没有可操作的实施细则，实际上人大几乎不能真正对教育财政预算进行监督。尽管，有一些地方已经制定了本地区的《预算监督条例》，但其可操作性仍然不够。由于缺乏相关的法律对人大及其常委会的财政监督权力予以细化，加之部门预算没有普遍推广，教育经费的总预算并没有明确列出，教育经费是否实现了有关法律规定的要求，自然也难以审查①。

4. 就中国政府近几年开展的教育财政绩效评估工作而言，该项工作目前还处于探索阶段，由于一些现有管理制度的束缚和配套措施的不完善，使得实践力度和效果均很不平衡，基本上还处于原始的“手工业”水平上。这方面存在的主要问题有：一是没有形成标准的绩效考核制度，处于自发、半自发状态。二是缺乏系统理论指导，实践中表现出极大的盲目性。三是绩效评估具有单向性特征——重视财政部门对教育部门使用财政资金的评估与控制，忽视财政部门的自我评估，更缺乏对财政部

① 从《中国教育统计年鉴》中的一些统计数字可以看出，关于教育经费的“三个增长”在实际操作中并没有完全得到落实。因为缺乏有关支出数据，我们无从得知关于义务教育经费的“两个增长”是否实现，但在实际调研中，也存在这样的财政统计口径的问题。有时，连财政部门的相关工作前后所拿出的义务教育财政资金统计数据也会有所差距。这说明，虽然有关义务教育经费的“三个增长”已明确地纳入了法律管辖的范围，有时甚至即便是法律所规定的“三个增长”并没有真正得到落实，可是却从来没有哪一级的人大因此否决过政府的预算或决算草案或提出修正案，因此，在实际操作中的法律约束力确有待加强。

门的评估与控制。四是评估考核从内容到程序没有规范化，随意性很大，因而评估结果很难做到客观、公正，甚至完全流于形式。五是不把评估考核作为提高教育财政管理水平的措施，而是作为消极防御的手段——当某方面问题成堆，社会反应强烈时，才采取诸如大检查、专项调查、大评比等方式谋求改正。六是教育财政绩效评估过程具有封闭性、神秘性等。

因此，以绩效评估为突破口催化教育发展，应尽快建设教育绩效评估体系。

首先，绩效评估的理念创新是推行绩效评估工作的先决条件。事实上，大多数的地方政府和领导干部还未建立财政支出的绩效理念。财政资金支出后往往并没有实际考虑其效率和效益，还只是处于关注财政资金的安全性和可控性，侧重资金使用过程的控制和部门内部的制衡等传统的针对资金使用过程的检查阶段。财政系统对于预算资金的审核只是关注预算资金使用的合法性、合规性和可控性，对预算执行过程的监控处于绝对的核心地位。财政监督仍是注重对财政收支的合规性检查，而绩效结果的关注力度不够。由于“信息不对称”因素的存在，使得下级处理具体事务的职能代理部门的信息量远远大于上级的行政委托部门，造成监管的盲区，形成监督“空白”，使“寓监督于管理中”的目的难于达到。一方面，传统的突击检查式监督，重事后监督，没能有效地将财政监督贯穿于财政资金收支的全过程中，事前、事中监督仍很薄弱；另一方面，财政部门内部管理控制机制仍不健全，监督检查机构对其他业务机构的管理监督还远不到位、力度也不够，影响了财政部门内部管理控制机制有效发挥作用；而且财政监督越频繁，职能部门的反监督、抵触情绪、不配合行为越明显，对于上级委托部门的任务目标偏离度就越大。在这种绩效管理的理论尚未深入人心情形下，推行绩效评估就会出现“南辕北辙”的结果。本来绩效评估的目的是为了通过推行绩效管理来优化行政管理的效率与效果，而在缺乏绩效理念的情况下，各级政府工作“为评估而评估”的现象较为普遍，绩效评估与公共服务质量的改进缺乏有效整合。这样一来，教育部门的绩效评估，甚至整个政府的绩效评估难以从根本上改善政府管理和服务、提高政府绩效，而是为了附和当前国际新公共管理的“流行趋势”和国内政绩考评的需要，即用一种全新的评估手段来实现政府领导获取政绩的新方法。

其次，改善教育绩效评估的法制环境。法律法规作为一种强制性政策工具，已成为从政策制定到政策执行的重要手段。从国外财政支出绩效评估的多年实践来看，其制度体系的建设在绩效评估工作的推进中发挥了至关重要的作用。这些国家通过财政支出绩效管理的法制化建设，使这项工作从一开始就在法治化和规范化的框架内有序进行。中国要实施教育财政支出绩效评估也需要相应的法律作为科学、公正地实施评估的保障。为了保证教育经费供给的充足、公平和效率的实现，各国在法律上对教育投入给予了相应的规定。如在中国有《义务教育法》，在美国有《初等和中等教育法案》、《不让一个儿童落后法案》，在韩国有《地方教育财政补助金法》等。通过这些法律的执行来落实政府的财政责任，成为各国政府的实现教育财政供给的主要保证。当然与先发国家相比，中国还没有一部专门的教育财政法，导致教育财政政策的随意性，给客观公正地实施义务教育财政绩效评估也带来了一定的困难。

同时，制定有关绩效评估的法律，可以提高评估的可信度。对评估的期限、评估组织的建制以及评估人员的资格认定、评估信息的来源等都应做出相应的法律规定，比如美国联邦政府颁布的《2000 年目标：美国教育法案》第 304 条规定，部长可以从第 303 条所拨款额中储备总数的 1%，由部长决定具体数额，向边远地区提供支持；美国加州《加州教育条例》关于教育财政的条款中也规定了州拨款要照顾落后学区，州广泛的征税权应用来提高州内那些组织完备但经济较弱的学区的财政支持水平。这些措施主要用来为所有学区提供最低的财政保障，为学生提供公平的受教育机会，以保证评估的公正、可信和有效。从中国目前的情况看，财政支出绩效评估法律、法规建设近乎空白，制约了绩效管理工作的深入开展。为此，要加快财政支出绩效管理的法制化建设步伐，在《预算法》、《审计法》、《教育法》和《义务教育法》等法律中增加绩效管理的条款，通过强化财政支出绩效的法律地位，加强财政绩效管理的约束力。同时，各级人大也要在政府财政收支预决算的审查方面，从合规、合理、合法性审查向绩效结果审查转变。此外，还要研究制定《财政支出绩效评价准则》、《财政支出绩效评价办法》、《财政支出绩效评价指标设置及标准》、《财政支出绩效评价结果应用》等制度和办法，并要建立财政、使用财政资金的单位、审计、监督机构、社会中介机构在绩效评估管理中的工作制度与规则，明确业务分工和职责。

再次，动态改进教育绩效评估指标体系。有效提升绩效指标和绩效标准体系科学性是绩效评估系统设计工作中最关键的一步，也是目前制约中国绩效评估实践的困难所在。因此，要想继续深入开展教育财政支出绩效评估工作，首当其冲的是要建构一套科学合理、具有可操作的绩效指标体系。一是在评估指标体系的构建中，设置更多的软性指标。目前所存在的各种教育财政支出绩效评估中往往过多地关注了教育财政投入数量产出指标，而忽视了教育财政投入的质量指标，导致了对教育硬件设施投入的过分追逐。特别是在实现义务教育普遍服务的过程中，希望工程和中央财政扶植很多中小学建造了高标准的校舍和设施，而正式教师的缺编和农村教师待遇低等问题却未得到相应的重视。低工资的现状无法使高质量的教师安心在农村教书，极大地影响了农村地区义务教育的质量，而这类问题目前还无法有效地通过义务教育财政支出数量产出指标加以衡量。因此，适当地关注教育的质量产出，对于评估结果的正向导向作用具有重要的意义。二是评估技术和方法依然有待完善，尽快使整个评估在操作上摆脱“手工操作”，提升绩效评估的科学化程度。在操作过程中，遵循“定性分析—定量分析—定性分析”的操作规程，增强评估过程的可操作性，真正做到评估结果可靠和有效，避免最终结果转化为上级行政部门平衡各种下级关系的手段，从而严重影响评估的有效性和可信度。

最后，加强专业机构作用提高绩效评估公信力。独立的第三方进行的外部评估，是指由政策制定者与执行者之外的人员进行的正式评估，包括受行政机构委托的研究机构、专业评估组织（包括大专院校和研究机构）、中介组织、舆论界、社会组织和公众，特别是利益相关者参与等多种评估主体①。中介组织的评估独立于政府行政部门之外，能较大程度地保证评估的客观性，有利于政策评估的科学化。由于外部评估者的地位比较超然独立，其评估结论一般不带偏见，常常比较公正客观。如美国的兰德公司作为一个独立的社会组织，近年来大量从事教育政策的评估工作，为联邦政府和州政府提供决策服务。类似的机构在美国还有布鲁金斯研究所、现代问题研究所、政策研究所、总会计局等，都是属于第三方政策评估的机构。

就中国义务教育财政支出绩效评估而言，目前大多依靠政府内部评估方式进行体制内的评估，即主要由教育行政机构内部的工作人员进行评估，这是一种较为传统的评估方式。随着教育绩效评估工作的深入，我们可以在完善政府内部绩效评估管理体系的基础上，适时地引进外部专家智力和借助社会评估机构提升绩效评估的客观性和可信度。一是可以建立绩效评估专家数据库。针对不同的义务教育财政支出项目，逐步细化绩效评估指标，分门别类建立相应的评估体系和专家团队。对专家数据库实施动态管理，每次评估时可以动态地确认评估专家的名单，进行封闭式评估。二是可以将教育财政支出的绩效评估工作委托给非营利性第三方评估机构，由第三方对教育部门的绩效进行评估，以求评估结果的科学和公正。三是通过绩效合同的方式将目标（结果）和预算资金更好地结合起来。在进行客观评估的基础上，可以考虑建立一个公共发布网站，将专家与评估机构的评定结果公布于众，增加整个评估体系的透明性。

① 程祥国、李志：《独立的第三方进行政策评估的特征、动因及其对策》，《行政论坛》2006年第2期，第51~52页。

二、以绩效合同为载体变“设机构养人”为购买优质教育服务

教育发展的新跨越，不能走“设机构养人”的老路，应该树立“花钱购买优质服务”的理念，变政府投资学校为政府购买服务。“花钱买服务”就是要改变“设机构养人”模式下只关注教育预算投入、教育支出的财务合规性、教学活动的规范性等过程变量的弊端，形成关注教育产出、教育效果、教育社会影响等结果变量的新模式，建立从教育发展绩效出发，重点关注教育结果的教育管理新体制，实现以绩效预算为特征的教育财政管理机制创新。教育部门作为教育普遍服务的行政管理部门，在推进教育普遍服务时，应区分教育供给与教育生产的差异，逐步明晰教育的财政供给并不必然排斥教育生产引入市场机制的理念。在安排教育财政资金时，可以尝试通过设定服务标准，按照委托、招标等机制确认普遍服务的生产者，与其签订教育服务绩效合同，为特定的教育需求群体购买优质的教育服务，从而降低教育服务的成本，提升教育服务的效果。在“花钱买服务”新价值观的指引下，教育财政支出绩效管理的核心将从目前“花钱养学校”的拨款思想，逐渐过渡到“花钱买服务”的拨款目的。政府办教育将不再是“养学校”、“养老师”，而是为了培养对社会有用的高质量的学生。学校与学生的关系也不再是管理与被管理的关系，而是学校服务学生，学生有权选择学校，实现学生与学校的双向选择。

尽管对于发展教育来说政府具有不可推卸的责任，但是教育的公共产品特征，以及义务教育私人供给时所引起的“搭便车”，并不意味着教育必须由政府直接生产。事实上在公共领域，明确区分供给与生产十分重要。西方政府治理的理论表明，传统政府治理中的一个误区是忽视了公共服务提供和公共服务生产之间的区别，进而错误地认为如果政府放弃了服务生产者的功能，它自然放弃了服务提供者的角色。对于那些属于政府“天职”的公共服务，政府应该是一个安排者，决定什么应该

通过集体去做，为谁而做，做到什么程度或者水平，怎样付费等问题。至于服务的生产和提供，完全可以通过合同承包、补助、凭单、特许经营等形式由私营部门或社会机构来完成[①]。可见明确区分公共产品和公共服务中的安排者、生产者和消费者三个主体是至关重要的。供给这个词指的是通过集体选择机制做出决策[②]。只要物品和服务是由一个集体来供给，无论它是政府单位还是一组私人用户都必须进行这些活动。

生产是“将投入变成产出的更加技术化的过程，制造一类产品，或者在许多情况下给予一项服务”[③]。一旦政府决定提供某类公共产品或服务，它必须决定是由自己生产还是由别人生产，如果选择了后者，就有了几种可能性，政府可以与私人单位或公共单位鉴定协议，让它们来建造或经营；政府也可以批示其他企业来提供服务；政府还可以通过向其他政府单位提供物质利益刺激来鼓励它们进行生产。萨瓦斯（Savas）用大量确凿的证据，证明公共部门合同承包是有效率的[④]。约翰·派秋（John Pacher）则以实证研究的方法研究了亚洲国家地方政府采取强制性竞争投标制度对地方政府结构和绩效的影响，认为目前全球都在将私营部门管理实践引入公共部门，采取招投标制度能够提高效率，减少运作成本，明确运作目标，更好地回应“顾客”需求以及提高公共产品和服务的质量。

其实，划分教育服务的提供者与生产者是义务教育服务市场化生产的核心概念，然而公共物品市场化的反对者往往错误地认为公共产品市场化似乎有全盘私有化，彻底否定政府之嫌。事实上，教育服务的市场

---

① Savas E. S. , “*Privatization and Public - Private partnerships*”, Seven Bridges Press, LLC, 2000.

② ACIR (Ronald J. Oakerson), “*The Organization of Local Public Economies washington. D. C. Advisory*”, 1987. Commissionon Intergovernmental Relations 具体来说集体选择机制包括：(1) 由指定的一组人提供各类物品和服务；(2) 决定提供物品和服务的数量与质量；(3) 这些物品和服务由私人生产而被管制的程度；(4) 如何安排这些物品和服务的生产；(5) 如何对这些物品与服务的供给进行融资；(6) 如何对生产这些物品和服务的人进行管理等内容。

③ ACIR (Ronald J. Oakerson), “*The Organization of Local Public Economies Washington. D. C Advisory Commissionon Intergovernmental Relations*”, 1987.

④ E. S. Savas：《民营化与公私部门的伙伴关系》，中国人民大学出版社 2002 年版，第 105 页。

化供给并不否定政府的作用，政府仍然保留了提供的责任（当市场提供不足时，政府仍然承担着责任）并为此支付成本，只不过不再直接从事教育生产，而是调控教育生产，即从划桨到掌舵。把公共产品的提供者与生产者区别开来，就意味着在公共产品的供给中也有市场力量发挥作用的空间。因此，这说明政府公共资金的使用是可以与市场机制相融合的。市场机制可以提高公共资金的使用效率，提升财政教育投入的有效性。

“绩效合同”是政府花钱购买教育服务的载体。“绩效合同”这个载体实际上要解决两个问题。通过签订“合同”，变政府拨款为政府购买服务，实际上是通过引入市场竞争机制，变“先花钱、后做事”为“先做事、后花钱”，通过对应征者绩效评估的结果比较，帮助选择服务的竞争签约者，并且可以取代或者处罚绩效欠佳者，从而形成“花钱买优质服务”的财政支出理念。“花钱买优质服务”的财政支出理念要求政府拨款的目的是获得公共服务的实际效果，财政支出要有“顾客至上”（consumerism）的思想，最终要得到公共服务接受者的评估，而不仅仅是“设机构养人”。

由于在传统的财政预算拨款中，对于公共服务部门（中国的事业单位）往往是按人员编制针对财政供养人口进行拨款，政府对这些部门的拨款目的是为了养活单位，因此在预算程序上首先是确定人员经费，其次确定与人员相关的公用经费。至于提供相应的公共服务是否需要该部门这么多人以及获得财政拨款后做什么，则不是财政所要考虑的事情，这种做法实际上违背了公共支出是购买优质公共服务的初衷。

而绩效管理则相反，它要求政府拨款与办事效果联系起来，并以公众是否满意来对公共事业管理结果做出评估，要求政府做到“行政就是服务，公众就是顾客”。绩效管理认为公共管理机构的宗旨就是向公众提供公共服务，公共管理机构的服务必须围绕公众的需求进行，只有当提供的服务满足了作为消费者的公众的需要，公共管理机构的服务才是良好的服务，才实现了公共服务这一特殊“商品”的价值

——公共管理机构才真正产生了绩效。英国学者彼德提出，要想保持生产者和消费者之间的平衡，必须从5个方面构筑起“顾客至上”的理念，即：贴近产品或服务（access）、自由选择权（choice）、充足的信息（information）、多种补救渠道（redress）以及利益的充分表达（representation）[①]。只有这样，才能保证政府不再凌驾于公众之上，才能让政府由原来的管理者变为服务者，“倾听顾客的声音——让顾客做出选择”[②]。也只有这样才能从根本上克服过去那种“花钱设机构”的公共支出误区，这是其一。

而且，在教育服务的签约中采用绩效合同的方式，可以要求管理者及其组织承担绩效风险，增加奖励与惩罚条款，把绩效测量和标杆相结合，把长远结果目标转换为项目结果目标和政府各部门的具体产品目标，从而有利于改进教育的整体绩效。通过在“合同”中引入绩效条款，实际上是为了引入激励机制和放权机制，以结果为导向，面向结果进行考核。“政府必须对结果负责”、“政府必须用更少的钱办更多的事”这些口号已成为政府绩效管理的目标之一。结果导向就是要明确财政支出追求的是结果，即政府花钱买的是结果，而不是过程。传统政府管理比较强调过程，比如，财政拨款制度是针对过程即养多少人、办什么事而设计的；政府的审计制度是针对财政支出的合规性而设计的；公务员制度的“无过错原则”，即公务员没有过错就不得开除，也是针对过程设计的。因此，只要过程做好了，有无结果则不重要。而绩效管理恰恰相反，它指出，政府花钱的目的是为了获得社会效果。所以，在结果导向的绩效管理中，政府的受托责任成为关注的焦点。罗姆泽克（Romzek）和达布里克（Dubnick）对责任的定义是：责任是一种关系，在这种关系中个人或机构应对他们被授权的行为的业绩有所答复。负责任的机制是这样一些措施，这些措施决定授权的任务是否被以满意的方式执行。

---

① 戴维·奥斯本、彼得·普拉斯特里克：《摒弃官僚体制：政府再造的五项战略》，中国人民大学出版社2002年版，第158页。

② 宋世明：《美国行政改革研究》，国家行政学院出版社1999年版，第44～46页。

因此，针对教育财政支出要的是结果，就需要调整“过程管理”，转向“结果管理”。主管部门通过权力下放的方式，和学校管理者签订目标责任书，并将教育办学过程的“微观管理”，例如，教师的绩效工资制、学生的管理等，都将交由学校自身去完成。而主管部门自身只负责对学校各种信息的社会公示，实现教育行政的宏观管理。两者的有机结合，就可以采用“绩效合同”拨款方式，在教育财政转移支付资金中，引入“市场机制”来激发教育发展的潜力，运用自由市场机制逐步优化教育领域的政府管理。这种变化意味着地方政府要转变教育垄断提供者身份，成为教育服务购买者和仲裁者，实现教育服务提供者（学校）与教育资金供给者（政府）的有效分离，同时剥离公立学校与政府之间的特殊关系，使得公立学校与民办学校，共同通过市场竞争，得到平等的公共财政资助，改变政府和公立学校垄断义务教育的局面，通过引入民间资本，实现教育服务供给的多元化。并通过引入结果导向的需方管理机制，实现基层教育的自我运转和财政风险社会分担，为政府解困，促进教育行政管理职能的转变，实现政府身份由运动员向裁判员的转变，最终实现教育投入的自我运转。

1. 对于县财政的定位应当从财政全额供养逐步过渡到“财政催化、管理放权、投入激活”这三个方面。政府在这一过程中，必须发挥催化作用——政府作为经济增长的发起者，同时也担当为公众提供公共服务的“关键行动者”。在战略目标的制定、教育普遍服务的确立以及财税等公共政策的提出中，政府往往起着主导作用。与此同时，毕竟政府的公共教育供给作用是暂时的，对于政府的定位只能是——“均衡后发地区的教育服务的启动器与催化剂”。因此，县级财政应当考虑将财政投入激活机制纳入考虑范围，在财政管理方面也应当逐步放权，从而为教育服务提供者提高活力。

2. 在学校的内部，各级行政部门可以适时引入市场机制、内部竞争，运用放权的手段，以打破现行教育行政管理体制对学校管理创新的束缚，以培育具有“企业家精神”的校长为目标，以求实现学校的企业化管理；将“以奖代补”的方式引入“学校历史欠账问题”的解决方案中；将教师的财政供养身份和工资的“大锅饭”模式打破，从而使得教师身份的社会化的目标得以实现。对于在岗教师按业绩实行绩效工资制，对下岗教师一方面建立再培训上岗制度，对实在不能返岗的教师按照“拆庙养和尚”的改革思路政府继续支付养老保险和医疗保险等社会福利，自谋职业。

3. 在学校之间可以通过引入教育券制度，利用电子网络化管理的手段，给予学生享受教育服务的选择权。“教育的需求方管理”这一理念，是美国经济学家弥尔顿·弗里德曼（Milton Friedman）所提出的“教育凭证”理论的核心思想。这一制度的具体做法是：政府不再沿袭直接开办学校的老路，而是将用在每个学生身上的生均教育经费，以“有价证券”的形式发放到每个家庭手中，受教育者因此拥有自由选择子女就读的学校的权利，最后学校再到政府有关部门将教育凭证兑换成现金。在这一过程中，政府的作用只在于为学校发展制定一个标准，家长在符合政府标准的学校里进行选择。

教育券制度方式既能保证政府对教育的投入，又赋予学生和家长自由择校的权利，进而促进公立、私立学校间的公平竞争，最终提高整体的教育质量。

首先，教育券制度的实施打破了政府垄断提供教育服务的模式，将公共教育资源的所有权与经营权分离；教育服务成为多中心提供，表明了“政府公共政策对公民需求的回应性”，发挥了资源配置作用，体现了政府的政策导向。

其次，教育券制度在保证不失去传统公立教育意义的同时把能自由选择的受教育权还给社群，义务教育不再是学生的义务而是权利，即使是低收入家庭的学生也能根据自己的意愿、兴趣、能力、宗教或文化传统自由选择心仪的学校或课程，形成一个更好的公民偏好显示机制（消费者是判断效率的最好裁判），节约了交易成本。

最后，教育券制度保证了教育效率与公平齐头并进。其中，教育凭证所包含的公平意义有：一是学生的公平待遇。教育凭证所带来的自由择校进一步体现了教育民主化原则。二是学校的公平待遇。教育凭证制度优化了教育投资环境，对不同体制的学校一视同仁，民办学校开始享受“国民待遇”，能够吸引更多的民间资金流入教育领域。三是教育券制度实现了教育服务多样化与特殊化的协调发展。人们对教育服务的需求多种多样，而政府垄断提供教育服务减少了教育服务的多样性。

教育券制度的目标要素包括了：教育的效率与质量；教育私有化；学校公平竞争；家长教育选择权；教育公平等价值要素。从迄今为止的教育券的理论和实践中，我们可以区分出更加注重“效率与质量”、“私有化”的自由市场教育券模式（以美国弗里德曼的模式为代表）和更加注重“教育公平”的关注弱势群体的教育券模式（以哥伦比亚的詹克斯模式为代表）。两种模式各有不同的目标侧重、不同的制度安排和不同的实施条件。自由市场模式的成功要依赖于面向所有受教育者、与教育成本相符合的全额资助、面向所有学校和政府对学校较少的干预；关注弱势群体模式的成功则依赖于有限度的资助和政府对学校的更多干预。但两种模式都不同范围和程度地存在着学校之间的竞争机制和家长自由选择学校的机制，只是前者在竞争和选择的范围方面在理论上是无限制的，而后者则是有限制的。

因此，可以通过推行教育的需方管理提升教育服务的效率。所以，加强公共需求的满足，有助于增加财政支出的实际效果，通过由下而上的制度设计，引导农民需求表露，并结合市场机制调动多元主体的积极性，配之以自上而下的政策引导、激励和资金支持，可以增加教育供给的实际效果。学校通过教育券参与资源有限的教师工资、公用经费和学校建设款项竞争，教育行政主管部门只负责教育券市场的规则制定、仲裁和学校资质评定工作，为教育行政管理松绑，为财政投入松绑，最终实现在财政资金有限的情况下各个学校的自我运转，如图4－4、图4－5所示。

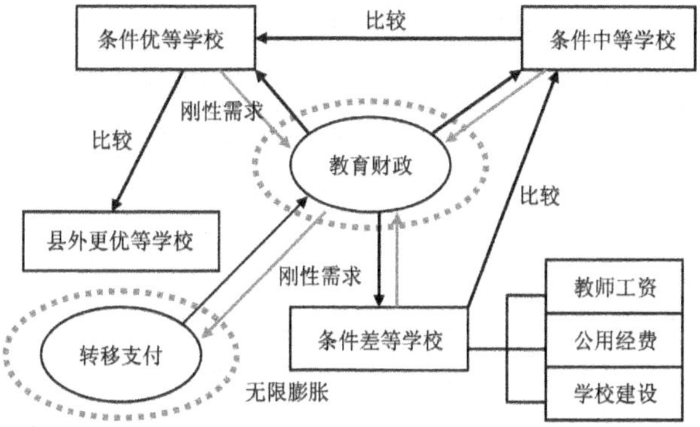

图 4－4　现行教育财政资金运行图

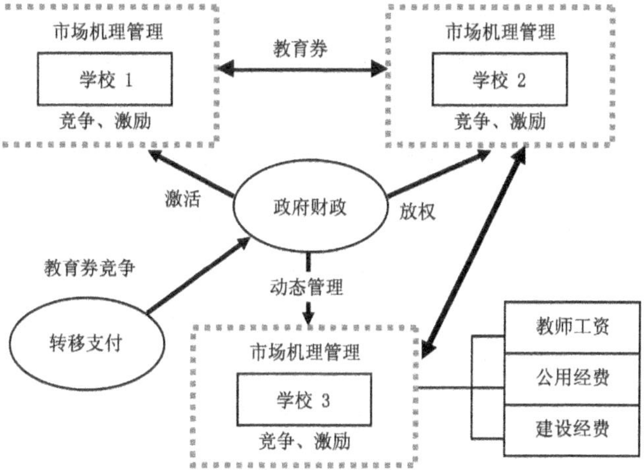

图 4－5　教育财政市场化运行模式图

专栏 4－2

中国湖北监利、浙江长兴的教育券改革①

中国湖北省监利、浙江省长兴等地已经在教育券制度上进行了实践并取得了一定经验。2002 年年底，湖北省监利县就开始将教育的困

① 王敏：《中国教育券改革的两种模式及其比较》，《重庆社会科学》2007 年第 1 期，第 9～12 页。

境和改革的思路写成报告，向省、市反映，最后在2003年10月形成《关于基础教育综合改革的实施意见》——“监发17号文件”。核心观念是“教育服务的市场化和财政拨款的绩效化”，广度和深度都远甚于用于扶贫、扶民和扶技的浙江长兴“教育券”改革。17号文件称：“从2004年起全面实行‘义务教育卡’制度，即政府把投入义务教育的经费均摊到每个学生，并以‘义务教育卡’的形式发放到学生个人，让学生根据对学校的评价自主择校消费。”“公、民办学校均可凭所收到的‘义务教育卡’到县财政领拨相应的办学经费。”同时，“政府设立义务教育经费专项账户，将上级转移支付用于教育的资金和县级财政对义务教育的投入全额进入专户，不得截留或者挪作他用。”在政府为之办理养老保险和医疗保险以后，公办教师的“铁饭碗”将被打破，在教育行业中形成教职工自主择校、择岗和身份能公（办）能民（办）、职务能升能降的用人机制。学校按照教职工的岗位和业绩付酬。“监发17号文件”称：此次改革后，学校将真正成为独立的法人和名副其实的办学主体，将政府过去对学校的高度计划管理改为学校自主管理。改革之后的县教育局则将变成一个“行业主管部门”。同时，县人事局、编制办、财政局和物价局、劳动和社会保障局等部门对教育系统的管理职能也随之“变微观管理为宏观管理”。宏观管理后，教育部门将通过教育券的形式从传统的“花钱设机构”逐步转向“花钱购买优质教育服务”，真正实现教学质量与财政拨款的有机结合。

三、推动预算监督创新形成教育投入绩效反馈机制

教育绩效评估能否有效，在很大程度上将取决于与教育绩效结果挂钩的财政拨款机制是否能够建立，进而有效运行。绩效管理的目标就是要运用绩效评估的方法，来评估、量化代理人的努力和最终

产出效果，并在这样的基础上运用有效的“激励机制”、“激励政策”来促进教育绩效水平的提高。换言之，必须建立一套有效的制度将财政拨款与绩效评估的结果相结合，按照“激励相容”的原则实行“质优奖励、质差惩罚”的财政拨款奖惩制度，为教育部门进行“提供有效信息”的服务进行评估，只有这样的路径选择才能从根本上克服财政拨款“大锅饭”制度所带来的“磨洋工”式的逆向选择问题。

1. 作为事后评估的“绩效评估”，只能做到对于教育部门财政资金的使用状况进行衡量。然而，在缺少健全的与绩效结果挂钩的激励与约束机制的绩效考评制度下，即使考评优秀的收益也是有限的，不能够对多数人产生激励；处罚的力度很小，根本无法产生理想中的制约作用，这就一来，所谓的“奖惩制度”就失效了。因此，必须首要解决的问题集中在了“如何有效地激励教育部门提高绩效水平”这一问题之上。

2. 公职人员作为代理人，自身的职位比较稳定，轻易不会被逐出公职队伍的；同时，教育行政部门的决策、政令执行和公务大多是由一个团队共同完成的，因此，即使绩效评估无法达到既定目标，追究当事人的责任也困难重重，当事人会以各种外部理由进行开脱。因此，仅仅依靠绩效评估还远远无法解决公共支出管理中效率低下的问题，只有辅助与绩效结果挂钩财政拨款的激励机制，才能够既达到了委托人所要求的目标，也使得代理人的期望效用达到最大化。建立“与绩效结果挂钩”财政拨款机制将有利于解决教育绩效评估后的有效激励问题。可以用图4-6表示上述思想。

目前，中国教育财政仍然延续着“基数+增量”的传统拨款方式。由于基数法拨款方式是按机构要求进行设置和管理的，因此对于下一级财政部门来讲，工作重点就简化为“只要达到了国家的硬性要求”即可，即保证教师工资发放，保证教育经费基本的增长。在这种简化了的粗放绩效目标的安排之下，上级财政部分“挤出”了下级政府原有的教

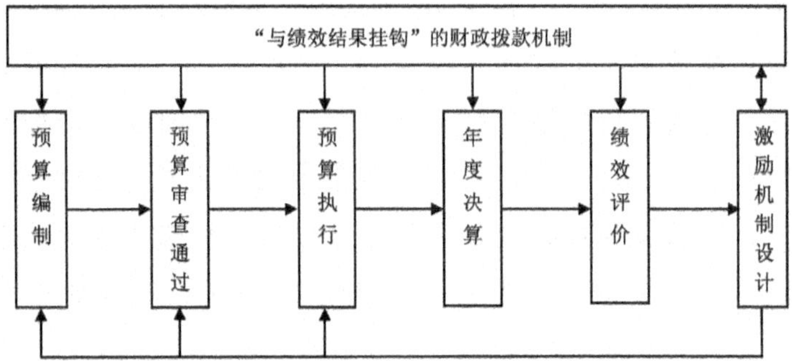

图 4-6 "与绩效结果挂钩"的财政拨款机制

育投入。这就造成了"激励不相容"制度的缺失，最终会引起财政资金使用方向的逆向激励。因而从本质上来看，实现教育财政预算的绩效拨款的目的，就是要通过构建教育财政支出绩效评估结果与义务教育财政拨款之间的反馈机制，逐步形成本级财政部门对本地区教育产出的关注。改变过去财政部门、审计部门只关注资金使用过程合规性检查，逐步建立基于客观评估结果的教育产出绩效问责制，使基层地方政府更加关注教育服务的质量。这将有利于优化教育资源配置，提高资金使用效率，避免目前基数法拨款条件下所形成的"激励不相容"的制度缺失，如图 4-7 所示。

可以看出，在这个过程中，最关键的是任务、目标的确立和支出项目的确定。换言之，绩效支出的中心任务就是按支出计划行动，根据标准跟踪评估。支出内容与其所服务的规划挂钩；总的工作规划是基础，强调预算支出的考核，从而使绩效评估能够渗透到教育系统的每个环节。最后根据评估结果来进行责任和控制的考核，同时进行调整和改善，从而体现绩效预算对教育部门产生调控作用。评估结果反映了教育预算支出后完成任务的情况，是否达到标准，家长是否满意，可做出哪些改进和调整。将实际的项目结果与之前确定的标准相比较：如果教育部门提供教育服务无法令政府和公众满意，政府则可以考虑将这部分教育服务的提供权出让给私人部门，政府从中退出，或者撤销该部门，促进教育服务公共提供与私人提

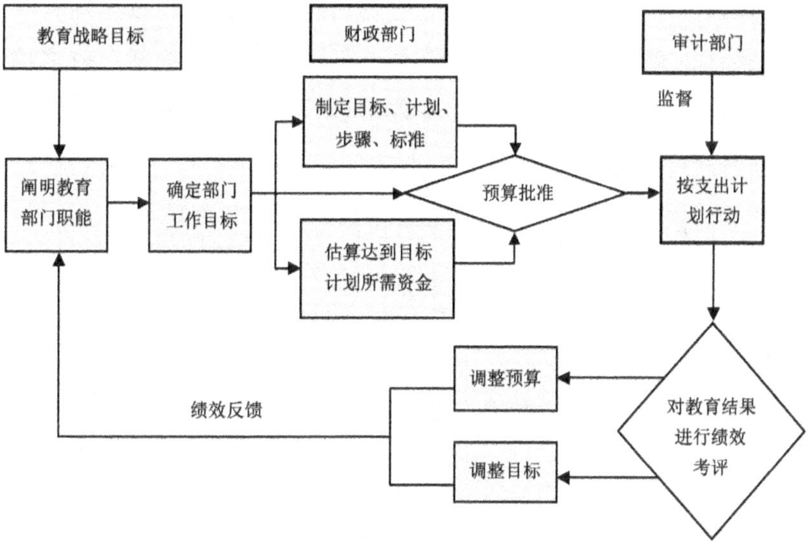

图 4－7　教育绩效预算管理流程

供之间的竞争。

对于教育绩效预算制度建设，首先应取消现有学区制、教师编制对学校校长的行政束缚。教育局根据计划，将培养任务、质量指标、复读率指标以及学校预算与校长签订目标责任书，校长组织教职工按时、保质地完成教育局分给的任务。如果校长没能完成预定的任务，将会受到市场出局和预算削减的“双重制裁”。取消学区制后，教育行政部门和地方政府将承担教育普及率和控制辍学率指标的责任。同时，在签订目标责任书后，应赋予校长应有的权力。结合人事部门事业单位改革方案，赋予校长在目标责任书范围内的人、财、物的调配权，包括聘请教师、组织教学等。但校长应当聘请有教师资格证的合格教师，并对教学质量负责。在学校内部管理方面，教育行政主管部门不应过多干涉，给予校长相应的自由。同时，应当建立包括提名、聘用、考核、薪酬在内的校长考评机制。

按照目前教育事业统归教育局行政管理的体制，绩效预算的拨款应包括财政局对教育局一级预算单位的拨款和教育局一级预算单位对学校二级预算单位拨款两个步骤。财政局首先对教育局按生均教育经费（包括建设费）拨款。其次，教育局在剔除按“一费制”收取的学杂费的基础上，对各个学校按学生数量进行拨款，其流程设计可参考图4－8。

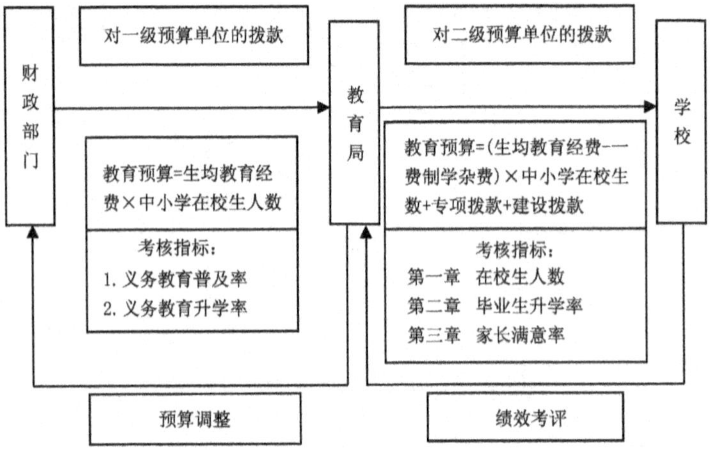

图4－8　义务教育绩效预算拨款流程设计

因此，实施全面的教育财政绩效管理和评估是保证中国教育顺利实施和提升教育质量的关键。推行绩效管理，将可以通过建立结果导向的义务教育质量评估体系、学校绩效与教育预算挂钩机制以及学校内部的奖惩机制，优化教育资源配置，提高资金使用效率，实现教育财政支出与义务教育质量的直接联系，提升教育公共服务效果。当然，在具体实施过程中，可以以教育项目预算为突破口，尝试项目资金绩效拨款。

第一，设定科学合理的评估指标体系，基于定量定性的对比分析，对选中的教育项目支出，按照“预算安排—执行—决算”的运行管理路径，建立以“绩效”为核心的综合评估体系，借以成为为预算的编制和审查、预算的执行和调整、决算审计提供重要信息的交流平台，切实使绩效评估能够贯穿教育基建资金支出管理过程的始终。具体而言，首先通过健全财政投资项目绩效管理体系，使财政部门从教育项目的产出式评估逐步过渡到项目投资的结果式评估；从单个教育项目的绩效评估过渡到评估教育项目投入绩效，分析其对区域经济和社会效益的影响。财政部门也应当参与教育项目预算编制中“决策评估”这一过程，以计划项目的轻重缓急和优先次序为基础，针对财政资金分配决策的情况，进行最优化模拟，从而为项目立项和预算确定提供决策依据。

第二，设立流程图和业绩指标，引入双重相对效益评估，追踪监控“基建支出”过程中的项目计划实施情况、具体业务的资金保障情况，以使得预算能够严格按照设定目标和规定程序运行，为评估结果成为预算调整的基本依据提供制度保障和监督。

第三，设立一系列全方位、多维度的绩效考评指标，对预算执行结果进行评估、分析和报告，确定基建项目竣工是否达到相关目标和标准，是否实现该财政年度所提出的预算承诺，探寻影响财政支出管理的因素和改进的目标。

第四，建立项目竣工后的运营延伸绩效管理——将财政项目建成后交付运营的效果与项目立项规划目标对比，检验项目建成后的环境影响、经济、社会效果，形成具有提升政府绩效意义的政府基建财务报告，披露政府受托分配、管理公共事务和公共资源能力与效果，以帮助其改进和优化公共事务的决策与运营。

在地方推行过程中，地方政府或者地方财政部门，可以自行选取教育系统中某一个具体化的教育支出项目建立结果导向型绩效评估指标（初期指标可以比较简化），同时与教育部门分批次签订“绩效预算合同”，将各个部门所属的年度或者跨年度预算结果，以及具体所需要的预算资金的数额确定下来，明确预算的预期和责任；与此同时对这一部分资金的监管适度放松，将更多权力转移至该教育部门，使其领导拥有一定额度的预算自由处置权（打酱油的钱可以用来买醋），对某些具体项目的进度、质量不再直接查账，而是通过对相应资金的使用情况采用结果导向审核；年度终了，根据年初建立的指标体系考核教育部门[①]，逐步在教育财政支出过程中建立绩效评估的理念，积累绩效评估管理的经验。

① 具体的奖惩可以考虑为：1. 完成任务给予预算奖励，包括追加部门预算、增加预算自由处置额度、分享节约预算资金（可以作为部门人员经费、公用经费或者滚入下一年度项目资金）等；2. 完不成任务给予预算消减，包括减少部门预算、增加预算自由处置额度等；3. 在试行初期对完成指标的给予奖励，对完不成指标的给与通报，没有实质性惩罚。

第五章
细化绩效评估项目
全面考核教育效能

方法问题是科学研究的重要问题，无论自然科学、社会科学都非常重视方法问题，方法正确与否直接影响着成败。当前教育诸多领域的评估存在不足，或是评估标准过于注重认知领域，或是评估内容过于局限，只关注过去与当前，重视短期而忽视中长期目标，或是纯粹将评估作为一项任务而与持续的教育改进相脱离等。我们应该科学定位目标，树立正确评估理念，把握正确的绩效评估方式，实施适宜性评估。

第一节　科学合理定位目标
解析绩效评估体系

绩效评估是先发国家行政改革中普遍采用的一种提高效率、改善业绩、实现责任的工具，是一种测量政府在实现既定目标时所取得绩效的方法。随着人民生活水平的提升，家庭的教育支出比重越来越大，特别是在独生子女的时代，父母对子女的期望值的提高相应地决定了社会对政府所提供的教育产品的要求逐渐提高。财政教育经费的绩效评估日益迫切。通过绩效评估对教育目标的执行情况、目标本身的有效性、绩效标准的可行性进行检验，通过评估结果的绩效反馈，帮助组织制定新的绩效计划和绩效改进方案，进而推动组织进行整体的绩效改进。

一、聚焦教育功能定位　科学确定绩效评估目标

政府部门的绩效水平受制于许多限制性因素，高绩效管理模型首先强调制定能够达成“共识”的绩效计划，因为绩效管理的前提是达成共识的绩效目标和标准。对教育财政的绩效进行评估，是一项实实在在的行为活动，应当以既定的绩效目标为指导和方向。

（一）教育功能定位

教育对提高人民思想道德素质和科学文化素质、发展科学技术、培养人才具有基础性作用。教育是国计，也是民生；教育是今天，更是明天。大力发展教育事业，是全面建设小康社会、加快推进社会主义现代化、实现中华民族伟大复兴的必由之路。优先发展教育、提高教育的现代化水平，对于建设富强民主文明和谐的社会主义现代化国家而言具有决定性意义。在当今竞争激烈的环境下，对任何一个国家来说，如何提升本国综合国力是当务之急，其中无论是经济实力、军事力量或民族凝聚力，教育都具有关键性的作用，是“重中之重”。人口众多的中国对教育的需求更是迫切，一是沉重的人口压力始终无法摆脱发展的成果被吞食的现象。如果能靠教育成功地把人口负担转为人力资源，那么这一部庞大的机器运转起来的能量将是不可限量的。二是目前经济增长的方式需要转变，劳动力密集型为主的产业耗损率高，附加价值低，必须转变为以科技为基础的知识创新产业，而那把产业升级的钥匙还是教育。

近年来从中央政府到地方政府不断加强对教育工作的重视，党政高

层纷纷强调教育的重要性。邓小平同志提出："科学技术是第一生产力"、"发展科学技术，基础在教育"，因而确立了"教育兴国"的战略思想，一直被奉行至今。随着科技进步日新月异，知识越来越成为提高综合国力和国际竞争力的决定性因素，人力资源越来越成为推动经济社会发展的战略性资源，科技、教育、人才竞争在综合国力竞争中的重要性日益凸显。当今世界的综合国力竞争，说到底是民族素质竞争。为此，我们要坚持育人为本，以改革创新为动力，以促进公平为重点，以提高质量为核心，推动教育事业在新的历史起点上科学发展，加快从教育大国向教育强国、从人力资源大国向人力资源强国迈进，为中华民族伟大复兴和人类文明进步作出更大贡献。

（二）教育发展目标

当前和今后一个时期中国教育改革和发展的总体战略和主要任务，《国家中长期教育改革和发展规划纲要（2010~2020年）》已经作出全面部署："优先发展、育人为本、改革创新、促进公平、提高质量，确保到2020年中国基本实现教育现代化，基本形成学习型社会，进入人力资源强国行列。"

在今后的一段时间内，教育发展目标的表现将是：统筹推进各级各类教育，形成惠及全民的公平教育，实现更高水平的普及教育，提供更加丰富的优质教育，构建体系完备的终身教育，健全充满活力的教育体制。基本普及学前教育，重点发展农村学前教育，遵循幼儿身心发展规律，坚持科学保教方法，加强学前教育管理，保障幼儿快乐健康成长。巩固义务教育普及成果，全面提高普及水平，全面提高教育质量，推动义务教育均衡发展，确保适龄儿童少年接受良好义务教育。加快普及高中阶段教育，合理确定普通高中和中等职业学校招生比例，全面提高普通高中学生综合素质，推动普通高中多样化发展。要大力发展职业教育，加快发展面向农村的职业教育，形成适应经济发展方式转变和产业结构调整要求、体现终身教育理念、中等和高等职业教育协调发展的现代职业教育体系，着力培养学生的职业道德、职业技能、就业创业能力。全面提高高等教育质量，提高人才培养、科学研究、社会服务整体水平，建成一批国际知名、有特色、高水平的高等学校，加快建设世界一流大学和一流学科，显著增强高等教育国际竞争力。同时，抓好继续教育、民族教育、特殊教育，推动各级各类教育全面协调发展。

专栏 5－1

中国不同教育阶段目标①

义务教育：巩固提高九年义务教育水平。义务教育是国家依法统一实施、所有适龄儿童少年必须接受的教育，具有强制性、免费性和普及性，是教育工作的重中之重。注重品行培养，激发学习兴趣，培育健康体魄，养成良好习惯。到 2020 年，全面提高普及水平，全面提高教育质量，基本实现区域内均衡发展，确保适龄儿童少年接受良好义务教育。

巩固义务教育普及成果。适应城乡发展需要，合理规划学校布局，办好必要的教学点，方便学生就近入学。

提高义务教育质量。建立国家义务教育质量基本标准和监测制度。严格执行义务教育国家课程标准、教师资格标准。深化课程与教学方法改革，推行小班教学。

增强学生体质。科学安排学习、生活、锻炼，保证学生睡眠时间。大力开展“阳光体育”运动，保证学生每天锻炼一小时，不断提高学生体质健康水平。提倡合理膳食，改善学生营养状况，提高贫困地区农村学生营养水平。保护学生视力。

推进义务教育均衡发展。均衡发展是义务教育的战略性任务。建立健全义务教育均衡发展保障机制。推进义务教育学校标准化建设，均衡配置教师、设备、图书、校舍等资源。

---

① 中国网：《国家中长期教育改革和发展规划纲要（2010～2020 年）》，2010 年 3 月 1 日，见 http：//www. china. com. cn/policy/txt/2010－03/01。

切实缩小校际差距，着力解决择校问题。加快薄弱学校改造，着力提高师资水平。实行县（区）域内教师、校长交流制度。

加快缩小城乡差距。建立城乡一体化义务教育发展机制，在财政拨款、学校建设、教师配置等方面向农村倾斜。率先在县（区）域内实现城乡均衡发展，逐步在更大范围内推进。

努力缩小区域差距。加大对革命老区、民族地区、边疆地区、贫困地区义务教育的转移支付力度。鼓励发达地区支援欠发达地区。

高中阶段教育：加快普及高中阶段教育。高中阶段教育是学生个性形成、自主发展的关键时期，对提高国民素质和培养创新人才具有特殊意义。注重培养学生自主学习、自强自立和适应社会的能力，克服应试教育倾向。到2020年，普及高中阶段教育，满足初中毕业生接受高中阶段教育需求。

全面提高普通高中学生综合素质。深入推进课程改革，全面落实课程方案，保证学生全面完成国家规定的各门课程的学习。创造条件开设丰富多彩的选修课，为学生提供更多选择，促进学生全面而有个性的发展。

推动普通高中多样化发展。促进办学体制多样化，扩大优质资源。推进培养模式多样化，满足不同潜质学生的发展需要。

职业教育：大力发展职业教育。发展职业教育是推动经济发展、促进就业、改善民生、解决“三农”问题的重要途径，是缓解劳动力供求结构矛盾的关键环节，必须摆在更加突出的位置。职业教育要面向人人、面向社会，着力培养学生的职业道德、职业技能和就业创业能力。到2020年，形成适应经济发展方式转变和产业结构调整要求、体现终身教育理念、中等和高等职业教育协调发展的现代职业教育体系，满足人民群众接受职业教育的需求，满足经济社会对高素质劳动者和技能型人才的需要。

把提高质量作为重点。以服务为宗旨，以就业为导向，推进教育教学改革。实行工学结合、校企合作、顶岗实习的人才培养模式。

调动行业企业的积极性。建立健全政府主导、行业指导、企业参与的办学机制，制定促进校企合作办学法规，推进校企合作制度化。

加快发展面向农村的职业教育。把加强职业教育作为服务社会主义新农村建设的重要内容。加强基础教育、职业教育和成人教育统筹，促进农科教结合。

增强职业教育吸引力。完善职业教育支持政策。逐步实行中等职业教育免费制度，完善家庭经济困难学生资助政策。改革招生和教学模式。积极推进学历证书和职业资格证书“双证书”制度，推进职业学校专业课程内容和职业标准相衔接。完善就业准入制度，执行“先培训、后就业”、“先培训、后上岗”的规定。

高等教育：全面提高高等教育质量。高等教育承担着培养高级专门人才、发展科学技术文化、促进社会主义现代化建设的重大任务。提高质量是高等教育发展的核心任务，是建设高等教育强国的基本要求。到2020年，高等教育结构更加合理，特色更加鲜明，人才培养、科学研究和社会服务整体水平全面提升，建成一批国际知名、有特色、高水平的高等学校，若干所大学达到或接近世界一流大学水平，高等教育国际竞争力显著增强。

提高人才培养质量。牢固确立人才培养在高校工作中的中心地位，着力培养信念执著、品德优良、知识丰富、本领过硬的高素质专门人才和拔尖创新人才。加大教学投入。把教学作为教师考核的首要内容，把教授为低年级学生授课作为重要制度。

大力推进研究生培养机制改革。建立以科学与工程技术研究为主导的导师责任制和导师项目资助制，推行产学研联合培养研究生的“双导师制”。实施“研究生教育创新计划”。加强管理，不断提高研究生特别是博士生培养质量。

提升科学研究水平。充分发挥高校在国家创新体系中的重要作用，鼓励高校在知识创新、技术创新、国防科技创新和区域创新中作出贡献。

增强社会服务能力。高校要牢固树立主动为社会服务的意识，全方位开展服务。推进产学研用结合，加快科技成果转化，规范校办产业发展。为社会成员提供继续教育服务。

优化结构，办出特色。适应国家和区域经济社会发展需要，建立动态调整机制，不断优化高等教育结构。优化学科专业、类型、层次结构，促进多学科交叉和融合。重点扩大应用型、复合型、技能型人才培养规模。加快发展专业学位研究生教育。优化区域布局结构。设立支持地方高等教育专项资金，实施中西部高等教育振兴计划。

促进高校办出特色。建立高校分类体系，实行分类管理。发挥政策指导和资源配置的作用，引导高校合理定位，克服同质化倾向，形成各自的办学理念和风格，在不同层次、不同领域办出特色，争创一流。

加快建设一流大学和一流学科。以重点学科建设为基础，继续实施“985工程”和优势学科创新平台建设，继续实施“211工程”和启动特色重点学科项目。改进管理模式，引入竞争机制，实行绩效评估，进行动态管理。鼓励学校优势学科面向世界，支持参与和设立国际学术合作组织、国际科学计划，支持与境外高水平教育、科研机构建立联合研发基地。加快创建世界一流大学和高水平大学的步伐，培养一批拔尖创新人才，形成一批世界一流学科，产生一批国际领先的原创性成果，为提升中国综合国力贡献力量。

我们要紧紧抓住机遇、有力迎接挑战，坚持优先发展教育，提高教育现代化水平，充分发挥教育重大作用。通过大力发展教育事业，努力培养造就数以亿计的高素质劳动者、数以千万计的专门人才和一大批拔尖创新人才，加快转变经济发展方式，坚持走中国特色新型工业化道路，增强中国发展后劲和国际竞争力，不断推动科学发展。

（三）借鉴芬兰高水平教育经验，奠定世界一流教育基石

芬兰是高质量教育的一个全球典范。在 OECD 每年公布的先发国家教育发展报告各项成绩排名中，芬兰学生都名列前茅，在近年 OECD - PISA 报告中芬兰国民基本文化素质高居世界榜首，这些成就当然与芬兰的教育体制有莫大的关系。

以学生为中心的民主是芬兰教育指导原则。芬兰教育任何阶段都没有选拔，所有学生都在同样课堂里上课，没有任何形式分班教学。而且私立学校在芬兰非常少，这意味着几乎所有芬兰儿童都在公立学校上学。但学生能自由地选择自己的学习内容，并自己决定是上高中还是上职业学校。教师起着指导作用，为他们的决定提供咨询。具体来说，芬兰儿童 6 岁进幼儿园接受学前教育，1 年后便开始接受正规教育，7 ~ 16 岁芬兰儿童一般都在同一所学校就读。毕业后继续读高中、进入职业学校或就此结束学业。进入高中和职业学校的学生比例分别占 70% 和 27%，只有 3% 的学生不升学，而最终进入大学或专科学院接受高等教育的学生占60% ~70%。

芬兰教育的高质量依靠的并不是一套严格的考试制度，事实上，芬兰可以说是先发国家中统考最少的国家。当然，学校内部组织的考试还是有的，但在参加大学入学考试前，芬兰学生都不会有统考之忧。此外，芬兰全国教育委员会给予学校的是指导而非批评。芬兰全国教育委员会不会公开调查结果，也不会对好校差校进行排名。学校拥有相当的自由度和自主权。虽然芬兰也有全国性的核心课程大纲，但教学进度和教学方法则由学校和教师自己决定，教师们的创造力在教学中能得到充分的施展。调查显示，在芬兰人的职业选择中，教师通常能排在前两位，是足以让人自豪的职业。尽管芬兰教师工资水平相对较低，基本起始年薪约为 1.7 万英镑，却是最不容易进入的职业之一。芬兰所有的教师都必须拥有教育专业的硕士学历，每个职位通常都有 10 名应聘者竞争。

反观中国也取得了不少的成绩。根据联合国教科文组织（UNESCO）全民教育监测报告指出：中国处于前 1/3 位次，是近年跻身全球义务教

育免费水平较高国家。世界银行（World Bank）评估“十一五”中期中国教育：政府的政治承诺和社会对于教育强有力支持推动了教育的发展，并且公共教育的提供也变得更加公平。但是，长期来看，中国教育财政的绩效目标必然要顺应公共财政改革的趋向，同时着眼于提升国家的教育竞争实力。具体来说，中国教育财政的绩效目标要力图达到兼顾经济效益与社会公平的总体性平衡状态，既能够提升年度教育财政投入对教育进步的贡献，又能够最大限度地将投入效果与投入能力惠及更为广泛的社会公众。

二、构筑教育财政绩效评估指标体系

绩效评估最为核心的是建立起一套行之有效的绩效指标体系，这是绩效预算管理的核心。对此，在教育财政绩效预算管理中，建立起一套科学合理的教育财政投入评估指标体系是重中之重，只有这样才能有效推进教育建设与发展。

（一）国际教育指标概况

麦卡锡公司代表、英国前首相布莱尔首席教育顾问麦克尔·巴伯爵士指出：教育的质量不能超越教师的质量；改进结果的唯一途径是改进教学；高水平的质量要求每一个孩子都取得成功；学校的领导水平是获取成功的关键因素。而成功的改革取决于调整好三大核心角色——公民、政府和专业人员的相互关系，并具体设计了评估学校的基本元素，如图5－1所示，以及构筑世界一流教育的基石，如图5－2所示。

联合国教科文统计所（UNESCO－UIS）、经济合作与发展组织（OECD）及欧盟统计办公室（EUROSTAT）联合设计了一套UOE数据表。这是国际组织教育统计的基础数据，最具权威性且专业性强，被广泛引用。具体内容有：背景统计：人口、国民生产总值与贫困、贫富差距；成人与青年的文化：青年识字率/文盲率、成人识字率/文盲率；早期保育与教育/保育：儿童存活情况、身体不良儿童获得照顾与服务情况

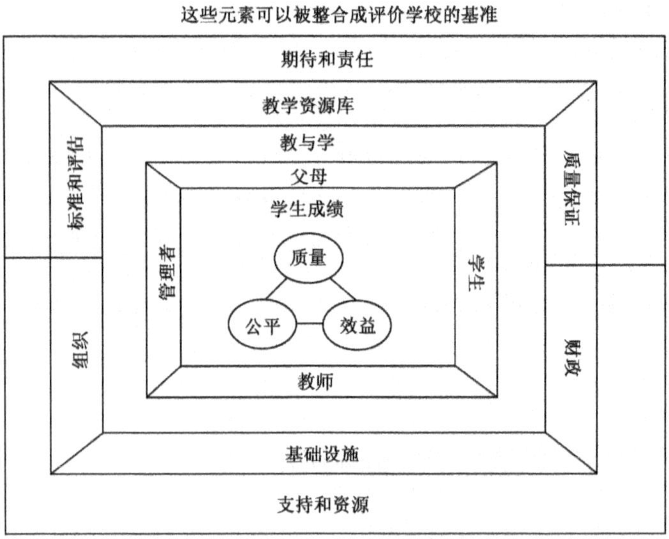

图 5－1　评估学校的基本元素

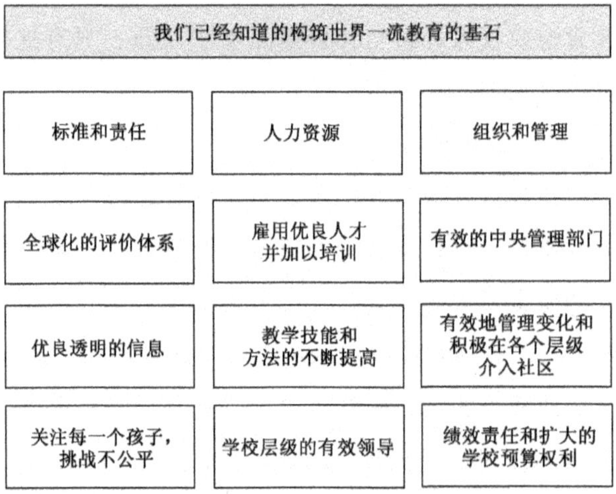

图 5－2　构筑世界一流教育的基石

（接种免疫等）、政府 3 岁以下儿童项目、女性就业和孕期产假；早期保育与教育/教育：受教育年龄、在校生、私立机构在校生比例、毛入学率/性别比、净入学率（两个口径，大口径含其他早教机构）、小学招生中接受过学前教育比例；小学教育机会：义务教育年龄、是否有法律保证、招生数、新生按时入学率/性别比、预期学校教育年限（小学—高等）；小学教育参与：年龄、学龄人口、在校生、私立小学在校生比例、毛入学率/性别比、净入学率/性别比、校外学龄儿童；小学教育内部效率：小学教育年限、分年级重复率、重读率、分年级辍学率、辍学率、保留率（5 年级、毕业班）、完成率；中等教育参与：小学毕业生升学率、规模（年龄段、学龄人口、在校生、私立机构在校生比例、教师和职业教育专业的学生）、毛入学率（初中、高中）/性别比、净入学率；高等教育参与：在校生、毛入学率/性别比、分教学计划定向分学生比例（5a/5b/6）、外国学生比例、按学科在校生人数；各级教育教师：教职工人数、接受培训的人数与比例、师生比；教育投入：公共教育教育经费占 GNP 比例、公共教育经费支出占政府支出（公共支出）的比例、小学/初中公共经费占政府支出（公共支出）的比例、小学/初中生均公共教育经费、小学/初中生均公共经费指数（生均教育经费占人均 GDP 比例）；全民教育 6 大目标实现程度：学前教育毛入学率、小学教育净入学率、青年识字率（15 ~ 24 岁）、成人识字率、小学、初中毛入学率性别比、五年保留率、师生比。

（二）建立教育财政绩效评估指标体系的基本原则

教育财政绩效评估指标体系的构建是一个复杂的系统问题，如何正确、全面、客观地反映评估对象的真实情况，使整个评估指标体系具有系统性、科学性、可操作性和有效性等，是需要解决的问题。

关键绩效指标（KPI）法认为，在选取关键绩效指标时有五个重要的原则，即 SMART 原则：S 代表具体的（specific），是指绩效指标要切中特定的工作目标，不是笼统的，而是应该适度细化，并随情境的变化而变化；M 代表可度量的（measurable），指绩效指标或者是数量化的，或者是行为化的，验证这些绩效指标的数据或信息是可以获得的；A 代表可实现的（attainable），即绩效指标在付出努力的情况下可以实现，避免设立过高或过低的目标；R 代表现实的（realistic），指绩效指标是实实在在的，可以证明和观察得到的，而并非假设的；T 代表有时限的

(time - bound)，指的是在绩效指标中要使用一定的时间单位，即设定完成这些绩效指标的期限，这也是关注效率的一种表现。另外，在构建教育财政绩效评估指标体系时，我们可以借鉴企业管理的办法，按照政府发展规划—教育工作目标—教育工作任务—政府教育财政绩效评估指标这一逻辑程序进行指标设计。

当然，在指标设计上，我们应紧紧把握教育工作目标和任务，以教育部门工作任务作为指标体系的基础，这一点将作为我们设计政府教育财政绩效评估指标体系的总体原则。在具体指标设计过程中还应遵循如下技术性原则：

一是合规性原则。政府行为的合规性是法治社会中最基本要求。对政府工作的绩效评估首先应考察其依法行政的情况，例如，在政府教育财政绩效评估中，对《教育法》要求的贯彻情况应该是首要评估内容。合规性评估层次上的指标可分为三类：合法性指标；合乎工作流程类指标；合乎政策类指标。

二是系统性原则。教育财政绩效评估的范围广泛、评估内容比较复杂，其表现形式呈现多样化，因此在指标设计时应反映系统性的思想，选取的指标应体现各指标之间的逻辑关系，体现定量与定性相结合的原则，能综合反映教育财政投入所产生的经济效益、社会效益等内容。

三是相关性原则。选取的指标要与财政教育投入对象及要完成的工作任务有直接的对应联系，尽可能避免出现为了数据收集方便而忽略绩效评估结果的有效性。

四是经济性原则。这是指指标的选取要考虑实现条件及可操作性，数据的获得应符合成本—效益原则，在合理成本的基础上收集信息。

五是可比性原则。这是指在具有相似目的的项目之间有共同的指标，不同项目之间的衡量结果可以相互比较。

六是重要性原则。这是指根据指标在整个体系的地位和作用进行筛选，选择最具代表性、最能反映评估要求的指标，能体现成本—效益原则，即要综合考虑数据的经济性和实用性、现有条件与可操作性以及互为补充的有机整体。

（三）教育财政绩效评估指标体系设计

教育财政绩效评估指标体系是反映教育财政绩效总体现象的特定概念和具体数值，是衡量、监测和评估教育投入经济性、效率性和有效性的重要量化手段。财政部门、教育部门、经费使用部门通常有着各自不同的目标，所以绩效评估体系需要多维绩效评估指标。根据支出绩效评估工作的要求，按照一定的分类标准，对教育财政支出内容和评估对象进行科学合理、层次清晰、实用可行的分类形成指标体系。指标体系是动态的、可扩容的、弹性的，随着绩效评估工作的深入开展，指标体系也将随之不断调整和完善。

根据图5－3绩效评估的闭环控制系统，就是对运行经费的立项、投入、执行、产出、成果、效益进行评估。如果任何一个环节出现问题，都将导致前期绩效的丧失。其中，最重要的三个指标是“投入、产出、效果”。由此，在教育财政绩效评估指标设计上，按照“投入—产出—成果”这一逻辑程序，将指标体系分为投入类、产出类和效果类指标。在此基础上，由于每年的项目投入占据了总投入的极大份额，增加了一类“教育重点项目建设评估指标”，用于对每年的大型项目进行评估。最后，考虑到教育工作有很多效果无法量化，设置了一类“教育定性（评议）指标”，用于考虑上级和公众的评估，具体情况如下：

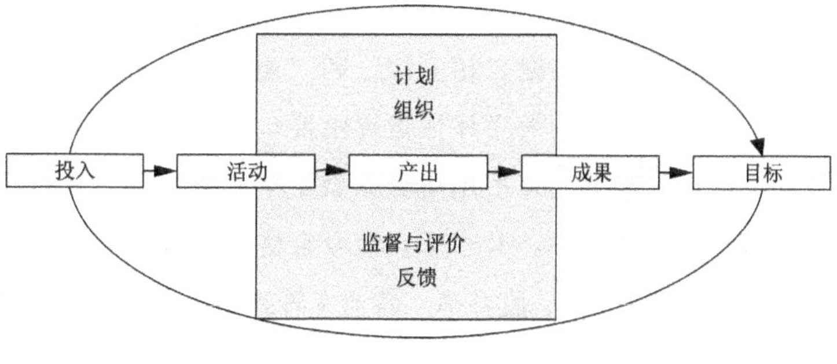

图5－3　绩效评估的闭环控制系统

第一，投入类指标。教育总体投入的评估指标：一是对教育投入总量进行评估，主要分析教育投入总量是否满足了区域社会经济和教育发展的需要。包括教育投入总量占GDP的比例、财政教育支出占GDP的比例、教育支出占财政支出比例。通过评估教育支出占GDP和财政支出的比例是否合适，是否符合本地区特点来评估教育投入总量的规模和结构是否合理。二是需要评估教育投入增长速度是否达到政策性的规定。包括教育财政拨款增长率、总资产增长率、财政教育支出增长速度、三年财政教育支出平均增长率、生均教育支出增长率、生均公用支出以及人均教育支出等指标，评估财政教育支出的增长是否高于经常性财政收入的增长，反映国家和地方政府对教育投入的保障程度。三是从“合规性”原则出发，可选取《教育法》中明确规定的“三个增长”指标来反映教育投入情况。

第二，产出类指标。根据“经济性”和“可比性”原则，教育投入的产出评估指标主要包括以下几个方面：一是教育基本投入产出指标：教师人均科研经费（基础教育科研支出总额/专任教师总数）、生均图书资料册数、生均教学用房面积、生均教学设备价值等指标，年度新增校舍比率（新增校舍面积/原校舍总面积）、危房改造率等指标。二是教育人力资源投入产出指标：师生比、师资队伍培训率。三是教育物力资源利用效率指标：包括教育物力资源利用效率，如固定资产增长率、生均固定资产额、教学设备利用率、教学设备完好率、固定资产收益率（服务净收益/固定资产总值）等指标。

第三，效果类指标。根据“相关性”和“重要性”原则，紧密围绕政府教育目标，教育投入的效果评估指标主要包括以下几个方面：一是教育成果质量指标：包括人才费用质量系数、年度教育投入有效率、年度教育投入有效额、毕业率、升学率、统考合格率、入学率（包括残疾少年儿童入学率）、辍学率、脱育率、就业率等指标。二是专任教师资格指标：专任教师占教职工的比重、教师职称合格率、专任教师高级职称比例和教师结构比例等指标。三是教师科研指标：教师人均发表论文数、学校（教师）当年出版的教学专著等指标。

第四，教育重点项目建设评估指标。对教育重点项目的财政支出进行评估，应结合项目支出的内容设置指标，如项目资金到位率、项目实施合格率，新增教室面积、新增教学设备、新增容纳学生入学人数等指标，反映财政项目支出的投资回报。

第五，教育定性（评议）指标。评议指标是用于教育改革与发展、资源配置状况、服务数量和质量等方面非计量因素，是对计量指标的进一步补充。通过对评议指标各项定性因素的分析判断，对计量指标评估结果进行全面的校验、修改和完善，形成财政基础教育支出绩效定量与定性评估相结合的综合评估结论。包括领导班子基本素质、在职教师队伍素质、基础管理水平、发展创新能力与战略、服务硬环境与服务满意度、综合社会贡献等指标。

（四）围绕目标任务合理分配权重

在绩效评估的指标体系中，各指标对绩效目标的重要程度是不同的，要衡量并表示出各指标对目标的贡献，就应赋予不同指标以不同权重，重要者赋予较大权重。指标权重是以定量方式反映各项指标在综合评估中所起作用大小的比重。通过指标权重的赋予，可以使绩效评估工作实现层次性，准确掌握评估重点；还可以解决不同类型指标之间无统一量纲、不可度量与相互比较的问题。不过，权重的确定是绩效评估体系构筑中难度最大的一项工作，往往需要从整体上多次调整、反复归纳综合才能够完成。

对各类、各项指标赋予权重的基本原则是：在不明确各类、各级指标的重要性差别时，尽量采取指标权重平均化的办法，以避免人为拉大各指标分值之间的差距，造成综合得分的偏差。对于能够明确判断出重要程度差别的指标，可以根据其重要程度的不同赋予不同的权重。确定权重的方法很多，常用的有专家直观判断法、德尔菲（Delphi）法、两两比较法、环比评分法、层（级）次分析法（AHP）、熵权法、因子分析法等等。

专家直观判断法是请专家根据自己的经验和知识，对绩效考评指标体系的各级次指标按其重要性程度直接给出权重分值，再采用数学平均法对专家分值进行归一化处理，得到指标的权重。

德尔菲（Delphi）法本质上是一种反馈匿名函询法。其做法是：在对所要预测的问题征得专家的意见之后，进行整理、归纳、统计，再匿名反馈给各专家，再次征求意见，再集中，再反馈，直至得到稳定的意见。

两两比较法是一种经验评分法。它将方案两两进行比较后打分，再对每一方案的得分求和，并进行百分化等处理，得分较高的方案就是最优方案。打分时可以采用0分~1分打分法、0分~4分打分法或多比例打分法等，原理基本相同。

环比评分法又称Dare法。这是一种通过确定各因素的重要性系数来评估和选择创新方案的方法。环比评分法适用于各个评估对象之间有明显的可比关系，能直接对比，并能准确地评定功能重要度比值的情况。

层（级）次分析法（AHP）又称指标排序法。要先确定衡量指标重要程度差别的定量标度，再按设计的评估指标体系的级次，分级确定进行指标重要性两两对比判断的矩阵，请专家在矩阵中填写指标对比判断后的标度值，经过归一化处理和统计计算，最终得出指标的权重。

熵权法的主要依据是信息论基本原理的解释，即：信息是系统有序程度的一个度量，而熵是系统无序程度的一个度量；指标的信息熵越小，该指标提供的信息量越大，在综合评估中所起作用理当越大，权重就应该越高。

因子分析法是从一组原始分析测试数据出发，通过研究其相关矩阵（或协方差矩阵）的内部结构，找出对变量起支配作用的几个互不相关的主因子；在尽量减少原始数据信息损失的前提下，用少数几个主因子去代替数量较多且有一定联系的原始变量，从而达到揭示原始变量之间的内在联系、合理解释环境现象与主因子关系的目的。

然而，由于不同方法的出发点不同，因而采用不同方法所确定的指标权重可能会有一定的差异。例如，用熵权法确定权重时，其出发点是根据各指标数据的差异程度来反映重要程度的，如果某项指标下各评估者的数据差异不大，则反映该指标对综合评估的作用不大，用熵权法计算出来的权重就不大；用层次分析法确定权重时，其出发点是把各种因素划分成相互联系的有序层，根据对一定客观现实的主观判断、就每层次的相对重要性给予定量表示，然后利用数学方法确定每一层次指标的权重，最后综合各层次指标的权重。正是由于不同方法确定的指标权重存在一定的差异，同时不同的方法又有各自的合理性，因而近年来人们开始使用“组合权重法”，将不同方法确定的权重通过一定的数学方法和统计方法进行综合来得到指标的权重。

绩效评估指标体系是由共性指标和专用指标构成，其中共性指标是指教育财政可以共用的指标，通常是基础性的指标，是不同教育间可以进行比较的基础；专用指标是依据不同教育的特性，专门设计的评估该类教育的指标，是考评、衡量该类教育实施好坏的关键指标。在此，针对教育结构复杂，可进行不同的划分。一般分为义务教育、高中以上（含职业教育）教育、高等教育，每种教育都有自己特殊的目标定位，当然也有与其他教育共同的一些特征。基于各类教育不同的共性和个性特点及两者之间的关系，众多的绩效评估指标构成了一个多层次、多目标的复合体系。共性指标和专用指标的结合使用，不仅兼顾了不同教育的自身特点，而且可以实现绩效评估体系的完整性。

由于评估指标体系存在内部相对独立的递阶层次结构，又存在内部循环相互支配的层次结构，而且层次内部还存在一定的依赖性和反馈性，每个指标都有可能受其他指标的影响与支配，因此，指标在不同条件下具有不同的相对重要性。为了综合、全面进行评估，需要对指标体系中的不同指标赋予与该指标重要性相应的权重，要遵循系统化原则、主观意图与客观情况相结合的原则，合理分配权重，突出重点。

三、建立绩效评估工具库

绩效评估工具又称绩效评估方法。应用不同的评估工具，得到的评估结果往往不同；教育财政投入绩效具有多维度特征，其采用的绩效评估工具也必然多种多样，主要包括“3E”评估法、关键绩效指标法、标杆管理法、平衡计分卡法、DEA以及层次分析法。其中，标杆管理法预示着对政府绩效全面评估的开始；平衡计分卡法明确提出政府要以长远的眼光对社会的发展作出愿景规划，思考其在社会发展中应承担的使命，指导政府绩效评估；层次分析法可操作性较强。

（一）“3E”评估法

“3E”评估法是一种较早得到运用的绩效评估方法。20世纪60年代，美国会计总署率先把对政府工作的审计重心从经济性审计转向经济性（economy）、效率性（efficiency）、效果性（effectiveness）并重的审计，从单一指标扩展到多重指标，这就是政府施政绩效评估的雏形，俗称“3E”评估法。所谓经济性是指投入成本的降低程度；效率性就是反映所获得的工作成果与工作过程中的资源消耗之间的对比关系；效益性通常用来描述政府所进行的工作或提供的服务在多大程度上达到了政府的目标，并满足了公众的需求。

但事实上，早在20世纪80年代初，英国的效率小组也建议在财务管理新方案的改革中设立“经济”（economy）、“效率”（efficiency）、“有效性”（effectiveness）的3ES标准体系，以取代传统的效率标准（如财务、会计指标等）。不久，英国审计委员会就将3ES标准纳入到绩效审计的框架中，并运用于地方政府以及国家健康服务系统（NHS）的管理实践中①。3ES实际上是包含不同价值观点的标准体系。用这种多元价值的标准体系来取代传统模式下的单一财务和预算指标，可以更好地体现管理责任，从而使“被授权的管理者根据既定的绩效标准完成既定的任务”②。“3E”标准结合起来就组成了绩效管理的标准框架，与随之确定的比率一起在图5-4中表现出来。其中，效益=实际的产出/计划的

① 刘旭涛：《政府绩效管理制度、战略与方法》，机械工业出版社2005年版，第171页。

② Isaac-Henry, Kester, Chris Painter and Chris Barrnes, “*Managementin the Public Sector: Challenge and Change (secondedition)*”, London: Thomson BusinessPress, 1997, p. 83.

产出；效率 = 实际的效率/计划的效率；经济 = 实际投入/计划投入[①]。

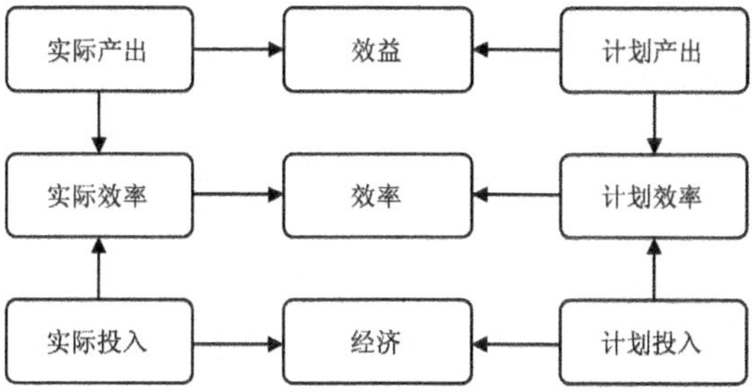

图 5－4 绩效的 3E 管理

就三者的关系而言，经济、效率和有效性三者之间彼此相互关联，缺一不可。如果不考虑质量、消费者满意等有效性因素而一味追求节约、效率，则会导致组织偏离自己的目标，而为了实现目标却不计成本、不惜代价、不考虑效率，将最终导致组织资源的浪费和不足。因此，在经济、效率和有效性的关系上，最终体现了资金价值的理念，即在组织管理过程中不断追求“增加资金价值的过程”。资金价值标准和理念，反映了公共部门绩效管理中的总体绩效标准，它要求组织根据经济、效率和有效性的标准来获取资源和使用资源，以实现组织的目标要求。经济、效率、有效性和资金价值之间的这种关系，实际上就构成了公共部门绩效评估活动中的逻辑的价值标准体系。

“3E”评估法为许多国家所效仿和使用，但是，由于政府在社会中所追求的价值理念和“3E”评估法单纯强调经济效率之间存在矛盾与冲突，“3E”评估法在实践中暴露出一系列的不足，因此后来又加入了“公平（equity）”指标，发展成为“4E”。作为第四个“E”，公平性原则关注的是接受服务的团体或个人是否都受到公平的待遇，需要特别照顾的弱势群体是否能够享受到更多的服务。因此，公平指标系针对接受公共服务的团体或个人所质疑的公正性而言，通常无法在市场机制中加以界定，公平指标相当难以衡量。社会公平的复合理论认为公平可以分

① Grant, “*Measuring Performance in the Public Sector*”, Financial Management, 1990, 8, p. 58.

为以下类型：单纯的个人公平，系指一对一的个人公平关系，例如，“一人一票，每票等值”；分部化的公平，系指同一类别下的公平关系，如农民与商人有不同的赋税标准与薪资水平；集团性的公平，系指团体或次级团体所要求的公平，如妇女要求与男人有公平的参政权和就业权；机会公平，每人的天分不一，后天的发展不同，但如果两个人都有相同的几率能够谋得某项职位，就是展望性的机会平等；代际间的公平，指这一代与未来一代之间的公平。

由此可见，“4E”涉及政府管理活动的四个方面：成本、投入、产出、效果。政府部门从事管理活动耗费的人力、物力、办公设施和设备等是投入，投入包括商品与服务、设备、不动产、税收与收费；获得和维持这些人力、物力、设备所花的资金就是成本；产出既可以是决策活动的产出如出台的法规实施细则和计划，又包括执行活动，如建设项目的审批、违规企业的处罚、新技术的推广等；效果则主要体现为社会经济等方面环境的改善，企业和公民满意程度，人民生活的舒适程度等。

（二）关键绩效指标（KPI）法

所谓关键绩效指标（key performance indicator index，KPI），就是指用于沟通和评估被评估者绩效的定量化或行为化的标准体系。关键绩效指标体现绩效中对组织目标的增值部分，因而是连接个体绩效与组织目标的重要桥梁。基于关键绩效指标开展绩效评估，有利于保证真正对组织有贡献的行为受到鼓励，同时，通过在关键绩效指标上达成的承诺，普通员工和管理人员都可以在工作期望、工作表现和未来发展等方面实现沟通，即关键绩效指标成为绩效沟通的重要基石。

确定关键绩效指标通常要经历确定工作产出、建立评估指标、设定评估标准和审核关键指标的过程。其中，建立评估指标和设定评估标准是难点，需要重点把握。一般来说，指标针对从哪些方面来对工作产出进行衡量或评估；而标准则针对在各个指标上分别应该达到何种水平。换句话说，指标解决的是我们需要评估“什么”的问题；标准解决的是要求被评估者做得“怎样”、完成“多少”的问题。表5-1、表5-2中列出了常用的关键绩效指标的类型、一些典型的例子以及从哪里可以获得验证这些指标的证据来源①。另外，审核关键绩效指标主要可以从以下几个方面进行：工作产出是否为最终产品；指标是否可以被观察和证明；指标的界定是否源于客户角度；多个评估者对同一指标的评估结果能否取得一致；设定的标准是否留有超越空间；跟踪和监控指标是否可行。

表 5－1　　　　关键绩效指标类型

指标类型	举例	证据来源
数量	产量、销售额、利润	业绩记录、财务数据
质量	破损率、独特性、准确性	生产纪录、上级评价、客户评价
成本	单位产品的成本、投资回报率	财务数据
时限	及时性、到市场时间、供货周期	上级评价、客户评价

表 5－2　　　　绩效标准实例

工作产出	指标类型	具体指标	绩效标准
销售利润	数量	年销售额、税前利润百分比	年销售额在 20 万元到 25 万元
新产品设计	质量	上级评价：创新性、体现公司形象 客户的评价：性价比、相对竞争对手产品的偏好程度、独特性、耐用性	上级评价：至少有 3 种产品与竞争对手不同；使用高质量的材料，恰当的颜色和样式代表和提升公司的形象 客户的评价：产品的价值超过了它的价格；在不告知品牌的情况下对顾客进行测试，发现选择本公司产品比选择竞争对手产品的概率要高；客户反映与他们见到过的同类产品是不同的；产品使用的时间足够长
	时限	预定的时间表	能在预定的期限之前提供新产品的样品
销售费用	成本	实际费用与预算的变化	实际费用与预算相差 5% 以内

① 吴志明：《KPI 帮你解决绩效评估中的难题》，《中外管理导报》2001 年第 2 期，第 26～28 页。

（三）标杆管理法

传统的“3E”评估法的指标仅限于经济、效率和效益，比较片面和单一，在评估内容上侧重于对历史事件既定结果的审计，以对下一年度的财政拨款作出预测。这种评估方法相对于政府行为的复杂性来说过于笼统。而标杆管理的指标体系比较全面，除了经济层面的指标外，还包括政府提供的公共产品如教育质量的比较评估，政府在公益性活动中所作努力的指标等，指标体系的内容在一定程度上引导着政府努力的方向。因此，标杆管理可以使政府全面考虑自身在社会中应承担的责任，从而对社会的全面发展起到领导作用。

标杆管理（benchmarking），又被译为基准化管理、参照管理，是国外于20世纪80年代兴起的一种新型管理方法。美国生产力与质量中心对标杆管理这样定义：“一项有系统、持续性的评估过程，通过不断地将组织流程与全球企业领导者相比较，以获得协助改善经营绩效的信息。”① 由于标杆管理是一种直接的、片断式的管理方法，而大多数组织在某些活动、功能、流程等方面具有相似或相通之处，因此，在实际运用中，可以挑选出实践最佳的组织予以参照，并分阶段确立基准以循序渐进地改善管理。

标杆管理法的第一步是确定标杆，作为政府奋斗的目标。在每一个实施阶段结束后都把结果与确定的标杆相比较，进行阶段性的总结评估，以对下一阶段的方法作出调整，直至最后达到标杆水平，确定更高的标杆。这里比较和评估完全融为一体，通过比较实现评估，以评估促进与更高水平的比较。而“3E”评估法仅仅集中于实施结果的审计，缺乏标杆的引导和激励作用，如图5－5所示。

尽管标杆管理产生于企业，但其学习性、开放性的理念扩大了最佳实践的借鉴范围，为各种性质的组织提高绩效创造了条件。此外，标杆管理作为一种应用性研究，亦要遵循系统化、结构化的实施步骤，包括

① 王立国、陈坤：《标杆管理：组织提高绩效的利器——对标杆管理的再认识》，《技术经济与管理研究》2005年第4期，第71～72页。

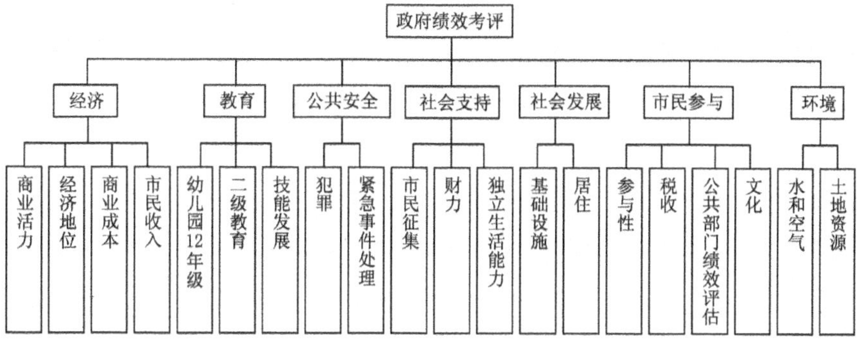

图5－5　俄勒冈州标杆管理指标体系

资料来源：张小玲：《国外政府绩效评估方法比较研究》，《软科学》2004年第5期。

确定标杆项目及相关目标、范围、工作程序，选择适当的潜在标杆对象及评估指标，收集数据、分析差距，获取评估结果和修订评估标准，等等。

（四）平衡计分卡法

1992年，美国哈佛商学院的罗伯特·S. 卡普兰（Robert S. Kaplan）和复兴全球战略集团总裁大卫·P. 诺顿（David P. Norton）首先提出了平衡计分卡，它是从企业发展战略即“提高企业市场价值，提高企业净现金流量”出发，从内部业务过程、财务状况、顾客服务、学习和成长四个角度关注企业绩效，通过对员工技能进行培养，提高组织工作效率，以提升顾客满意度、提高产品市场占有率，最终达到提升公司价值的战略目标。平衡计分卡打破了传统绩效评估只重视财务指标的做法，以战略为基础、从平衡观出发，通过平衡企业的各种目标（包括长期与短期、过程与结果）、各种绩效（组织与个人、预期与现实）、各种管理要素的相互关系，达成提高组织管理水平的最终目的。

平衡计分测评指标体系的建立步骤可概括为：在准备阶段说明愿景，以沟通为手段设计和确定测评指标；在实施阶段为测评建立信息数据库，使数据与指标相关；在完善阶段对比目标、调整既定指标。除了遵循上述步骤，应用平衡计分法必须始终坚持一种理念，即这种方法的实质绝不仅仅是一种绩效测评方法，其首要价值在于能够把战略方法和财务控制两者中已经很强大但被相互分割的能力结合在一起，它是作为战略管理的管理体系和测评体系而非简单的测评指标。

平衡计分卡的平衡计分指标体系分为三个层次，如图 5－6 所示：第一层次包括四个领域，即财务、顾客、内部业务和内部学习与创新。第二层次即上述每个领域所包含的内容。财务领域主要是组织怎样满足股东的需求，一般情况下主要指股东与合伙人。顾客领域就是政府（或各部门）所面对的服务对象。内部业务领域主要是指政府在其业务领域内所必须擅长的技能。内部学习和创新领域主要是政府人员的自我学习和提高的能力。第三层次即每一领域内的每一内容上的具体的、可量化的测评指标。

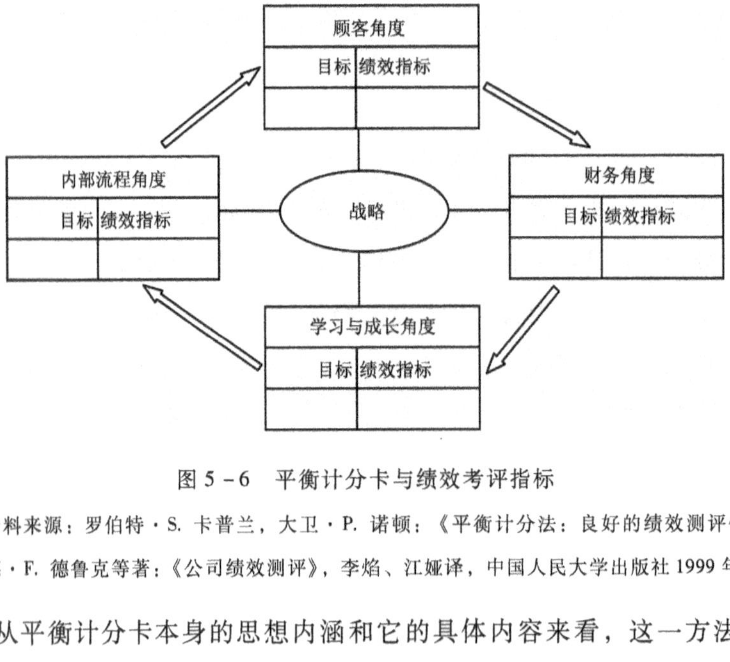

图 5－6　平衡计分卡与绩效考评指标

资料来源：罗伯特·S. 卡普兰，大卫·P. 诺顿：《平衡计分法：良好的绩效测评体系》，见彼德·F. 德鲁克等著：《公司绩效测评》，李焰、江娅译，中国人民大学出版社 1999 年版。

从平衡计分卡本身的思想内涵和它的具体内容来看，这一方法同样适用于公共部门。它在公共部门应用的关键有：政府部门对自身战略、使命的准确分析和把握并对该战略在政府内部各部门的分解；政府部门对服务对象即顾客的正确认识；政府部门内部的不断学习、变革和创新氛围的形成，建立学习型政府。

（五）数据包络分析法（DEA）

数据包络分析法（data enerlopment analysis，DEA）是美国著名运筹学家查恩斯（A. Charnes）于1978年提出以相对有效概念为基础发展起来的效果评估方法。DEA原型可以追溯到1957年英国学者费莱尔（Farell）在对英国农业生产进行分析时提出的包络思想。此后，在运用和发展运筹学理论与实践的基础上，逐渐形成了主要依赖现行规划技术并常常用于经济定量费希德非参数方法。经过美国运筹学家查恩斯和库珀等人的努力，使得非参数方法以数据包络的方式在20世纪80年代初流行起来。因此，DEA有时也被称为非参数方法或Farell型有效方法。

DEA方法以效率概念为基础，用于评估具有相同类型的多投入、多产出决策单元是否技术有效的一种非参数统计方法。其基本思想是把每一个评估单位作为一个决策单元（decision making units，DMU），再由众多DMU构成被评估群体，通过对投入和产出比率的综合分析，以DMU的各个投入和产出指标的权重为变量进行评估运算，确定有效生产前沿面，并根据各DMU与有效生产前沿面的距离状况，确定各DMU是否对DEA有效，同时还可用投影方法指出非DEA有效或弱DEA有效DMU的原因及应改进的方向和程度。由于DEA方法不需要预先估计参数，在避免主观因素和简化运算、减少误差等方面有着不可低估的优越性，该方法近年来被广泛运用到技术和生产力进步、技术创新、关于成本收益利润问题、资源配置、金融投资、非生产性等各个领域，进行有效性分析，从而进行评估决策。

在DEA分析中，主要运用技术效率和规模效率，以及二者结合的综合效率来衡量输出结果的有效性。规模效率（scale efficiency，简记为SE），是研究生产经营规模与经济效益关系的一个重要指标，它反映的是被评估对象生产规模的有效程度，即它反映了被评估对象是否在最合适的投资规模下进行经营。对于政府支出的效率评估而言，规模效率能够反映资金的运营（资金、人员投入情况以及藏书状况）是否是在最合适的规模下进行的。而技术效率（technical efficiency，简记为TE）是指在假定投入要素不变的情况下，被评估对象的实际产出与同样投入情况下最大产出之间的比值。技术效率能够反映政府在运转过程中对现有技术利用的有效程度，即在给定投入的情况下政府公共服务的最大产出能力。规模技术效率（简记为 STE）又称为综合效率，它反映的是技术效率和规模效率的总体状况，其计算公式是：$STE = TE \cdot SE$。一般来说，当某被考察对象的综合效率值为 1 时，该对象的效率被认为是 DEA 有效的。只有当被考察单元同时达到技术有效和规模有效时，其综合效率才是有效的。

DEA 分析将参考指数作为横坐标 X，把当前指数作为纵坐标 Y。假设有三个被评估对象参加评估，它们的指数状态分别是 A（x_1，y_1），B（x_1，y_1），C（x_1，y_1），它们的平面坐标的位置如图 5－7 所示。评估对象 B 的参考指数介于评估对象 A、C 之间，即 $X_1 < X_2 < X_3$。如果评估对象 B 的指数状态低于 A（x_1，y_1）与 C（x_1，y_1）的连线 AC，那么可以认为评估对象 B 的有效主观努力程度不如评估对象 A 与 C。我们可以在平面坐标上标出所有被评估对象的指数状态，采用数据包络分析（DEA）方法可以得到指数状态可能集的前沿面。任何被评估对象（X，Y）均介于某两个处于前沿面的被评对象之间，将该被评对象的当前指数 y 在前沿面上的对应值记为 y'，y 与 y'的比值 η 可作为有效努力程度的一种度量，如图 5－7、图 5－8 所示。

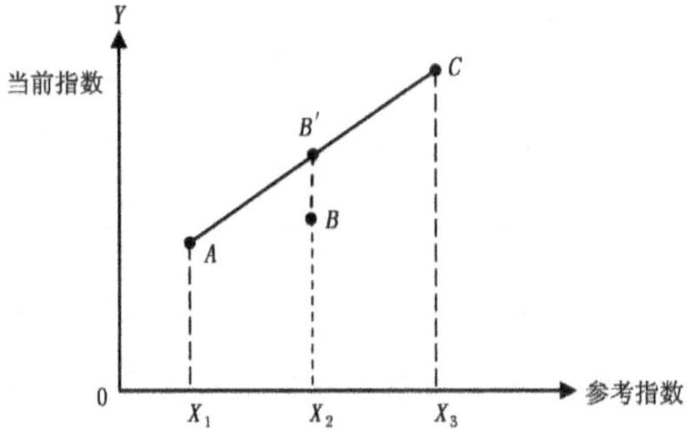

图 5－7　被评对象绩效努力程度的几何解释

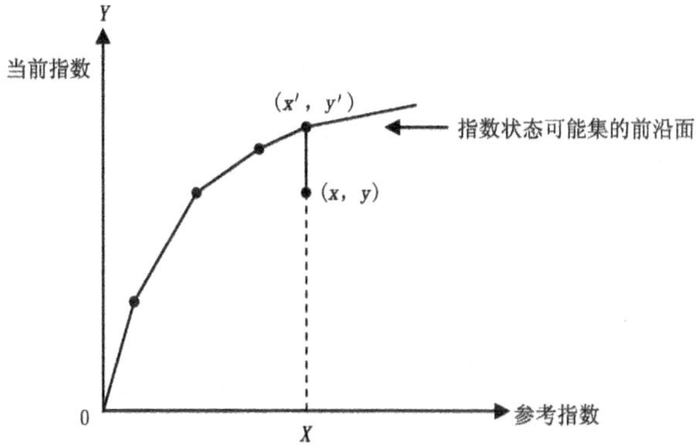

图 5-8 指数状态可能集的前沿面

(六) 层次分析法

层次分析法是由美国匹兹堡大学教授萨泰（Saaty）在 20 世纪 70 年代中期提出的。它是将复杂问题分解为多个组成因素，并将这些因素按支配关系进一步分解，按目标层、准则层、指标层排列起来，形成一个多目标、多层次的模型，形成有序的梯阶层次结构。通过两两比较的方式确定层次中诸因素的相对重要性，然后综合评估主体的判断确定诸因素相对重要性的总顺序。层次分析法的基本思想就是将组成复杂问题的多个元素权重的整体判断转变为对这些元素进行“两两比较”，然后再转为对这些元素的整体权重进行排序判断，最后确立各元素的权重。利用层次分析法，不仅可以降低政府绩效评估工作难度，提高绩效指标权重的精确度和科学性，而且通过采取对判断矩阵进行一致性检验等措施，有利于提高权重确定的信度和效度，并可以用计算机来处理数据，具有较强的可操作性。同时通过预先对政府所关注的问题和领域进行分类并进行分项评估，这样就可以在政府绩效管理的实际运作中，及时发现问题的类别和所处的层级，从而迅速、及时、准确地发现问题和解决问题。层次分析方法的具体流程是：

第一步，建立递阶层次结构模型。应用 AHP 分析评估问题时，首先要把问题条理化、层次化，构造出一个有层次的结构模型。这些层次可以分为三类：(1) 最高层：这一层次中只有一个元素，一般它是分析问题的评估目标或者理想结果，因此也称为目标层。(2) 中间层：这一层次中包含了为实现评估目标所涉及的中间环节，它可以由若干层次组成，包括所需考虑的准则、子准则，因此也成为准则层。(3) 最底层：这一层次包括了为实现目标可供选择的各种具体评估指标或措施、决策方案等，因此也成为指标层或者措施层、方案层等。

第二步，构造两两比较判断矩阵，计算单一准则下元素的相对重要性（单层次模型）。构造两两比较判断矩阵的目的就是计算各层中元素相对于上层各目标元素的相对重要性，即建立相对于上层各目标元素的各判断矩阵 A，如果需要比较 N 个因子 B_1，B_2，…，B_n 对某因素 A 的影响大小，通常采取对因子进行两两比较的办法，建立成对比较矩阵，设 a_{ij} 表示因子 B_i 和 B_j 对因素 F 的影响大小之比，再设矩阵 $A=(a_{ij})_{n\times n}$ 阵，称 A 为判断矩阵或成对比较矩阵。判断标准通常采用数字 1～9 及其倒数作为矩阵 A 的标度。依据上述分析，对模型中每一层各因素的相对重要性可以用树枝形式给出相应的判断，并写成矩阵形式。判断矩阵中的指标数值可以根据调研数据、统计资料、教育部门的工作报告以及专家意见综合权衡后得出。

第三步，计算层次单排序和进行一致性检验。层次单排序是根据判断矩阵计算对于上一层某因素而言，本层次与之有联系的因素的重要性次序的权重，它可以归结为计算判断矩阵的特征根和特征权向量问题，即对判断矩阵 A 计算满足 $AW=\lambda_{max}W$ 的特征根和特征权向量，并将特征权向量归一化。一般而言，判断矩阵 A 的关于最大特征值 λ_{max} 的归一化特征权向量 $W_i=(b_{i1}, b_{i2}, \cdots, b_{in})^T$ 反映了各因子对某因素的影响权重，即单排序权值。由于受多种主客观因素的影响，判断矩阵很难出现严格一致性的情况。因此，在得到最大特征值 λ_{max} 后，还需要进行一致性检验。

第四步，计算层次总排序和进行一致性检验。层次总排序需要从上到下逐层进行，对于最高层，它的层次单排序即为总排序。如果上一层所有元素 A_1，A_2，…，A_m 的组合权重已知，其权值分别为 a_1，a_2，…，

a_m，与 A_i 相应的本层元素 B_1，B_2，…，B_n 的单排序结果为 b_{1j}，b_{2j}，…，b_{nj}（$i=1$，2，…，m），若 B_j 与 A_i 无联系时，$b_{ij}=0$。评估层次总排序计算结果的一致性，需计算与层次单排序相类似的检验量，如图 5－9 所示。

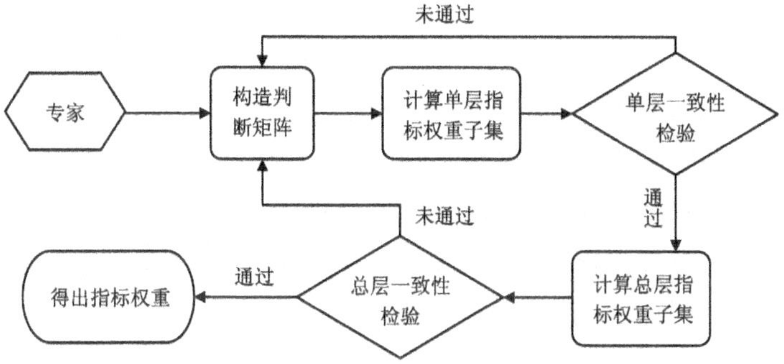

图 5－9 层次分析法实施流程

资料来源：彭国甫、李树丞、盛明科：《应用层次分析法确定政府绩效评估指标权重研究》，《中国软科学》2004 年第 6 期。

层次分析法通过构造判断矩阵，先对单层指标进行权重计算，然后再进行层次间的指标总排序，来确定所有指标因素相对于总指标的相对权重，为确定类似指标体系权重提供了一种很好的解决途径。利用层次分析法，不仅可以降低工作难度，提高指标权重的精确度和科学性，而且通过采取对判断矩阵进行一致性检验等措施，有利于提高权重确定的信度和效度，同时，计算矩阵特征向量时，可以利用和积法、幂法和方根法等多种思路，并可以应用计算机来处理数据，具有较强的可操作性。从层次分析法本身的思想内涵和它的具体内容来看，这一方法同样适用于政府部门。这是由于政府绩效评估指标体系就是复合体系，具有多层次的特点。

四、解析指标体系设计

教育绩效评估本质上是一种价值判断活动，这种价值判断的准则不仅强调教育活动对社会需要的满足，而且强调对个体需要的满足。教育评估既要对教育活动的现实价值作出判断，又要着眼于未来，对可能形成的价值或潜在价值予以重视，且教育评估的最终目的是达到教育价值增值。在教育绩效评估中，如果没有科学的教育绩效评估指标体系设计方法，教育绩效评估是无法实现的。同时，教育绩效评估指标并不是割裂的，而是相互联系的，影响着整个指标体系的实践效果，故要处理好教育绩效评估体系中指标间的关系。

（一）教育绩效评估指标体系的设计方法

教育绩效评估指标体系的设计方法基本包括三种：一是从评估目标分析入手；二是从事物间的相互联系分析入手；三是从评估目标的内涵分析入手。

第一，从评估目标分析入手。这首先要对评估目标进行分解，然后仔细认真地分析和把握评估目标的本质属性，再经过反复的分析与筛选，抓住最能反映评估目标本质属性的内容，把反映评估目标这一本质属性的外在可观察表现确定为指标，从而形成指标体系。相对来说，这是一种最简捷、最有效的方法，指标全面且易于掌握，但工作量偏大。

第二，从事物间的相互联系分析入手。事物与事物之间是有一定联系的，且相互作用，若一事物变化，就可能引起另一事物的变化，然而由于因果关系的复杂性，事物变化效应的产生因素多样，故而我们可以抓住教育活动变化后产生的效应，根据教育活动变化后产生的效应来设计评估指标体系。

第三，从评估目标的内涵分析入手。这就要求抓往事物的全部属性和相关属性，然后根据这些属性的现象性外观表现确定指标体系。相对来说，这是一种最不经济的方法，但却是采用得最多的方法。这些属性的外在表现就是与被评估事物相应的因素，因此这种指标体系设计方法要求设计者必须对评估目标的本质有一个全面而深刻的理解，否则指标体系的设计就会遇到困难。

（二）处理好教育绩效评估体系中指标间的关系

指标体系设计中应注意处理好指标体系的全面性与重点性、指标的独立性与相关性、指标的可测性与概括性以及定性指标与定量指标等几对关系。

第一，指标体系的全面性与重点性。这是要求我们在设计评估指标体系时，应根据评估对象的特点及具体的评估目的，把最能反映评估对象属性以及最能满足评估目的要求的因素确定为指标。同时，在制定指标体系时，一定要处理好指标体系全面性与重点性的关系，指标体系不一定越全面越好，而应该抓重点与核心内容，对于一些非本质、非核心的评估因素则可以忽略或舍弃。

第二，指标的独立性与相关性。为了避免评估指标的冗余，以及评估过程中的重复评估，指标体系中的同级指标之间最好是独立的。也就是说，同级指标之间只能是并列关系，而不能存在交叉、因果或是矛盾等关系。这是由于评估指标体系的独立性可减少评估工作量，增强评估工作的可行性，增加评估结果的可信度。然而，强调指标的独立性的同时，也不能过于绝对化。也就是说，为了强调某些重要方面，适当地设计一些相关指标也是必要的，可用多条相关指标去评估对象的同一属性，以提高评估的信度。

第三，指标的可测性与概括性。这是要求指标体系的设计不能过分追求指标的可测性，也不能过多地追求指标的概括性，这都是片面的做法。我们应该根据具体教育绩效评估的要求，妥善处理可测性与概括性二者的关系。

第四，定性指标与定量指标。这是要求我们在指标体系设计过程中，不仅要彻底更新观念，进一步明确定性指标和定量指标二者相结合的必要性，还要注意定性指标与定量指标的结合，以及在评估目标上的具体落实的问题。当然，定性指标与定量指标二者的结合也不是绝对的，而要根据不同的教育绩效评估目的，对选取的指标在定性或是定量上有所侧重。

第二节　剖析教育内容演变 落实课程评估指标

教育绩效评估就是在系统地、科学地和全面地搜集、整理、处理和分析教育信息基础上，重塑教育的功能和价值，目的在于促进教育改革，提高教育质量。教育绩效评估是为了审定、考核学生，还是为了推动、促进教育工作？是为了选拔、淘汰学生，还是激励学生自身发展？这很明显是两种不同的教育观，而不同教育观最明显的体现就是学生所学的课程内容。

一、教育课程内容演变路径

教育功能是随着社会的发展而发展的。从人类教育的源头角度看，原始的教育最高原则和目的是生存，故而原始社会以取火、生火、用火等重要生存技能为教育重要内容，这样原始人不仅学会了如何生火用火，也学会了如何制造生产工具（原始人使用天然木和石、北京猿人使用火和石器），因此原始社会教育的最大功能则是推动了狩猎业的发展。此外，原始人的生存方式必须依赖社会集体，一旦离开集体，个体无法生存。同时，先进生产方式导致的教育不是指单纯的知识传授，而是让生产技艺和社会规范的传授服从于对集体意识教育。在原始社会，受社会经济发展水平落后影响，教育与生产劳动紧密结合，没有专门的教育的场所，也没有专门从事教育的人；教育靠言传身教，同生产劳动过程合一，使得“教育即生活，生活即教育”。可以说，原始社会的教育与狩猎业的发展相互促进，彼此共同发展，实现了教育的目的和手段的同一性。

农业社会以农业为主体产业，单一的农业生产结构，手工生产方式，家庭个体经营方式，技术设备较为简单粗糙，封建思想束缚使得教育没有取得较快发展。加上依靠劳动力密集方式推动种植业发展，使得不同地域间生产力水平差异很大，并未形成对教育的强烈渴求。一般而言，在家庭中，长辈教授晚辈农业手工业的操作技能，通过言传身教手把手代代相传，而且随着农业社会的发展，教育慢慢以家传制和学徒制进行了教育流传。因此，从农业社会开始，教育从生产劳动中分离，学校作为教育场所出现，教师也随之出现。农业社会经济发展的缓慢使社会产生“向后看”文化，认为古代圣贤在世时为社会历史的黄金时代，要使未来比今天更好，就必须使得所有变革都回归古代，以便与农业社会经济发展特征相适应，因此，农业社会中，学校教育的内容与生产、生活毫不相关，多为人文知识如古代圣贤的语录和品行；教育只对历史和古代圣贤负责；农业社会的学校主要目的是培养封建官吏，劳动人民的教育主要源自前人生产经验和技能传承，不在学校教育范畴，在民间多以父传子和师徒传承等的一对一方式进行。总的来说，在农业经济形态下，教育对经济的促进不明显，而且农业、手工业生产所需高深知识较少，对知识的需求较原始和基础，对高深知识的需求多出于偶然而非自觉。因此，大学不在经济社会之中，反而成为研究治世之法和天理人伦的特权机构，是少数人涉猎宗教和精神享受的场所，社会职能多限于政治和宗教，而非培养经济技术人才。

工业社会是以工业为主体产业的社会，随着科学技术的迅速发展，对劳动者素质的要求发生了变化，也使教育有了不同的特点，办学模式获得更新。工业经济的机器大生产证明了科学技术的重要性，大学充当知识和技术传播的场所。但是，在工业革命早期，知识仅仅充当着间接或潜在的生产力，作用并不直接；直到 1970 年之后知识经济出现，知识成为生产最重要的要素。特别是，高等教育由边缘走向社会中心，而且工业社会后，高等教育的生产职能的特征愈发明显，资本主义工商业对高等教育提出了新要求，使得大学走向现实社会，为经济发展提供服务，经济和社会的功能日益增强。为此，教育部门要相应地改革课程内容。“还需要根据第三次工业革命技术设计相应的课程。教育部门开始把智能电网课程引入中小学、职业学校和大学课堂。在接下来的 5 ~ 10 年里，美国从事公共事业的工人有一半将会退休。美国联邦政府已经拨款 1 亿美元，作为促进中学和大学引入智能电网课程的奖励基金。”①

当前，知识社会以知识为基础，科学技术是生产力的首要决定因素，也是社会变革的最终决定要素，引领着国民经济和社会发展，是财富创造和经济增长的决定性要素。在知识社会中，出现了经济知识化和知识经济化的特点，经济发展依靠知识，知识推进经济发展；同时，知识是知识社会的最重要资源，远远超过人类对自然资源和资本的依赖，知识日益商品化、社会化，可用来生产、交换、分配和消费。因此，教育课程要起到发掘人的潜能，提高人的技能，塑造健全人格魅力，促进社会有机融合，鞭策产业不断升级的作用。

二、构建教学课程评估指标

1981 年，美国教育评估标准联合委员会对教育绩效评估进行了一个综合性的界定：“教育评估是对教育目标和它的优缺点与价值判断的系统调查，为教育决策提供依据的过程。”② “教育绩效评估作为教学的一个重要环节，教育工作者可以通过评估的结果进一步完善评估的对象，指导、改进教育工作。”③ 就传统教育而言，教育课程评估重于鉴定、筛选的功能，其目的是为了选拔适合教育的学生，它是为社会分层服务的。然而，知识经济时代到来，现代的教育课程评估强调反馈、矫正及调控

① 杰里米·里夫金：《第三次工业革命》，中信出版社 2013 年版，第 245 页。

② 辛涛、李雪燕：《教育评价理论与实践的新进展》，《清华大学教育研究》2005 年第 6 期，第 8 ~ 10 页。

③ 任儆、张秀梅：《对网络远程教育评价体系的探讨》，《中国电化教育》2002 年第 8 期，第 67 ~ 68 页。

功能，其目的是为了创造适合学生的教育，即教育课程评估是为了诊断评估对象的现状，以便发现问题，使教学不断改进、不断完善、不断适合教育对象的需要，为激励学生、促进学生个性全面发展和提高教学质量服务。比如说，基于深入理论研究与实践考察后，成都信息工程学院的大学成才素质教育研究课题组提出，学生的成才素质主要由六项内容构成：一是思想道德，包括世界观、人生观、行为观和处事态度；二是专业技能，由决定人在社会中生存、发展和自我实现的相关专业能力构成；三是文化素养，包括价值观、人格、情商和气质；四是社交能力，包括适应社会、参与人际交往的各种能力，如倾听、理解、表达、沟通、评估、协作等等；五是身心发展，指健康体魄、健康心态和健全人格；六是实践与创新，包括独立精神、专业敏感、学习素质、逻辑素质、领导素质、科研素质、实践素质等。

专栏 5－2

当前教育绩效评估中几种关系的理论思考①

教育评估是教育过程的重要环节，是改进教育管理、提高教育质量、促进教育发展的重要手段。要保证评估功能的有效实现，评估者必须树立先进的评估理念和正确的评估目的，采用科学的评估方法，处理好评估实践中所遇到的种种关系，诸如分等、奖惩与发展的关系，自评与他评的关系，个体目标与组织目标的关系，共性化与个性化的关系，过程与结果的关系，显性与隐性的关系等等。

一、分等、奖惩与改进、提高和发展的关系

现实的教育评估，就其评估目的而言，基本上可以归结为两类：一类是以分等、奖惩为目的的评估，另一类是以改进、提高和发展为

---

① 王景英：《当前教育评价中几种关系的理论思考》，2005 年 5 月 18 日，见 http：//www.teachercn.com/Kcgg/Kcpj/2006－1/6/20060119165210582_5.html。

目的的评估。以分等、奖惩为目的的评估，是关注过去做了什么的评估，一般是采取打分或划分等级的方式将被评对象区分开，优者奖，劣者罚。例如，评估实践中经常所见的把评估结果用于教师和教育管理者评职晋级、聘任、淘汰、奖金发放等等，均属此类。以改进、提高和发展为目的的评估是立足现在、关注未来发展的评估，通过评估帮助和促进评估客体发扬成绩、找出差距、改进工作、提高质量、实现发展。例如，评估实践中经常见到的诊断性评估、发展性评估，其目的不是分等级，也不是求奖惩，而是求改进、促提高、谋发展。

两种不同目的的评估其特点是截然相反的。以分等、奖惩为目的的评估特点是：目的的局部性、过程的静态性、归宿的结果性，其视界面向过去；以改进、提高和发展为目的的评估特点是：目的的全面性、过程的动态性、归宿的发展性，其视界是面向未来。分等、奖惩性评估是为某一个具体目的而进行的，其目的只是全局中的一个点，因而是局部的；而改进、提高和发展性评估，其目的不是具体方面，而是通过评估改进和提高工作质量，实现发展，因而其目的具有全局性。分等、奖惩性评估，把事物发展的某一过程静止化、封闭化，使某一过程变成了静止的特定点；而改进、提高和发展性评估，把某一具体过程视为开放的，是整个过程中的一个阶段，是前一个具体过程的终点，又是下一个具体过程的始点，过程是动态的，是变化和发展的一个环节。分等、奖惩性评估的目的是分等、奖惩，因而，找出分等、奖惩的依据，即得到评估的结论或结果也就了事，归宿点或落脚点就是评估的结论或结果；而改进、提高和发展性评估其落脚点是改进、提高，最终是个人的发展、全局的发展、事业的发展。

二、自我评估和他人评估的关系

教育评估的主体是多方面的，可把多方面的评估主体概括为自我和他人。自我评估就是以自我为主体的评估。这里的自我既可以是个体也可以是组织或群体。就自我是组织或群体而言，自我评估是指自我对其行为的指导思想、行为过程、现实状态和结果以及现实状态与应达到目标相一致程度的评估。就自我是个体而言，自我评估是指一个人对自己的知识、能力、道德品质、行为等的评估。他人评估是指他人作为评估主体的评估。他人既可以是个体也可以是组织或群体。分等、奖惩性评估多以他人评估为主，尤其是以组织群体评估为主，而改进、提高和发展性评估，则应以自我评估为主，并使自我评估和他人评估相结合。

自我评估和他人评估具有不同特点：自我评估的主体对于评估的客体来说，具有内在性，而他人评估的主体对于评估客体来说，具有外在性、游离性；自我评估的主体和客体是同一的，而他人评估则是分离的。

三、个体发展目标和组织发展目标的关系

教育评估是教育组织（或单位）有组织有目的的活动。该活动同教育组织和其所属的个体发展息息相关。处理好教育组织的发展目标和个体发展目标的关系，对教育组织的发展和个体的成长、完善，以及提高教学质量，推进整个教育的发展具有重要意义。

任何教育组织都有自己相互衔接的短期、中期和长期的发展目标，组织所属的任何一个个体也是如此。组织的发展目标和个体的发展目标既有相一致的方面，也有相互差别的内容，在评估实践中会产生矛盾情形。之所以有一致的方面，是因为个体是组织中的个体，是组织规定中的个体，组织又是由个体构成的，两者在利益、需要、规范和追求等方面，有诸多共同之处。从发展的视界看，个体的发展目标和组织的发展目标是可以相通的。但是，个体的发展目标和组织的发展目标又不是完全一致的。就是说还存在差别。从目标上说，主要表现

为个体目标比较微观、具体、个性化、情境化。相对而言，组织目标比较宏观、抽象、共性化、非情境化。这是因为个体是具有自身个性特征的独立“存在物”，故有此和彼之分；组织则是以某共性为个性特征的“存在物”，故此而成为一个共同体。由于个体和组织特点不同，存在方式不同，因而也就有着不同的需要。

四、共性化和个性化的关系

教育评估的客体（对象）是个体和群体的统一体。其中主要包括个人和个人构成的群体、教育组织个体和教育组织个体构成的群体、教育事物个体和教育事物个体构成的群体。个人或教育组织个体或教育事物个体是构成相应各类群体的基础、细胞或要素，但相应各类群体又不等于个人或教育组织个体或教育事物个体。在教育实践活动中，作为教育群体有共同的教育目标、教育质量、教育结果等的要求，但作为群体中的个人或个体又具有相对的独立性，突出表现为具有各自的个性化特征，就其实现共同性的要求而言，也离不开个性化的表现。因此，作为对教育实践活动客体的评估，就应该有共性化和个性化评估之分。从而也就产生了在教育评估实践中如何处理好两者关系的问题。

共性化评估是指对某一教育群体或其中的个人或个体，实现或达到统一的共同的教育目标，教学水平，人才规格、标准和素质等要求的状况、程度、结果等的评估。这种评估结果具有可比性，同时有利于推动、引导评估对象实现共同目标，达到共同要求，对于宏观决策的科学化、民主化和规范化也有积极意义。但是，这种共性化的教育评估极易促成培养的人千人一面，缺乏个性，同类学校千校一面，没有特色。个性化的教育评估，就是对评估对象的个人、个体现象的个性化特征或学校的特色做出价值判断。个性化教育评估相对于共性化评估而言，其对象比较窄，内容和标准难于统一，指标体系也随评估对象的不同而变化，方法更要求多样化，操作起来也比较复杂。但这种评估有利于评估对象个性充分而自由地发展，有利于发挥其潜能，提高其积极性，提升其主体意识和主体性，而这一点对于造就有创造精神的人才是绝对不可缺少的。

基于教育的功能，我们设计了教育课程的评估指标，如表5-3所示。一级指标主要包括教学队伍、教学内容、教学方法与手段、教学条件、教学效果、政策支持；二级指标包括课程负责人与主讲老师、教学队伍结构与整体素质、教学改革、课程内容、教学内容组织与安排、实践教学内容、教学设计、教学方法、教学手段、教材及其相关资料、实践教学条件、网络教学环境、同行及校内督导组评估、学生评教、录像资料评估、学校对课程建设的政策措施得力、未来建设计划可行性等；三级指标又进一步细化了二级指标，分别从学生、社会、产业等全方位的评估课程。

表5-3　　　　教学课程评估指标体系

一级指标	二级指标	三级指标
教学队伍	课程负责人与主讲老师	教师风范、学术水平、教学水平
	教学队伍结构与整体素质	专业结构、年龄结构、学历结构、青年教师培养
	教学改革	教学活动、教学成果
教学内容	课程内容	课程目标、理论课程计划、实验课程内容计划、课程实施办法
	教学内容组织与安排	教学内容新颖性（与社会发展、技术进步、产业需求的接合程度）、全面性、合理性
	实践教学内容	组织与安排的合理性
教学方法与手段	教学设计	教学理念、教学组织
	教学方法	多种教学方法的使用、使用效果
	教学手段	信息技术的应用

续表

一级指标	二级指标	三级指标
教学条件	教材及相关资料	教材及相关资料建设
	实践教学条件	实践教学环境的先进性、实践教学环境的开放性
	网络教学环境	网络教学资源、硬件环境
教学效果	同行及校内督导组评估	校外专家评估与声誉、校内督导组评估与声誉
	学生评教	学生评价意见
	录像资料评估	课堂实录次数、质量、学生认可度、社会的认可度
政策支持	学校对课程建设的政策措施得力	经费支出比、人员配置比
	未来建设计划可行性	经费支出、学生培养潜力、产业需求、社会可接受度

第三节　科学定位教师作用构建全面指标体系

教学中的师与生、教与学是对立统一、相互依存的。教启动学，学促进教。整个教学过程应以学生的学习为主，即要在教师指导下以学生的交流提升为中心。教师是教书育人的天使，以自己的思想、品德、知识、能力，运用多种手段，对学生进行系统的培育，促进学生的全面发展，培养学生成才。如何评估一个教师合格与否也就成为一个重要的课题。

一、教师之所谓教师

教师行业是一个动态的过程，又是一个延续不断的过程，既有连续性又有阶段性。为此，教师终生都需要不断总结反思自己的教学实践经验，不断加强自身文化素养和教育素养，学会与学生进行沟通和交流，履行好一个教师的职能。教师是人类灵魂的塑造者，而教师自身也有一个曲折波动的漫长而艰辛的成长过程，有高峰，也会有低谷。任何人的“一步登天、一日成才”的想法绝对是妄想，教师也一样，需要历练的过程，而这首先要明白教师应该起到什么作用。

教师与学生之间是一种教育关系。师生关系的存在是以教育为前提的。如果没有教育，教师就没有存在的必要。教师正是在与学生具有教育意义的交往关系中显示出其自身存在的价值。因此，教育是教师的安身立命之本，而教师是教育实践活动的主体。可以说，教育活动是一种社会实践活动，其主体是教师，是具体实践者，是变革者，而学生是具体的变革对象，是实践的对象，是被变革者。教育内容是实践的客体，是把主体与对象联系起来的中介，是教育变革学生身心的手段。因此，教师是教育目的实施者，是教育活动的设计者与组织者，是推动整个教育过程发展和教育目的实现的原动力。

在美国学者哈蒙德看来，理想的教师应该具备教学知识、学科内容知识、有效教学的技能和态度、深入理解人类成长与儿童发展、有效沟通技巧、高度伦理道德、更新和持续学习能力等素质和能力。美国全国师资发展委员会（NSOC）在其2001年修订后的教师专业发展标准中提出，教师专业发展情境包括：组建学习共同体、强有力的领导以及充分的资源。该标准认为在教师专业发展的过程中要求数据驱动、注重效果评估、以研究为基础、运用多种教学策略、应用人类学习知识并着重培养教师的合作能力①。谢安邦教授研究提出，教师素质是一个有机结合的整体，主要包括三个维度：真、善、美。其中，真乃认知结构，包括知识和理念；善则是专业精神，包括道德和个性；美为能力与技能，包括实践能力和临床技能②。

---

① 郑百伟等：《教师继续教育模式研究与探索》，中国人民大学出版社2009年版，第88~89页。

② 谢安邦、朱宇波：《教师素质的范畴和结构探析》，《教师教育研究》2007年第2期，第1~5页。

教师在学生生涯之中，无论是挖掘人的潜能、提高人的技能、塑造人格魅力，还是促进社会融合、产业升级，最重要的就是要起到引导作用。一是教师在教学中起到的应该是引导作用，而不是把知识点全部托出来。在教育活动中，学生是认识和发展的主体，教师言行举止对其具有极大的影响。学生是未知者，也是发展者，如果没有教师的指导就不能达到最快和最佳的发展。但是，教师又不能代替学生掌握知识、认识世界，更不能代替学生发展，只能成为学生认识和发展的向导和顾问，指导学生顺利地掌握知识和合乎规律地去发展自己。特别是，教师不能填鸭式教学，即不能把知识点全盘托出，而要引导学生去思考，培养学生兴趣，要用自己的思想来激发学生的思想。二是当学生思想与社会的某些现象有冲突时，教师更要发挥引导作用。为此，教师要走进学生心中，和他们成为朋友，还要在学识和教学上让学生佩服。

当然，教师要发挥引导作用，就要不断地提升自身素质。这是由于教师水平不仅决定了自己的教学生命，更决定着学生的发展。教师自身水平越高，对学生的影响就越全面、越深入。若教师的自身水平过低，只局限于自身的课程，而对其他一无所知，那就只能算是一部简单运转的机器而已，学生又能学到什么呢？只是一些程序性的东西。因此，只有教师自己充满了一桶水，才能装满学生的一碗水。

专栏 5-3

教师的作用——读《叶圣陶教育论著》有感[①]

教师是人类灵魂的工程师。目前，培养学生的全面素质已成为当代教育改革的主旋律，在当前的社会历史条件下继承和发扬陶行知教

① 李夕娟：《教师的作用》，2010 年 3 月 30 日，见 http://www.qdedu.net/newsInfo.aspx? pkId=20551。

育思想尤为重要。下面就研读陶老的教育论著，浅谈一些自己的学习体会。

一、教师的作用在于启发和引导

叶圣陶认为，“各种学科的教学都一样，无非是教师帮着学生学习的一串过程。教师的作用，就是要引导、启发。教师要知道自己应该怎样教才能使学生学得更好，才能使学生得到真实的东西，一辈子受用不尽。”古人云：授人以鱼不如授人以渔。作为老师主要不在于传授知识，而在于引导学生自己去求得知识，也就是引导学生自己去发现问题，自己去解决。

新课改以来就充分体现了自主的教学模式，在课上，教师真正把学生当做学习的主体，把教学视为教师与学生之间的交流与对话，教师注重了对学生的引导和开展课堂讨论。课堂组织形式本身也是灵活多样，不拘一格的。教师和学生围坐在一起共同参与讨论是很常见的，师生之间的交流与对话也是无拘无束的。教师为学生营造一个自主的心理氛围，而不是把自己当成一个居高临下的权威者。因此，课堂气氛往往轻松活跃，学生的参与意识很强。叶圣陶还将教师的这种作用比做教孩子走路：“老师讲，目的是要达到不用讲，好比帮孩子学走路，先牵着他走，扶着他走；进一步让他自己走，在旁边护着他；最后完全可以放心了，就让他自己走，护也不用护了。上课也一样，不能光灌输，要多启发，多引导。”

二、教师要注重教给学生实践感悟

叶圣陶先生曾说过：“教材无非是例子。”那么，利用好例子教给学生学习方法之后，接下来的应该是大量的实践，只有在实践中，学生的能力才能不断巩固、提高。总之，教师要做一个牧羊人，把可爱的孩子们引领到最肥沃的草地上去尽情享受！教师让学生通过“说”

和“读”把感情表达出来，课堂在这激烈的情感碰撞中进入高潮。叶圣陶主张在学生自学基础上，课上提出问题开展讨论，教师相机诱导。“教师之为教，不在全盘授予，而在相机诱导。必令学生运其才智，勤其练习，领悟之源广开，纯熟之功弥深，乃为善教者也。”

新课改以来，我们也有很多教师在放手教学的同时，只是注重了学生的自主学习，有人认为教学活动越新颖、越生动活泼就越好，乃至出现了“为活动而活动”、形似而神非的现象：看起来课堂“气氛很好”，学生很活跃，几乎整节课都是学生在自主学习，却看不到教师发挥了什么作用，课后学生则说不清自己学了什么，成绩不理想。严重影响了学生学习的积极性。而对于学生的讨论、发言，没有给予及时的引导，而使学生陷入自主学习的误区。还有教师在教学过程中教给了学生方法，却忽视了课后实践，致使学生满腹空论，纸上谈兵。叶圣陶说应该“让学生劳心劳力，提出些问题来，指出一些工作来，教他们自己去搏斗，搏斗而遇到了困惑的时候，然后请教教师、教本或讲义”。教师在课堂上，“他们忽略了什么的时候，给他们提醒一下，他们弄错了什么的时候，给他们纠正一下，他们遗漏了什么的时候，给他们补充一下，不过如此而已。”

三、教师给学生创造自我展示的舞台

“教学不仅仅是一种告诉，更多的是学生的一种体验、探究和感悟。”给孩子多大的舞台，他就能跳出多美的舞蹈。教师要激发学生的学习兴趣，通过创设符合教学内容要求的情境，提示新旧知识之间联系的线索，帮助学生建构当前所学知识的意义。而课堂就是激情燃烧的动感地带，是他们求知、创造、展示自我、体验成功的平台，是学生健康成长的地方。学生的潜力是无限的，孩子的创造力有时简直是我们难以想象的，关键在于教师是否给了学生足够大的平台。

四、教师要终身学习，敢于创新

陶行知指出："现在教育界的通病，就是各人拿从前所学的抄袭过来，传给学生"，这类教师是教育界的败类，"真不知害了多少青少年"。"时代在进步，社会在进步，偶一停留，就要落伍。""做先生的，应该一面教一面学，并不是贩买些知识来就可以终身卖不尽的。"可见，陶行知对更新旧知识看得是何等的重要。道不可坐论，德不可空谈。"学高为师，身正为范"，这是陶行知先生对教师提出的要求。一个教师要有高度的责任心和对学生无止境的爱心，陶老先生"捧着一颗心来，不带半根草去"，全心全意投入人民教育事业的爱心让我们崇敬。教师的身教是学生最亲切的直观，这对小学生尤为重要，因为他们借助于直观，会更容易、更巩固地学习一切。桃李无言，下自成蹊。

教师还必须具有创新教育思想、创新性思维能力和创造性人格，善于根据具体的教学情景，运用各种教育方法，发现、培养创造性人才，在教学中注重民主、和谐、宽容理解的教学气氛，以创造性人格去影响学生，让受教育者"疑难能自决，是非能自辨，斗争能自奋，高精能自探，成为一个能'自得'的人"，那么就是好的先生了。"政治家掌握国家的今天，教育家塑造国家的明天和后天。"中国的未来，掌握在教育者手中，教师责任重大啊！

二、如何发挥教师的作用

教师要发挥引导作用，就要运用创造性的教学思维，把教材内容激活起来，还原为活生生的现实，让学生在富有情趣的现实中领会、接收教学过程中所提供的信息。具体而言，教师既是知识的源泉，又是教学方法的选择者，有权力来决定学生该学什么，怎样学；教师是学习活动的组织者，由教师设计学习活动并加以引导，鼓励学生参加活动，教师并对学生的表现作出权威性的评估；教师还要起管理者、鼓励者、参与者、监督者和解惑者的作用。关于如何发挥教师引导作用，主要从以下三个方面进行讨论。

1. 激发学生的学习动机。克拉克（Clark）等提出激发学生学习动机的建议：利用学生已有的动机使潜在的学习成为有价值的目标；保持教学进度；培养学生乐于接受事物的心境；培养学生有助于学习的观念和态度，尽量运用强化理论为学生提供可模仿的好榜样。对此，我们认为，激发学生学习动机主要有两个方面：一是利用学生本身固有的好奇心、学生对成功的愿望，甚至贪玩、好运等动机。二是教师所教的东西对学生要有价值，提高与激发学生的学习动机。

2. 分析学生的学习欲望并且引导学生参与。欲望是人最大的行动动机与爆发力。因此，在理论与实践教学过程中，教师可以通过问卷、师生商谈等分析学习者的需要，以明确学生学习的目标和目的。在传统教学中，教师多以知识性灌输为主，忽略了学生学习的主动性和自觉性，导致学生参与课堂语言实践的机会很少，压制了学生学习的兴趣。为此，教师应该为学生设计听、说、读、写、译等多种形式的实践活动，营造生动活泼的课堂气氛，使学生自己感觉到自身的进步，增强自信心，进而希望在更多的实践活动中展示自己的进步和能力。这就使学生形成了高度的学习主动性和自觉性。

3. 坚持以“学生为本”。这就是说教师要充分尊重学生的天性，充分调动学生的积极性，有效地组织以学生为中心的课堂活动，鼓励他们参与，并及时发现他们的困难，为他们排忧解难，成为他们学习与生活上的引路人。但是，教学必须坚持以学生为中心的原则并不意味着抹杀教师的作用，相反教师的作用更重要。特别是，在人格技能方面，教师要随时随地与学生沟通，了解他们的学习、思想和生活情况，使教育教学从实际出发，有的放矢地解决问题。另外，创新是一个民族进步的灵魂，是教育的着眼点，因此教师还要因材施教，有意识地培养学生的创新意识、创新精神和创造能力，让每个孩子能发挥自己的特长和作用。

三、教师评估指标的构建

评估是为了整改，促进发展。教师评估是指教师评估主体采用一定的手段和方法，收集和整理关于教师评估对象的某种属性的信息，用一定的客观标准对被评估对象的功能或属性进行事实判断和价值判断，并把事实判断和价值判断的结果反馈至后续的教师教育实践活动，从而优化后续的教育活动方案，获得最大的教育功效的过程①。教师评估内容的设计应旨在促进教师素质的全面发展，应以教师发展为基点，包括教师教育技能、专业素养、教育科研能力、敬业精神、情感态度以及教学特殊能力等方面，客观反映教师在工作和发展中的需求，发掘其潜能②。

有学者提出要重视对教师实践性知识和技能的评估③。而所谓的实践性知识主要包括五个方面的内容：问题解决或高层次思维的技能，如批判性思维的品质、反思的意识和能力以及评估的能力等；促进、管理和评估学生学习的技能；课程（知识何以这样组织）；学习程序和学习风格的知识；对实际的经验进行反思的技能④。也有学者认为评估内容应该多维化，不仅要评估其教学方面，还应评估其公民基本素质、职业道德、心理品质、团队精神、人际关系等方面⑤。有学者就提出，教师评估的内容应包括基本素质评估和工作过程评估，其中基本素质方面具体表现为“思想品德素质”、“文化业务素质”、“能力素质”、“身心素质”；而工作过程方面的评估则具体表现为教师“备课”、“上课”、“辅

---

① 王斌华：《教师评价：绩效管理与专业发展》，上海教育出版社2005年版，第30页。

② 夏心军：《中小学教师评价的目标、标准、内容和方式》，《人民教育》2004年第12期，第19～20页。

③ 田爱丽、张晓峰：《对现行中小学教师评价制度的调查与分析》，《教育理论与实践》2004年第3期，第26～30页。

④ Douwe Beijaard and Nico Verloop, "*Asscessing Teachers Practical Knowledge, Studies in Educational Evaluation*", Vol. 22, No. 3, 1986, pp. 275－286, p. 280.

⑤ 滕万峰：《对构建教师评价机制的思考》，《教育探索》2005年第3期，第123～124页。

导和作业”、“课外活动”、“学业成绩考评”、“教研和科研”、“出勤”、“工作量”的情况[①]。也有学者认为评估内容应该包括教师对教科书、日常生活、人生道路等方面的指导能力，教师对教育工作的态度和热爱程度，以及作为教师的责任感等[②]。还有学者综合了国外的相关研究，提出教师评估的五个领域的内容：教学设计与准备、教学实施与评估、专业态度、团队沟通与配合、专业发展与研究[③]。

基于以上分析，我们认为教师评估就是在基于教师引导作用的基础上，对其教学成果进行一定的评估，这既是对教师成果的肯定，也是促进教师提高教学水平、不断发展的手段。教育指标体系是评估准则的具体化形式，是教师评估实施的主要依据，指标体系的构建应当遵循本身的规律。基于前人的成果，我们尝试开发教师评估指标体系，具有一定的案例意义，如表5－4所示。

表5－4　　教师评估指标体系

一级指标	二级指标	三级指标
基本性考核指标	教学态度	为人师表、严谨的治学态度、着装得体，遵守纪律；精心备课，及时辅导，批改作业认真，要求学生严格
	教学目标	教学目标符合新课程标准的要求、明确具体的教学目标
	教学内容	把握准确、内容翔实、突出重难点；合理的容量、速度适中，学生易于接受；吸收新的学科发展的内容，信息充实；有系统性，重视与有关课程内容联系；科学性、思想性的统一
	教学方法	表达简洁、精练，板书清楚；着眼于启发学生思维；精讲精练，讲练结合；合理的教学手段；面向全体，维持教学秩序，注意反馈；灵活多样的教学方法，课堂气氛活跃；过程紧凑，合理分配时间
	教学效果	按时完成教学任务，达到教学目标；作业正确率高；学生考核成绩较好

① 王景英：《教育评价理论与实践》，东北师范大学出版社2002年版，第285～290页。

② 范二平、安俊秀：《教师评价的研究与探讨》，《教育理论与实践》2005年第6期，第8～9页。

③ 程效宪、沈晓强、贾卫兰、钱建华、吴勤金：《中学发展性教师评价的行动研究》，《现代教育科学》2006年第3期，第13～15页。

续表

一级指标	二级指标	三级指标
基本性考核指标	绩效及年度考核	教学及出勤纪律考核
		教学常规检查及工作量考核
		期末学生成绩考核、班风、学风、指导学生竞赛获奖量
		科研成果考核（课题量、论文量、专著量、科技创新量、国内外获奖量）
		年度考核
发展性考核指标	品德	帮助学习上有困难的学生
		积极参加社会慈善活动
		有合作精神
		敬业奉献
	专业发展	能为学校提出有创意、可行的意见或建议
		创造性地完成学校教学计划
		二次开发国家教材
		在学科教学上独树一帜
		参加教学技能培训
	教学成果	积极参与教学竞赛
	科研成果	能够独自承担课题，如期完成课题计划
		结题的课题在市级以上获得表彰
		发表的论著等

实质上，教师合格与否，最重要的是反映在课堂教学质量上，而教育对学生的作用，最本质的也是体现在课堂教学质量上，以发掘学生潜能，提高技能为根本。因此，借鉴布卢姆等人的教育目标分类学理论，我们将学生的潜能与技能培养划分为认知技能、情感技能、动作技能、创新技能四个维度，并制定了相对应的课堂教学质量评估指标体系，如表 5－5 所示。

表 5－5　　课堂教学质量评估指标体系

一级指标	二级指标	三级指标
认知技能维度	知识	能识记本课程的一些新概念和新术语
		拓展本门课关于时间、地点、人物、事件等具体事实的信息
		明了本门课的知识分类
		判断相关现象是否属于本门课中某些概念范围
		了解本课程知识排列顺序和事物发展的趋势
		知道本门课的准则、原理、结构和概括的知识
		懂得本门课的研究方法
	领会	能将本课程抽象的语言转化为普通语言或者符号、图表等其他形式
		能用自己的语言将所学的知识或给定的材料解释出来
		超越原有材料进行合理推断
	运用	能模仿所学的知识解决类似的问题
		将所学的知识技能运用于新情况
	分析	将综合性复杂知识有效分解成要素
		懂得各要素分解的逻辑关系
		明确各要素存在与运行的原理
	综合	将零散的要素组织起来
		按照逻辑将知识重新梳理进行系统化
		对一些知识现象进行概括
	评价	判断该课程知识对自身的现在和未来发展的价值
		判断本门课程对社会发展的贡献
情感技能维度	接受或注意	能够排除干扰，集中注意力听课
		对本课程执教的教师有认同感
		能感受到课堂教学带来的兴奋和愉悦
	反应	默认或服从老师的课堂教学
		自愿对课堂教学做出一些需求上的反应
		对课堂教学内容有强烈的冲动和渴望
	价值评估	能够接受课堂教学传递的某种或某些价值观念
		认同课堂教学传递的某种或某些价值观念
		信奉课堂教学传递的某种或某些价值观念

续表

一级指标	二级指标	三级指标
情感技能维度	组织	能将信奉的价值观念概括化、系统化
		能将概括化与系统化的价值观念纳入自己已有的观念体系
		能将新老观念协调统一，形成彼此有序的组织
	价值与价值体系的性格化	将课堂所学的价值观念内化为自己的人生观、世界观
		形成新的信念，并在各种场合展现出这种以前没有过的看法和理念
动作技能维度	反射动作	条件反射（无需教学）
		随意的、有目的的动作（生命早期发展的动作，无需教学）
	基础动作	通过教学，掌握本课程学习中要求的一些简单动作形式
		能够掌握这些简单动作进行水平和层次上的判断与评估
		能够掌握这些简单动作的规范要求
	知觉能力	通过课程学习，使听觉、视觉、触觉等均得到有效训练
		通过练习，达到了视觉与动作的协调统一
	体能	增加了动作的敏捷性
		意志更坚强，克服困难的程度更高；在课程学习中获得幸福体验，心理更健康
	技巧动作	学会简单分解动作，并能够循序展现出来
		懂得本课程学习中器具和工具的操作要领和操作方法
		学会并掌握课程学习中的一些复杂动作，达到熟练与流畅程度
	有意沟通	通过本课程学习，使姿势、仪态、手势、面部表情等动作更加熟练、更为自然
		能优美而动态连贯地展示动作及其造型
		能创造性地展现动作及其造型，赋予这些动作及其造型更高的文化内涵和艺术魅力

续表

一级指标	二级指标	三级指标
创新技能维度	创新学习能力	发现问题能力
		信息检索能力
		知识更新能力
		标新立异能力
	创新知识基础	基础知识水平
		专业知识水平
		交叉知识水平
		创新知识水平
	创新思维能力	直觉思维能力
		逻辑思维能力
		创新想象能力
		批判思维能力
	创新技能	创新活动成果
		课题独特水平
		课题设计质量
		毕业材料质量

第四节　阐述学校评估意义架构绩效指标体系

随着经济社会发展，学校要不断改革才能跟上时代的步伐，培养出社会栋梁之才。可以说，学校改革是一个系统工程，是一个对评估对象的激励过程，也是一个综合观察和咨询等方法的复合分析过程，其方向是确定人才培养的目标，其关键是评估考核的导向调整与功能判断，进而会对评估对象的取舍产生决定性的作用，以此来引起评估对象变化的作用和能力。

一、剖析学校绩效评估

学校评估要遵循发展性原则，即要为学生的发展服务，引领精神价值，驱动文化价值，辐射社会价值，促进产业升级。学校评估指标体系既要全面科学，又要激发校长、教师积极性，共同促进学校不断前进。

1. 学校绩效评估是一项实实在在的活动。评估是一种以实践活动作为自身标准性的存在，是以现实的方式展开自身的存在。学校评估不只是一个概念、虚化的事物，而且是一项有灵魂的实践活动。学校评估是一种文化性实践活动，其评估主体（包括评估组织者、评估实施者、院校）在现有的既定条件下，结合自身的实际能力与被评估者的个体差异，通过一套科学、合理、人性化的指标评估体系最大限度地激发学校的教学潜力和活力，以帮助和改善教育成果，使之更好地适应与满足社会及自身生存发展需要。

2. 驱动文化价值。学校是精神文明的圣地，学校评估也应有自己的精神与文化。学校评估不同于其他社会实践活动，其评估核心在于“教育自由”。正是源于对“教育自由”的不懈追求，为了促进人的自由发展以及学校自身的主动发展，学校评估必须遵循教育的内在规律，建立基本的规范秩序，充分落实和保障教育过程中对于文化的追求和发展。这是由于教育自由只有通过学校教育秩序或在学校教育秩序中才能体现，也只有当学校教育秩序得到健康稳定发展的同时，教育自由才可能逐步展现。

3. 发挥辐射作用。理想的社会应是适合不同个体自由发展的社会，而教育是促进社会不同阶层的人进行流动的主要渠道，其能够促进社会的有机融合，优化产业升级，故而应创造一个适合受教育者自身发展的教育模式。因此，学校评估的实践宗旨就是要通过评估最大限度地激发学校自身的潜能，使学校自主创新、自由发展的能力在现有条件下尽量充分地施展出来，促使学校能够时刻保持实践中的创造能力和创新能力，从而充分发挥其培养人才的本体职能，以满足教育主体的内在需要。

学校评估关系到个人、社会、产业、文化等各个方面的全面发展，不仅仅是对其现实状况进行简单判断，也不是为未来的教育决策提供信息，而是必须以有利于其未来长远发展为首要因素，以能否实现学校的价值增值为最高评估标准，充分挖掘未来发展的潜力，开拓未来发展的空间，切实保护未来发展的多种可能性，以达到实践主体与被评客体同步、综合、全面持续发展。

二、构建学校绩效评估指标体系

学校评估过程，是运用一系列指标对学校发展的前途和优缺点做出判断，对学校的各方面实现增值的可能性及其条件进行研究，以期认识学校发展过程与状态、诊断分析学校发展问题和进行学校发展决策，实现学校自身不断增值以更好地满足社会和个体需要，掌握学校发展未来的过程。因此，学校评估是以学校发展为前提，以学校直接或间接相关的事物和人为对象，主要目的不在于判断本身现状，而是要通过评估方式科学地利用其判断结果，优化学校资源，使其功能充分发挥。

这里有三点需要注意：一是定位。评估只是一种对事物的认识、分析和判断的手段，评估本身不是控制活动，因此学校评估是对学校发展做出判断的过程。二是服务意识。学校评估是为学校教学和发展服务的管理手段，要从保护学校原则出发，并形成尊重学校发展规律的评估意识。三是意义增值。这是学校评估的本质。学校评估的根本目的在于改善学校，促进学校发展，故而评估本身不是目的，只是促进学校提升的方式。

基于以上分析，我们构建了学校评估指标体系，如表 5－6 所示。其中，一级指标分为基本性考核指标与发展性考核指标。基本性考核指标主要包括办学条件、教师队伍；发展性考核指标包括教师教育方案与规划、教学管理、学生生源及毕业、课程计划、学校成果、学校整体反响等。在以上基础上，我们又分别细化了相应的指标，以期达到全面、科学而且合理。

表 5－6　　　　学校评估指标体系

一级指标	二级指标	三级指标
基本性考核指标	办学条件	有数量充足的、适用于教师教育的教学场所、教学仪器、设备与用具（占地面积、建筑面积、教室种类、教室数量、多媒体设备、实验仪器、远程设施、文本资料、电子资料、考研活动）
		有稳定的、能满足教育实习要求的实习场所或实习基地
		有充足的教育类书刊
		有合理的教育事业费预算（办学经费、培训经费、人员经费、行政经费等）
	教师队伍	有适当的教师规模（有任职资格的教师比、教职工比例、专兼比例、教师数量、教师资质）
		有合理的教师学科、专业、学历结构（学历状况、职称比例、业务水平）
		有教师建设规划、管理机制（建设规划、管理机制、培训提高）
发展性考核指标	教师教育方案与规划	存在明确、恰当的、可实践的教师教育理念
		有明确的、合理的、可操作的、可达到的教师教育目标
		有明确的教师教育课程方案
		有学校自身的定位及其自身文化
		有对候选人的学科背景的规定
		有对候选者的专业学习年限的要求
		有对候选者的预备从事教学的专业学习成绩的要求
		有对候选者的学习能力明确的考核办法
	教学管理	依法执行政策，制定决策
		有专门的教学管理机构与人员
		有规范的教学管理制度
		有合理的教学质量保障体系（教学计划、师资配备、候选人考核）
		行政管理适当（机构一系列的责任和权力、科学合理的政策制度、对各专业学科的教育方案进行的系统组织与协调、行政人员定期考核评估系统、与上级领导机构或政府教育部门的联系与沟通、学术资源、资源共享）

续表

一级指标	二级指标	三级指标
发展性考核指标	学生生源及毕业	有无制定生源质量的最低标准
		学生学习过程的退学率、考核标准、择优标准
		毕业生就业率、就业质量
	课程计划	有明确的课程目标
		有合理的课程内容
		有明确可行的课程实施办法
		有明确可行的评估、考核办法
		课程与当前产业需求的紧密度
	学校成果	教师成果
		学校获奖
		推动社会、产业升级程度
	学校整体反响	社会的反响（国内的地位、国际的地位）
		学校与同行机构的关系
		学校与相关产业的关系
		家长的反响
		学生的反响
		教职工反响

学校绩效评估是一项系统工程，在各项教学工作和教学管理工作中，需要各级领导和全体教职工的共同努力才能完成。当学校绩效评估真正起到深化改革，加强教学建设，加强教学管理，提高教学质量，并使提高学校知名度成为全校学生与职工一致的自觉行动，且为之而努力奋斗等诸多作用时，学校的办学效益、教学质量就会出现跨越式发展。

第六章
锚定教育发展方向
绘强国战略路线图

教育战略规划的目的在于正确把控教育发展的未来，设定教育改革的预期效果，明晰教育所要解决的关键问题，以期指导教育事业。面对社会多元复合转型的复杂性，教育战略定位应当多元化，不同层次的教育应当设定不同的战略规划，系统性地应对社会转型。设计教育战略实施的技术路线图，有助于锚定教育发展方向，分阶段地完成教育发展的既定目标。以教育战略为导向优化教育资源配置，将可以有效地避免教育经费的浪费，提升资金使用的效率性和有效性，保证教育投入的可持续性。

第一节　立足世界演化背景　解析教育发展方向

当下，面对“全球化”浪潮的洗礼，中国正处于从传统社会到现代社会的多元复合转型战略机遇期，这种转型复杂而深刻，决非一般意义上的磨合与调整。作为当今社会使用范围最广、使用频率最高的概念——“全球化”，在知识加速资本、资源和人力等生产要素流动的背景下，正在向更广更深的方向发展，并成为现代社会最显著的标志。“全球化”不仅是一个复杂的、多层面消除世界与空间限制的过程，也是一个密集化和网络化的过程。“全球化”将世界推向历史性的转型，是蕴涵着向高度的知识化、开放化和创新化社会转型的过程。在世界迅速平坦，世界经济向高度知识化、开放化、创新化深入演进的历史进程中，国民教育在此过程中将发挥比以往任何一个时期更为重要的历史作用。因此，我们要明晰教育的发展方向，助推社会多元复合转型，这是新时期教育事业应当完成的历史使命。

一、把握世界教育战略定位的演变趋势

纵观20世纪70年代以来世界教育战略定位的演变趋势，我们发现每十年世界便掀起一次教育革命。每一次教育革命的兴起都与世界经济、社会的变化密切相关。每一次教育革命都带给全世界有关教育的新理念，使人们对教育有了全新认识。这些教育新理念和新认识也正在影响着中国教育发展战略的选择。

（一）20世纪70年代：建设学习型社会成为教育发展新方向

从20世纪70年代终身教育产生的背景来看，信息时代的快节奏特点带来了人们生活、工作、学习等方面的颠覆性的变化，使得人们不得不加快知识更新速度，以适应现代社会快速的发展。迫于现实的压力和人类好胜的本能，人们对现实生活及自我实现的需求不断高涨，以传统教育为根基的教育体系已与人们迫切的需求产生了缺口，从而期望产生一种全新的教育理念。这些为终身教育的出现准备了一定的条件。

第一，20世纪五六十年代在技术革新及社会结构方面的急剧变化，不仅在宏观方面有显著的表现，如在经济结构、过程及功能方面，甚至在微观层面上也颇有影响，如日常生活方式和普通家庭生活。所以，当

时人们面对的是处在急剧变化中的社会，身边的一切既熟悉又陌生。若要找回之前的安定感，人们就必须更新原有的知识、技能和观念，不断完善自己，给自己充电，以跟上时代的发展。在这样的时代背景下，终身教育应运而生。终身教育的理念正是“活到老，学到老”，不断更新自己的知识，适应社会的发展。

第二，第二次世界大战以后，各种电子器具的发明与普及，使得人们从辛苦繁重的体力劳动中解脱出来，并且，人们的物质生活水平也已高于基本生活线，从而人们将会有更多自由支配的时间。这就为人们进一步提高自己的知识水平，提升精神世界的层次提供了时间和物质方面的条件。而仅靠单一的学校教育已经满足不了人们的大量需求。终身教育必然得到良好的社会认同。

第三，自20世纪60年代以来，传统学校教育的矛盾、弊病丛生，如严重的逃学现象、校园暴力倾向、考试竞争激化恶化以及学校教育质量的差别扩大和偏重升学率造成的学校与社会严重脱节等等。面对这些情况，人们对于传统的教育体系存在着质疑并普遍希望能从根本上对教育体制进行改革，因此主张教育开放的终身教育就很容易为人们所接受了。

终身教育理论自确立以来受到了许多国家的普遍重视。教育在引入“终身”这个理念之后，在各国的实践中无论是在政策、制度、法律还是国际交流等方面均产生了一系列的影响。世界各国纷纷实践终身教育。自20世纪60年代中期被正式提出以来，终身教育已经在全世界广泛传播。许多国家在制定本国的教育方针、政策或是构建国民教育体系的框架时，均以终身教育的理念为依据，以终身教育提出的各项基本原则为基点，并以实现这些原则为主要目标。教育政策的选择也从福特式的一次性、批量化教育转为多次地、个性化的教育。这在有关的国家主要体现在制定终身教育的法规、把成人教育纳入终身教育的大体系、改变学校的封闭结构、向社会开放和开发各种社会教育渠道四个方面。

第一，不少国家通过法律手段确立了终身教育在其今后教育体系发展中的地位和作用。1976 年内罗毕会议通过的《关于发展成人教育的建议》提出：成人教育是包含在终身教育总体中的一部分；教育决不仅限于学校阶段，而应扩大到人生的各个方面，扩大到各种技能和知识的各个领域。在此建议的倡导和影响下，各国政府开始高度重视成人教育，并视之为终身教育的基础和先导，纷纷建立法律保障以推动成人教育的发展。如 1976 年，挪威首先通过成人教育法，将成人教育看做终身学习体制的先导和基础，促进了成人教育各方面的协调合作。1982 年韩国制定了社会（成人）教育法，提出了社会（成人）教育制度化。联邦德国 1973 年通过的教育计划把成人教育列为与普通教育的初、中、高等三种教育并列的第四种教育。许多国家为了达到成人教育实施的成效，采取了许多具有激励引导作用的措施，例如，在入学条件上采取灵活的政策；带薪教育休假制度；经济援助；开设成人学分累计课程等。其他许多国家如德国、瑞典、加拿大等关于终身教育也制定和通过了相应的法律来保障终身教育的施行。

第二，教育结构由封闭走向开放。这也是各国在发展终身教育时的一个重大突破。1995 年，日本召开了“终身学习审议会”，要求高等教育机构打破原来的封闭形式，敞开大门，为在职成人争取到了进入高等教育机构学习的机会。日本成人大学的发展已日趋成熟，相继的一些高中也开始向社区开放，如一些高级中学举办开放讲座。在美国，教育机构对成人的开放是由社会学院来完成的，其本身就是立足于社会教育的，社会学院对于成人教育几乎没有什么限制，很多大学都成立有大学开放部，开展对“非传统型学生”——主要是在职成人——的教育活动。英国也有专门提供成人教育的开放大学和大学的成人教育部。在欧洲的许多国家，大学往往通过函授、成人教育中心、公开讲座等形式为人们提供继续教育的机会。

第三，许多国家为了充分利用社会上各种具有教育力量和教育价值的资源和设施，都有意识地把文化组织、社区组织、职业协会和企事业单位部门纳入终身教育系统。日本在1988年提出了“向终身教育体系过渡”的建议，发展社会教育团体，建立学习信息网，建立家庭、社会、学校教育一体化的终身教育体系，将文化会馆、图书馆、博物馆、活动中心等各种科学文化设施都纳入教育的范畴。美国的监狱、工会、军队、医院等许多非教育性的机构也积极从事成人教育。许多公司也定期向员工提供培训。

第四，从传统社会转向“学习社会”，学习将成为一种生活方式，学校仅是学习的场所之一，人的一生将无法区分成“教育阶段”和“工作阶段”，而强调终身教育，即工作学习化，学习工作化，学习、工作一体化。“学习社会”将是正规教育、非正规教育、非正式教育相结合；基础教育、职业教育、成人教育和高等教育相衔接；职前教育与职后教育、培训相贯通；学校教育、家庭教育、社会教育相配合。这使得教育的境界有了一个新的飞跃。学习社会对每一个社会成员而言，学习成为日常生活的重要组成部分，学会学习尤为重要；要有竞争力、应变力，首先要有学习力。用“新一代的管理大师”彼得·圣吉博士的话说：“未来唯一持久的优势，是有能力比你的竞争对手学习得更快。”学习社会对教育单位而言，要由传统教育中重视人的“受教育权”向重视人的“学习权”转变，使学生由学会知识转向学会学习。

尽管终身教育在世界各国都还处于实践阶段，现在还没有一个国家真正建立起完整的终身教育制度，但是终身教育成功地扩展了教育的时间尺度，将学校教育拓宽至社会教育的范畴，使人们更加认识到教育的重要性，催生了对教育服务的社会需求，使教育逐步成为推动经济增长和社会进步的核心力量。

（二）20世纪80年代：新信息通讯技术革命推动弹性教育

20世纪40年代第一台计算机诞生，在之后的半个世纪里，人类开始了逐步利用信息资源的进程，同时也掀起了一次又一次全球性的信息化浪潮，从而深刻地影响着世界所有国家及人类生活的方方面面，也必然对世界教育改革和发展产生极其重大的影响。

信息泛指一切事物（物质的、精神的）运动状态和运动方式，即世界上一切事物的状态和特征的反映。事物的状态和特征不断变化，这就不断地产生信息。也就是说，信息普遍存在于自然界、人类社会、人们的认识及思维过程中，是对客观世界各种事物的变化和特征及客观事物之间相互作用和联系的反映，是客观事物经过感知或认识后的再现。

信息的基本属性：客观性——客观事物存在、联系、作用和发展变化的反映，是可以为人们认识和掌握利用的；价值性——主要表现为知识性和技术性，一般来说，信息的主要内容是知识和技术，当然还有需要了解的有关情况和问题；传递性——信息的价值只有通过传递才能实现，信息传递即激活信息，发挥信息的价值作用；依附性——信息的存在和传递必须要有相应的载体才能表现信息的存在，进行传递交流，发挥其价值作用；可塑性——主要是指信息可以加工，通过压缩、扩充和叠加，使信息变换形态，实现增值；时效性——信息存在的价值是有时间性的，只有在有效的时间内发挥信息的价值才是有意义的，才能产生应有的效益。人类社会正迈向信息的时代，信息已是一种重要的资源，能否充分有效地大量利用各种信息，已经成为社会经济和科学技术发展的重要标志。

然而，面对如火如荼的信息时代，面对浩如烟海的信息资源，传统教育呈现出前所未有的危机。传统教育与信息社会发展呈现出尖锐的矛盾，信息社会的基础是新的信息技术和现代社会的发展，这种发展要求教育在智力开发中培养人们的创造性思维的能力。因此，传统教育面临一系列的严峻挑战。

由于社会的知识化和信息化，“信息爆炸”可谓是信息时代的首要特征。据测算，人类的科学知识在19世纪是每50年增加一倍，20世纪中期大约每10年增加一倍，20世纪70年代每5年增加一倍。目前的情况，有的专家估计每2～3年就增加一倍。1880年，人类认识的化合物只有1200种，到1950年时增加到100万种，现在达到400万种。波兰学者列斯统计了近300年来的资料，发现科技文献呈指数增长。现在全世界每年发表的科学论文大约100万篇，平均每天发表包含新信息的论文达1.3万~1.4万篇；登记的发明专利每年超过30万件，平均每天有800~900件专利问世。德国未来学家哈根·拜因毫尔说："今天的一个科学家，即使夜以继日地工作，也只能阅读本专业的全部出版物的5%。"

自20世纪80年代以来，高科技以前所未有的加速度奏响了跨世纪宏伟乐章的主旋律。尤其是"多媒体"和"信息高速公路"两大技术成为工业时代向信息时代转变的两个重要杠杆，各国都以惊人的速度改变着人们的工作方式、学习方式、思维方式、交往方式乃至生活方式。毫无疑问，信息技术的发展和普及，特别是计算机技术在当今教育领域中的应用，直接推动了弹性教育的发展。传统教育不论是在时间、空间、人群、需求、课程进度和社会选择等方面都发生了根本性的变革。教育政策的选择也从全日制面授逐步演变为弹性制度。

美国政府认为，教育部、高教司和学术管理部为信息教育提供一种有利的条件，特别是培养具有信息素养的公民，将传统的、依靠课本的教育改革为依赖资源的教育。后者实际上就是前者的方法，也就是培养具有终身学习能力的、独立的、自我导向的学习者。对此提出了任务：将信息教育的精神和内容综合到课程要求和教学材料中；将信息教育综合到专业培训和在职培训中去，鼓励教师在学科领域应用信息技术；鼓励和支持学校与公共图书情报信息服务机构进行合作，并与课堂教学进行合作，提供基于资源的学习机会；在评估和测试中包含对信息素养能力的检验；建立公认的信息教育模本项目，为广大中小学、高校和专业技术学校提供参考；师范学校教学内容和教师资格标准需要进行修改，其中包括了对信息素养的要求。

美国全国教育统计中心对中小学联网情况的统计显示，全国公立学校与因特网的联网发展迅速，从1994年以来，与因特网联网的中小学数目增加了1倍多，联网教室数目增加了8倍，1994年全国有35%的学校上了因特网，到1997年则达到78%，有些地区超过了84%，而且尚未上网的学校也表示将于2000年前完成联网。2000年基本完成教育信息基础设施建设，美国与国际互联网联网的学校数（百分比）：95%，教室数（百分比）：72%，学生拥有计算机数：每5人1台。

英国为应对新信息通讯技术革命对教育的冲击，积极采取教育信息化政策。1995年初，英国政府推出题为“教育高速公路——前进之路”的行动计划，近400家教育机构首批联网，并为23个试验课题拨款1200万欧元。1995年10月，首相布莱尔宣布了一个代号为“英国网络年”的五年计划。1998年被确定为英国的“网上教育年”，同年，英国政府还公布了题为《我们的信息时代》的政策宣言。该宣言指出，政府应改革教育，在教育中利用新技术，使人们能够获得信息时代所必需的知识和技能，以及扩大信息受益面。这使英国成了世界上最早在所有小学都配备了计算机的国家，是世界上最早将信息技术课列入国家课程的国家，以及世界上最早提出把信息技术整合于学科课程的国家。

日本从信息社会对人才培养的要求及基础教育现实发展中存在的问题出发，把培养学生的“生存能力”作为21世纪教育的发展方向。从信息化社会发展的角度看，“生存能力”是分析解决问题的素质和能力。其中，具备正确选择、加工、处理信息的能力和自主思考的能力是“生存能力”的要素之一。1985年，文部省成立的教育改革特别委员会发表了第一份有关教育改革的报告，在报告中强调了教育的国际化、信息革命和个性化，并指出在学校教育中使用计算机的重要性，这是社会高度发展和快速变化所必需的；文部省每年提供20亿日元（1600万美元）作为小学和初中购买新媒体的一半补助金，作为高中购买新媒体的三分之一补助金，1988年与购买计算机有关的预算增加到29亿日元（2320万美元），并将持续到1989年。1986年，教育改革特别委员会发表了它的第二个报告，指出了计算机在学校中引入和使用的总的指导方针。1987年，教育改革特别委员会发表了它的第三个报告，提出教育要为信息社会做准备，报告中总结了三个重要的问题：在教育机构中培养信息文化，在所有教育机构中尽可能利用信息技术；减少信息技术的反面作用并加强信息技术的有利影响，同时，报告提出要发展自学动机以及主动适应信息社会的能力。1987 年 12 月，教育改革课程委员会发表了它的最后报告，提出要提高幼儿园、小学、初中和高中的课程标准，其中，强调信息学和计算机的教育应用是修改教学大纲的基本准则，报告建议要建立信息学这个学科并要在每一门学科中使用计算机；1989 年 3 月，按照课程委员会提交的最后报告的建议，文部省发表了幼儿园、小学、初中和高中的课程标准。

国际 21 世纪教育委员会针对未来信息社会中的教育新使命，提出了“学会认知，学会做事，学会生存”的教育原则。把学习与生存联系起来，使我们终生都面临着知识与技术的充实与更新。现代信息技术与教育整合的过程导致了教育观念上的不断更新，具体体现在：

一是知识观的更新。教育信息化的核心是教育资源的信息化。得益于现代教育信息技术的飞速发展和互联网的迅速普及，世界的教育资源利用率和使用效率陡然提高，再加上信息的“共享性”以及其惊人的更新速度，信息资源犹如一个浩瀚的海洋。网上的教育资源有多种类型，包括教育网站、电子书刊、虚拟图书馆、虚拟软件库、新闻组等，这些都成为人们取之不竭的知识源泉。

二是教育价值观的更新。现今“以人为本”的思想已深入人心，随之而来“以学生为本”的教育观逐步树立，现代信息化手段的利用趋向于实现学生的“教学个性化”。要实现学生的“教学个性化”，学生需要更多的自由的选择空间：选课自由、选专业自由、选择学业进度的自由等等。所以，根据人才培养的要求，利用信息技术搭建网络平台，开发教学管理综合信息系统，探索新的教育模式，成为教育新的价值取向。

三是人才观的更新。传统的教育观强调的是知识的传授，专业设置、课程建设、教学组织、教学方法等都环绕着传授知识这个中心展开。但在进入信息社会的今天，掌握知识的多少已经不再重要，重要的是获取知识的能力。因为，人类进入信息社会后，知识的更新周期大大缩短，英国技术预测专家詹姆斯·马丁的测算结果表明：人类的知识在 19 世纪是每50年增加一倍，20世纪70年代是每5年增加一倍，而近10年大约是每3年增加一倍。大学学到的知识，毕业时则有可能已经过时。按这样传统教育模式培养出来的学生，如果守着仅有的知识不放，不能掌握和驾驭新的知识，是无法适应知识快速更新的现代社会的，会在竞争激烈的现代社会不知所措。相反，掌握了驾驭知识的能力，就会在现代社会游刃有余。信息社会对新型人才的要求促使我们改变传统的教育思想和教育观念，在教育的“人才观”上进行根本的变革，将教育从传统的“传授知识”转到“培养能力”这个轨道上来。

四是学习观的更新。处于信息时代的新一代学生，必然会利用信息技术支持自主学习。他们扭转了在传统教育中所处的被动地位，而转向网络教育中的主动汲取知识的角色。在浩渺的信息世界里搜寻对自己有用的信息并进行处理，这在现今社会是一种必备的能力。学生将信息网络及技术，变成自觉学习、自我发现、自主探索的工具，网络是锻炼信息处理能力的极好场所。

五是师生关系观的更新。人人是教师，人人是学生，就是网络教育带来的巨大变化之一。“弟子不必不如师”，只要你有真知灼见，老师与学生在教学上不再有严格的界限。教师不再作为传授知识的权威，他转变为学生学习的指导者、组织者、协调者和合作伙伴，更多地关注学生在学习中的想法和创意。教师要培养学生搜寻有效信息的能力，掌握使用不同的方法解决不同问题的能力，以适应信息社会对人才培养的要求。

六是教学环境观的更新。教育环境虚拟化意味着教学活动可以在很大程度上脱离物理空间和时间的限制，这是网络化教育的重要特征。现在已经出现了一系列虚拟化的教育环境，如虚拟教室、虚拟实验室、虚拟校园、虚拟学社、虚拟图书馆等。如果拥有校园网的学校能够充分利用网络的虚拟教育功能，就可以做到虚拟教育与实体教育相结合，校内教育与校外教育相贯通。

七是教育管理观的更新。教育管理信息化是教育信息化的基础。教育信息化还可应用于学校的行政管理、教师培训、学生的考试与录取、毕业生的就业服务等许多方面。网络传播知识与经验的高速与高效，使得大学等教育机构在传授知识与经验过程中，越来越不受时间与空间的限制。大学科研与教育如果突破原来的时间与空间的限制，将发生本质上的变化，使大学教育与科研变得超越时空，并且可以用越来越低的成本来实现这种变化。所谓根本的变化将表现为大学的各种“结构变化”。大学的校园结构、教师结构、学生结构、学科设置结构、知识结构、课程结构、上课的时间结构等，受到信息社会的影响，都会发生变化。对此，学校必然要更新管理理念。

（三）20 世纪 90 年代：经济全球化衍生教育服务国际贸易

经济全球化的过程早已开始，尤其是在 20 世纪 80 年代以后，特别是进入 90 年代，世界经济全球化的进程大大加快了。经济全球化迫使当地经济体进行调整，影响到了人民福利和当地环境。经济全球化，有利于资源和生产要素在全球的合理配置，有利于资本和产品在全球流动，有利于科技的全球性扩张，有利于促进不发达地区经济的发展，是人类发展进步的表现，是世界经济发展的必然结果。经济全球化是指贸易、投资、金融、生产等活动的全球化，即生存要素在全球范围内的最佳配置，从根源上说是生产力和国际分工的高度发展要求进一步跨越民族和国家疆界的产物。政府、学校和社会对教育的服务、消费和投资日益变得全球化，各国的教育也由政府包办逐步发展到民间参与教育服务国际贸易。

经济全球化成为学界探究思考的主题。德国社会学家伯克（Beck）认为，全球化是“距离的消失：被卷入经常是非人所愿、未被理解的生活方式”。英国的社会学家吉登斯（Giddens）认为，全球化指的是时间与空间的压缩及全球通讯和大众交通系统强化这种时空压缩所带来的效应。不论是“距离的消失”还是“时空的压缩”，都意味着“边界的毁坏”与“重新划界”的过程。民族国家、文化等界线越来越模糊，也越来越无法限制人员、信息、资金的全球流动。全球化所带来的不只是无边界全球市场的形成，它更在政治、经济、教育、社会与文化多个层面产生了错综复杂的效应，教育全球化现象就是其中之一。教育全球化是一个多层次、多阶段、内涵丰富的历史过程，随着经济全球化的纵深发展，全球教育呈现出开放性、同一性以及互动性的特征。

在全球化进程中，由于各地方的响应不同，形成了全球与地方的辩证关系。成功的当地化服务或当地化产品，看起来就像是在当地文化环境中所自然形成的一样。地方的人们一方面迎接强势的全球（商业）文化，另一方面可能也为抵抗全球同质化，保卫属于自己特定地方团体的传统、生活模式与认同而感到焦虑。在这种态势下，教育需要被重新定义。教育曾经是属于一股特殊化与地方化的势力，它建构了地方认同的形式和人们思考的方式，这些都足以提供地方基础，以对抗与当地文化、教育差异显著的外来思想、认同和生活方式。因此，当全球教育渗透到地方教育时，教育势必成为一个复杂且冲突不断的领域。在整个全球与本土化的复杂系统中，教育作为文化形成的一个重要环节，肩负着重要的历史使命。

从经济的发展进程来看，全球化改变了人们对工业地理和区域经济的理解。在全球化背景下，新的世界分工是依据全球竞争力来进行的。全球的要素、资源和分工不断地流动、变化、适应，并渐渐集聚于最适于发展的区域；而反过来区域经济的崛起也推动了全球化的进程，区域经济的发展是全球经济的有机组成部分，地区学校就需要与全球性经济发展同步，为区域适应全球化经济的发展提供相应的服务，并且在这种服务中又使学校自身获得较好的发展。经济全球化推动着教育全球化，教育全球化的本质是经济全球化的延伸和自由市场的意识表述。

20 世纪 80 年代以前，世界主要国家的大学市场行为还主要局限于国内，但在 80 年代以后，经济发达国家的大学纷纷瞄准海外市场，教育市场行为的国际化已经成为世界主要国家高等教育发展的一大趋势。美国政府十分重视高等教育全球性发展战略，早在 1961 年就颁发了《共同教育和文化交流》文件，1966 年制定了《国际教育法》。美国努力增加与国外交换留学生人数；积极培养国际问题专家，加强对世界各国政治、经济、科学、文化、民族和风土人情的了解：大力推进国际合作，增进与世界各国大学的教学和学术交流。90年代初制订的《美国2000年教育目标法》着重强调了教育的国际化，并提出了明确的培养目标，即采用创新的方法，使每个学生都能接受到世界级标准的教育，并通过国际交流，使学生形成国际意识、全球意识。日本、加拿大等国家也相继出台高等教育国际化的政策和配套措施，积极融入教育的国际化进程中。

教育服务作为乌拉圭回合的重要成果之一，其全球化的趋势日趋明显。各国的教育交流与合作日益加强；相互借鉴其教育发展和改革经验的自觉性日益提高；各国相互承认学历和学位证书的趋势日益加强，并由此带来各国之间学历、学位教育水平大致衔接；各国都日益注意培养能使本国经济、科技与世界接轨的人才等。在这个过程中，全球化的教育服务贸易与教育资源配置对教育全球化起着重要的推动作用。经济全球化对教育服务的影响，可以概括为五个方面：

第一，语言影响。经济全球化和科技普及化使用的工作语言是英语。英语在国际交流中已经被国际金融、国际贸易、国际科技交流、计算机网络技术语言和国际大众传媒领域所接受，成为通用工作语言。英语作为国际工作语言，已经不再单纯是文学与文化意义上的语言，而是国际工作时间交流信息的工具。例如，在WTO总部，各国工作人员在办公室里，使用英文交流；一出办公室，就转为法语、德语或西班牙语了。在WTO总部的餐厅和咖啡厅使用法语服务，计算机系统使用英语，书面文件使用英语、法语和西班牙语。所以，培养人才掌握母语和英语，是适应经济全球化发展趋势的。在国际论坛上，英语只是工作语言，如同开汽车一样，只是教育和训练的结果，与天才无关。

第二，国际互联网络影响。互联网络将地球的空间与时间改变了，将人们交流方式改变了，甚至正在改变我们的生活与工作方式。人们在什么地理位置，变得越来越不重要了，重要的是人们是否拥有接入网络的途径。

第三，经济的全球化是以生产的全球化为基础的，贸易与投资也全球化，人们在全球中走动越来越频繁。教育也必然受到全球交往活动频繁化的影响。航空与汽车工业的发展，新航线的开辟与高速公路的网络化，使出门、出差、外地开会、外地讲学，成为校园日常生活的一部分。教授和研究生们正在更多地成为“运动中人”。少则每周或每月，长则半年或一年，总要“运动”到外地去，甚至到外国去。同时，外地或外国的教授和学生，也会“运动”到本地来。借助移动电话、便携式笔记本电脑、卫星电视、互联网络等技术发展，人们在“移动状态中”或“在外地”或“在外国”，可以像在本地一样照常接收与处理每时每刻的信息。人们在“运动”状态中，也能够继续做原来只有坐在家里才能做的事情。“本地人”成为“全国人”或“国际人”，反之，“全国人”或“国际人”成为“本地人”。人们地缘的相对性，使得教育服务变得更加开放和国际化。

第四，知识更新速度加快，学习终身化趋势的影响。由于知识更新速度的加快，学习不再是阶段性的任务，而正在形成终身任务。过去大学校园里以年轻人为主，现在校园内的中年人成为多数。过去校园里的学员脱产学习为主，现在越来越多的学员是不脱产或半脱产来学习的。

第五，人才市场与教育市场的竞争加剧。在经济全球化过程中，人才成为商业市场竞争的对象。教育本身也正在成为全球教育服务市场竞争的对象。教育如同其他服务业一样，成为全球服务贸易市场中的一个方面。中国居民每年投入子女海外教育的外汇，占中国外汇外流总额的比重越来越大。

（四）21 世纪前 10 年：教育为可持续发展贡献力量

可持续发展是指既满足现代人的需求又不损害后代人满足需求的能力。它是指经济、社会、资源和环境保护协调发展，以自然资源的可持续利用和良好生态环境为基础，以经济可持续发展为前提，以谋求社会的全面进步为目标。它是一种新的发展观，是对人类社会传统的片面单纯追求高速经济发展及其所带来的物质财富的增加而以牺牲后代人的资源和生态环境为代价的行为的一种反思，并且为社会的发展指明了方向。

社会能否按这种方向发展，则取决于社会实践活动的主体——人，人是最活跃最重要的因素，“人又是可持续发展问题的中心”。

可持续发展的核心思想是，经济发展、保护资源和保护生态环境协调一致，让子孙后代能够享受充分的资源和良好的资源环境；健康的经济发展应建立在生态可持续能力、社会公正和人民积极参与自身发展决策的基础上。可持续发展所追求的目标是：既要使人类的各种需要得到满足，个人得到充分发展，又要保护资源和生态环境，不对后代人的生存和发展构成威胁。由此可见，它特别关注的是各种经济活动的生态合理性，强调对资源、环境有利的经济活动应给予鼓励，反之则应予摈弃。

可持续发展价值观的主要内涵是，尊重所有人、尊重后代人、尊重地球生态系统、尊重文化多样性。尊重所有人，就是“以人为本”，帮助每一个人终生得到健康与全面的发展。尊重后代人，就是要满足当代人同后代人生存与发展的共同需要，重视代际公平。尊重地球生态系统，构建人与自然的和谐环境。尊重文化多样性，支持各民族文化共同繁荣。可持续发展价值观将引导整个社会逐步迈入和谐发展的更高阶段。实施可持续发展教育的主要任务是以可持续发展为导向，对现有教育政策、内容和育人模式进行重新定向。实行可持续发展教育，其核心是进行新的价值观教育。

1992 年 6 月，联合国环境与发展大会提出并通过了全球的可持续发展战略——《21 世纪议程》，并且要求各国根据本国的情况，制定各自的可持续发展战略、计划和对策。制定可持续发展战略是多个领域实现可持续发展的总称，目的是实现可持续发展的行动计划和纲领，使各方面的发展目标，尤其是社会、经济与生态、环境的目标相协调。

教育将成为可持续发展变革、提高人们将社会理想转变成现实的能力的主要力量。为应对经济社会可持续发展的外部压力与客观需求，教育政策的选择将由关注自身发展转向置身其中，并最终为人类社会的可持续发展服务。教育不仅提供科学与技术技能，还为追求和应用这些技能提供动力、证明和社会支持。现在国际社会强烈相信我们需要通过教育培养可持续未来所需的价值观、行为方式和生活方式。

可持续发展教育已经开始被视为一个学习如何在考虑到经济、生态和所有社会平等的前提下作出决策的过程。培养这种以未来为导向的思维能力是教育的一个关键任务。这为教育带来了一个新的视野，它帮助所有年龄的人们更好地理解他们生活的世界，了解一些会威胁到人类未来的问题的复杂性和相互联系。例如，贫困、浪费、环境恶化、城市退化、人口增长、健康、冲突和人权侵害。这一教育新视野强调了发展可持续未来所需知识和技能的一种整体的、跨学科的方法，以及价值观、行为方式和生活方式需要进行的改变。

这要求我们对教育体系、教育政策和教育工作进行重新定位，以使所有人能够以符合文化和当地情况的方式进行决策和行动，解决威胁到我们共同未来的各种问题。这样，所有年龄的人们都能够为可持续的未来作出各种想象，对这些想象进行评估，并进行创造性的协作来实现这些想象。具体来说，可持续发展教育有四个主要领域，反映了不同的目标和对象：基础教育的促进和改善、在各个层次上重新定位现有教育来强调可持续发展、培养公众对可持续性的理解和意识以及培训。

第一，关注基础教育。世界各地的基础教育的内容和持续时间有着极大的差别。接受基础教育对于很多人来说仍然是一个问题，尤其是对于女孩和主要由成年妇女组成的文盲群体。但是，像目前的教学这样仅仅提高文字和数字的基本能力是无法对可持续发展产生极大促进作用的。基础教育需要关注在终身学习过程中共享知识、技能、价值观和观点，并且支持公民以可持续的方式生活。这一基础教育方法还支持公众参与和社会决策，同时有助于社会实现其可持续性目标。

第二，重新定位现有教育计划。从幼儿园到大学，对教育进行重新思考和修正，使教育明确关注与可持续性相关的知识、技能、观念和价值观的培养，这对于现在和将来的社会是非常重要的。这意味着对现有课程的检查，检查它们对于培养社会、经济和环境可持续性的跨学科理解的目标和内容。它还要求检查被推荐和强制实施的教育、学习和评估方法，以培养终身学习的技能。这些技能包括创造性和批判性思维、口头和书面交流、协作与合作、冲突管理、决策、解决问题和制订计划、正确应用ICT以及履行公民义务的能力。

第三，培养对可持续性的公众意识和理念。可持续性的实现要求将逐渐增强的社会、经济和环境问题的全球意识转变为对这些问题根源的理解，还要求建立对可持续生活和工作意义的本地、本国和全球化视野。因此，实现可持续发展目标要求广泛的社会教育和一个致力于培养有知识的、积极的公民的可靠媒体。培训所有劳动者都可以对当地的、区域的和全国的可持续性作出贡献。因此，商业和工业领域是目前进行职业培训和专业培训的主要场所，这样所有的劳动者都可以拥有相关的、必要的知识和技能。这些知识和技能可以使他们做决策和完成工作时能以一种可持续发展的方式进行。

专栏6－1

八国集团关于教育的《莫斯科宣言》①

八国集团教育部长于2006年6月1日至2日在莫斯科召开会议，确定他们在21世纪的各级教育中实施合作的承诺。

1. 21世纪的特征是由科技创新带来的社会、经济的迅捷变化。当今世界，科学、社会学、人文学知识及其有效应用，对于个人价值的实现、社会凝聚力、社会经济的发展，以及提高竞争力、改善生活质量，都是宝贵的资产。部长们强调在接受各级优质教育时机会平等的重要性，特别指出优质与公平应相辅相成。

2. 部长们承诺，将通过提供坚实的教育与培训基础，大量投资于研究、人员及技术等方式，来帮助建设革新的社会。承诺将努力营造有利于创新的政策环境，促进公共与私营部门的合作，扩大科技领域

① 八国集团教育部长等：《莫斯科宣言》，2006年7月5日，见http://www.jyb.cn/cm/jycm/beijing/5b/t20060630_22562.htm。

的交流，继续发展灵活有效的终身学习体系。

3. 部长们同意，教育、技术的发展，新思想的产生是人类发展、经济增长、市场生产力的关键。教育对于创造一个有包容性的社会极其重要。它可以增强市民社会的基础，保持和丰富文化，建立相互信任和理解，并且对帮助所有人适应变化起着至关重要的作用。通过增强社会凝聚力，健全法律、司法，鼓励公民的参与，教育将使所有人最大限度地发挥潜能、投入知识社会。

4. 部长们认为，教育是一项公共产品。就此而言，私人部门在现代教育体系的发展中可以发挥重要的作用，但应在问责、透明的法律、规定及政策框架下。这些框架应包括那些有支持力的、前后一贯的政策，能够为知识产权提供强大保护、激励投资、促进有益于革新的管理政策。

5. 部长们重申对提高教育各方面质量的承诺。需要建立反应灵敏的、问责的治理体系，以支撑可以满足社会与经济需求的高质量的教育体制。提高教育质量还在于更好地利用公共资源。

6. 部长们强调信息与通讯技术对于实现高质量教育的重要性。承诺将遵守八国冲绳（Okinawa）《全球信息社会备忘录》及“信息社会”世界首脑会议《突尼斯宣言》的承诺，推进信息与通讯技术在教育中更有效的运用。

7. 部长们强调，职业教育，包括大学和其他高等教育及培训，在革新的社会中起着关键作用。它必须能够迅速调整以适应社会及劳动力市场不断变化的需求。

8. 部长们承认，教育的国际化是个现实。承诺推进革新性的跨境教育提供，目标是增加国际理解、透明度和资格的可转移性，加强质量保障和认证方面的合作。

9. 部长们强调国际教育流动的重要性，不论是正式的交流还是自愿的流动。鼓励各级教育及培训中的更广泛的相互交流和影响。

10. 部长们同意，教师必须具备较高的资格，他们的能力必须达到革新的、多样化社会的要求。所有教师都应为学生提供优质的指导和对市民道德的理解。使教师成为一种有吸引力的职业选择，更新他们的知识与技能，是必须努力应对的挑战。

11. 部长们强调发展从幼童到成人的、综合的终身学习体系的必要性。认识到对年轻人进行职业培训的重要性。终身学习增强了学习、企业培训及劳动力市场之间的联系，使每个人的知识和技能都能跟上时代的步伐。

12. 部长们承认，教育体制应该着重发展智力才能，这不仅仅在于内容的掌握，还包括对已有信息的处理、改造和应用，最重要的，还在于新知识的创造。

13. 部长们同意，数学、科学、技术和外语的高标准为勇于革新的社会提供了重要的基础。强烈支持基于研究的经验分享。

14. 部长们强调，各级教育都应该促进社会和跨文化的技能，以及对其他文化和社会的价值、历史的理解与尊重。

15. 部长们强调，增强对于通过非正规学习获得的资格的理解也是非常重要的。鼓励对于信息共享的推进、对于不同国家学术经验和传统的理解，以及对于劳动力市场驱动的资格互认机制的赞赏。

16. 部长们注意到，要加快移民融入当地社会，必须加强对国外资格的相互了解，以及移民对语言和跨国文化能力的掌握。如果能够从事与他们的教育、技能和经验相称的职业，移民对社会的贡献可以发挥到最大。同时，雇主也有了获得大批人才的渠道。

17. 部长们重申本国的承诺，即帮助实现“千年发展目标”中普及小学教育和各级教育中的性别平等，以及“全民教育”计划中的目标。这包括跨部门的方式，以及南南合作、三角合作（北—南—南）。

18. 部长们对联合国教科文组织协调行动以实现全民教育目标表示支持。同意继续支持全民教育的快车道计划，重申了鹰谷（Gleneagles）承诺，即帮助快车道计划参与国的可持续发展，确认它们实施可持续教育战略所必需的资源。

二、中国教育战略的历史选择及其评判

变人口大国为人力资源大国，再发展为人力资源强国是中国教育发展战略一直追求的目标。自1900年以来，中国教育的战略定位实现了三次跨越。第一次跨越实现了中国近现代教育的从无到有，第二次跨越实现了中国教育的从小到大，第三次跨越实现了中国教育发展的量变到质变。每一次教育发展战略转变的背后都体现着中国经济实力的日益强盛和社会发展的日益进步。

（一）中国近现代教育的从无到有：1900～1949年

五四新文化运动的兴起直接推动了现代教育的改革。

第一，教育总长范源濂表示要废除读经科，提倡民主科学的新教育，恢复民国元年的教育方针。1916年9月，教育部撤销1915年颁布的"教育纲要"。同年10月，《高等小学校令施行细则》删去了"读经"的相关内容。1917年5月，宪法审议会撤销了1913年宪法草案中"国民教育以孔子之道为修身大本"的相关条文。学校开始重视实用和职业的教学内容，民国初年所制定的教育方针在一定程度上得到实现。

第二，新文化运动在反对旧礼教、旧道德的同时，积极主张男女有平等受文化教育的权利，主张男女同学。1915年，袁世凯公布的《国民学校令》中规定三年级以上的男女生只可同校，不得同班。新文化运动兴起以后，男女平等受教育权利的问题逐步得到解决。1917年10月，全国教育会联合会要求增加女子高等小学、女子中学的数量。1920年暑假，北大首次招收女生，南京高等师范学校也开始招收女生。1921年以后，各大学都开始招收女生，实行男女同学。一些比较进步的中学如广东的省立中学、北京高等师范学校附属中学等，也实行了男女兼收，甚至同班的办法。这些举措，虽然还不是真正意义上的男女平权，但已在男女平权的道路上起航，这在中国教育史上是具有重要意义的。

第三，新文化运动，提倡用白话文代替文言文，提倡国民文学、写

实文学、社会文学等新文学，出现了不少优秀作品，为学校教育提供了许多国语教材和课外读物。于是，教育界人士强烈要求学校教学采用国语和白话文。1917 年 10 月全国教育会联合会年会议决《推行注音字母以期语言统一案》，要求教育部速定国语标准，并设法将注音字母推行至各省区，以为将来小学改国语之预备。1918 年 11 月，教育部正式公布注音字母。当时，在北京，蔡元培等创办的孔德学校自编了国语读本，江苏省自行通过“各学校用国语教授案”，开始用国语教材。中华书局出版的《新式教科书》，也用了一些白话文。在这种形势下，教育部于 1920 年明令公布，小学一二年级国文改为语体文，并规定至 1922 年止，凡旧时所编的文言教科书一律废止，改为语体文。中学各科教科书，随之逐渐用语体文改编，高等学校的讲义也采用了语体文。这样，大、中、小学文言文教材逐渐地被淘汰。这是中国教育史上一次重大的改革。

第四，蔡元培 1917 年接任北京大学校长后，即着手对北京大学进行改革。北京大学的改革拉开了中国近现代史上建立新式大学的序幕。他提出囊括大典、网罗众家、思想自由、兼容并收的办学方针；聘请陈独秀、李大钊、鲁迅、李四光等著名学者到校任课；改革预科，调整专业，将学门制改为学系制度；将年级制改为选科制，实行学分制；改革学校管理体制，设评议会，实行民主管理；筹设研究所，组织各种研究会，鼓励科学研究；首先招收女生，实行男女同学；采用白话文讲义，帮助学生办刊物，成立各种学会等。这些改革，使北京大学思想活跃，气象一新。北京大学的改制，引起全国高等学校的反响，有些做法当时即在北京专门以上学校校长会议上议决照办。以后，各大学也逐渐按北京大学的制度办理。

随后，在 20 世纪二三十年代中国又推行了乡村教育运动，意在将现代学校引入农村地区，以改变农村地区生产落后、人民贫穷的现实问题。其中，较为典型的有中华职业教育社的农村改进实验区、陶行知创办的乡村师范学校和山海工学团、中华平民教育促进总会的定县试验区、梁漱溟的“乡村建设”和邰爽秋的“民生本位教育实验”。

第一，最早提出划区试验农村教育的是中华职业教育社。1925 年 8 月黄炎培曾提出一个“山西划区试办乡村职业教育计划”，随之职教社又提出“试验农村改进计划”。目的是：“期以教育之力，改进农村一般生活，以立全社会革新之基。”在列举的 21 项事业中，第一是“研究改良农事，推行试验有效之农作方法”。第二是“研究增进工艺效能”。第三是“推行义务教育，凡学令儿童，不论男女设法使之就学”。第四是“对年长失学者，施以平民教育”等。并于 1926 年 7 月以沪宁线上昆山的徐公桥为第一试办区域。办法是在徐公桥成立乡村改进会，下分总务、建设、农艺、教育、卫生、娱乐、宣传 7 部，试验期为 6 年。1928 年开始试验，主要工作为：建立农艺试验场，设立农具、农产品陈列室，散发改良种子，组织信用合作社，借低利贷给农民，建立公共诊疗所等；教育方面，建立 4 所公立小学，2 所私立小学，2 个流动教室，开办夜校（教材用《农民千字课》，加授农民常识、公民常识、乡村信条），以及建立阅书室，立格言牌，举行露天识字、讲演等。于 1934 年试验完毕交地方办理。此外，中华职业教育社还在镇江黄墟、吴县善人桥、沪郊等地办理过农村改进实验区。为了培养从事农村改造工作的人才，职教社在徐公桥办了讲习所。1933 年秋在沪西清河泾创办农村服务专修科，在浙江余姚县诸家桥办了“浙江诸家桥农村改进试验学校”。中华职业教育社想通过农村改进的办法来解决中国农村问题，当然是改良主义的幻想。不过职业教育社的农村改进试验区把发展生产、发展农村经济放在首位，采取“政教合一”的方针，这是它的独特之处。

第二，1926 年陶行知为中华教育改进社起草《改造全国乡村教育宣言书》，提出：“我们的新使命，是要征集一百万个同志，创设一百万所学校，改造一百万个乡村”，“合起来造成中华民国的伟大的新生命”。为了实现这个理想，陶行知在 1927 年创办了晓庄中心小学、南京试验乡村师范学校，1929 年 3 月改名晓庄学校。1932 年陶行知草拟了《乡村工学团试验初步计划说明书》，提出工学团要把工场、学校、社会打成一片；实施六大训练，即：普通的军事训练、生产训练、科学训练、识字训练、民权训练和生活训练。同年，他在上海与宝山之间筹办了山海工学团。山海工学团包括青年工学团（青年夜校后改为共和茶园）、儿童工学团（儿童识字班）、妇女工学团、棉花工学团、养鱼工学团和山海木工场等。儿童工学团采取小先生制，还把失学儿童组织起来，采取大的教小的，会的教不会的办法，叫自动工学团。学习内容主要是陶行知编的《老少通千字课》。此外工学团还修路、筑鱼池的堤，办红庙信用兼营合作社。1937 年，由于抗日战争，试验停止。陶行知所提倡和试验的乡村教育，虽然提出了六大训练，但实际上他的着重点在于普及识字教育。晓庄师范是有影响的学校，自此全国各省开始创办乡村师范学校。

第三，1926 年 10 月"平教会"选择河北定县翟城村作实验区。1930 年"平教会"总会成立县实验区，并系统地提出其乡村教育观点。针对中国农村的问题是农民的"愚、穷、弱、私"，主张实施文艺、生计、卫生、公民四大教育，采取学校式、社会式和家庭式三大方式。1932 年晏阳初替蒋介石拟定了《县政改革方案》。1933 年河北省政府将定县作为县政建设实验区，设县政建设研究院于定县。"平教会"实验部主任亦即县政建设研究院的实验部主任兼定县县长。"平教会"还在湖南、四川、广西等地开展过平教实验，取得不少成效。

第四，梁漱溟认为中国社会自古以来不存在阶级和阶级对立，只是一个"伦理本位，职业分途"的社会，伦理关系是人的"天然基本关系"，乡村是伦理社会的基础，从而提出了改造社会要从乡村着手的"乡治"主张。这就是梁漱溟"乡村建设"的出发点。办法就是由"乡村运动者"，通过政教合一的途径，用乡农学校去实行对农民的精神陶冶、自卫训练和生产知识等教育。1929 年由河南省政府决定，在河南辉县创办"河南村治学院"，由梁漱溟任教务长，设农村组织训练和农村师范两部，培养基层政权人员和乡村教育人员。1931 年在山东省政府支持下在山东邹平办乡村建设研究院，培养乡村服务人员和实施乡村建设的试验区。1933 年 3 月山东省政府划邹平、荷泽两县为县政建设实验区，兼乡村建设实验区。由此，山东乡村建设研究院就与两县政权合而为一了。由县政府下办学公文，在各区组织乡农学校校董会，开办乡村学校。乡农学校分初高两级，对象包括青少年儿童、成人、老年人和妇女，内容主要分为两类：一类是各乡农学校共同课程，如识字、音乐和精神文化等；二类是因地因校制宜设置的课程，如自卫组织、自卫训练以及有关生产技术等。

第五，邰爽秋倡行“民生本位教育实验”。针对中国当时贫穷愚昧状况，他主张“救国先救穷，教民先教富”，把发展人民生计、改进人民生活作为民生教育的出发点、中心和归宿。从 1933 年开始，邰爽秋及“念二运动促进会”、“中国民生教育学会”先后在沪西农村、重庆巴县农村等地开展民生本位教育实验十几年。基本做法是：以“沪西农村念二社”和巴县“中国民生建设实验院”为实验机关；以全体工农民众为教育对象；以发展民生的经济活动为经，以文字、公民、休闲、自卫、救国等教育活动为纬；实行“经济分团”、“混合教育”、“就地施教”、“全年施教”等教育组织制度；采用互教互学、自教自学、巡回教学和综合教学等方式方法；坚持知识技能并重，读书做工兼顾，提高工农民众文化素质，培养农村建设实用人才。民生本位教育实验适应了当时中国农村经济、文化、教育状况及其发展需要，效果显著。

（二）中国教育发展从小到大：1949～2000 年

中华人民共和国成立后，党和政府十分重视教育的普及和文盲扫除工作，普及教育一直是历届政府坚定不移的基本国策，获得了前所未有的发展。1949 年新中国成立前夕，党和政府就先后召开了很多会议，在会议文件和纲要及宪法中提出了今后普及小学教育的目标。1949 年 9 月通过的《中国人民政治协商会议共同纲领》具有临时宪法的作用。其中明确提出要在全国“有计划、有步骤地进行普及教育……以应革命工作和建设工作的需要”。1951 年 3 月，第一次全国初等教育及师范教育会议提出新中国第一个普及小学教育的计划，主要内容为：在 5 年内争取让 80% 的学龄儿童入学，从 1952 年开始的 10 年内争取达到小学教育的基本普及，并提出 5 年百万小学教师培养计划。1954 年，《中华人民共和国宪法》明确规定："中华人民共和国公民有享受教育的权利。国家……保证公民享受这种权利。"1956 年，教育部印发的《十二年教育事业规划纲要》提出："普及义务教育，使新生一代人人受到国民必须受的教育"，"7 年内在全国基本上普及义务教育"。同年全国人民代表大会通过的《1956～1967 年全国农业发展纲要》，为新中国提出了第二个普及小学教育的计划。它提出"从 1956 年开始，按照各地情况，分别在 7 年或者 12 年内普及小学义务教育"。同时，刘少奇同志在当年中国共产党第八次全国代表大会上的工作报告中也指出：在财政力量许可的范围内，逐步地扩大小学教育，以求 12 年内分区分期地普及小学义务教育。

在上述文件、纲要、法规的推动下，1949 年到 1957 年这一时期的普及小学教育有了较大发展。1949 年，全国有小学校 34.68 万所，在校生 2439.1 万人，适龄儿童入学率只有 20% 左右。到 1957 年，小学校增长到 54.73 万所，在校学生达到 6428.3 万人，学龄儿童入学率达 61.7%①。1958 年，中国树起了"总路线、'大跃进'和人民公社"三面红旗，掀起"超英赶美，20 年建成共产主义"的热潮，从而导致了教育的"大跃进"。1958 年 9 月，中共中央、国务院发布了《关于教育工作的指示》，要求 3～5 年的时间内基本完成扫除文盲、普及小学教育的任务，20 年普及高等教育。实现这一目标的基本原则和途径是"两条腿走路"——国家办学和群众办学同时并举。在这一指示的鼓舞和推动下，群众办学的积极性空前高涨。但是，政府对此没有加以科学地、正确地引导，反而走上了相互攀比、浮夸的邪路②。在各种"跃进"措施的推动下，小学教育获得了跃进式发展。1958 年小学在校人数比 1957 年增长了 34.41%，学龄儿童入学率由 1957 年的 61.7% 升到 80.3%。这一发展速度远远超过了当时国民经济所能承受的能力，而且给教育质量的提高也带来很大的影响。

---

① 中华人民共和国教育部：《共和国教育 50 年》，北京师范大学出版社 1999 年版，第 254～264 页。

② 英杰、曲恒吕等：《亚洲发展中国家的义务教育》，人民教育出版社 1997 年版，第 229 页。

1959年以后，中共中央重新确定了教育工作的方针，要求在巩固、调整的基础上有重点地发展教育。1961年经济困难时期，中共中央批转的中央文教小组《关于1961年和今后一个时期文教工作安排的报告》中仍坚持提出：要区别城乡和根据地区的不同情况，有计划地、积极地普及适龄儿童的小学教育。1963年3月，中共中央发出《关于讨论试行全日制中小学工作条例草案和对当前中小学教育工作几个问题的指示》，重申普及中小学教育和提高其质量的重要性。1964年3月，经国务院批准，教育部召开了全国教育厅长和教育局长会议，要求进一步贯彻“两条腿走路”的方针，逐步推行“两种教育制度”。会议提出在1965年和第二个五年计划期间，要积极发展小学教育，特别是简易小学，解决农村儿童入学问题。1965年4月，教育部召开全国农村半农半读教育工作会议，要求农村在举办全日制小学和全日制初中的同时，大力发展耕读小学和农业中学，逐步形成全日制教育与半日制教育并存而又相互沟通的两种教育制度。随着整个国民经济形势的好转，教育很快得到恢复和发展，1965年小学在校生达11620.9万人，学龄儿童入学率达到84.7%。

改革开放以后，中国前后召开过多次全国教育工作会议，为教育的发展指明了方向。1985年5月，党中央召开了改革开放后第一次全国教育工作会议，会后颁布了《中共中央关于教育体制改革的决定》，指出“教育体制改革的根本目的是提高民族素质，多出人才，出好人才”，提出了“改革管理体制”、“调整教育结构”等一系列教育改革内容，成为引领中国教育发展的纲领性文件。邓小平同志在大会上指出，我们国家，国力的强弱，经济发展后劲的大小，越来越取决于劳动者的素质，取决于知识分子的数量和质量。一个10亿人口的大国，教育搞上去了，人才资源的巨大优势是任何国家比不了的。有了人才优势，再加上先进的社会主义制度，我们的目标就有把握达到①。

① 中华人民共和国教育部：《共和国教育50年》，北京师范大学出版社1999年版，第255～257页。

根据《中共中央关于教育体制改革的决定》的要求，义务教育立法工作逐步展开。1986年4月12日，六届全国人民代表大会第四次会议通过了《中华人民共和国义务教育法》（以下简称《义务教育法》），规定当年7月1日起开始实施。这是中华人民共和国成立三十七年以来颁布的第一部义务教育法律。《义务教育法》的实施，对于中华民族素质的提高，建设高度文明、高度民主的社会主义现代化强国，有着重大而深远的意义。它标志着中国基础教育进入了一个新的历史阶段。当年9月，国务院办公厅转发国家教委等部门的《关于实施〈义务教育法〉若干问题的意见》，对九年义务教育的验收标准、实施步骤、学制及学习年限、学杂费制度、学校标准、教育经费及基建投资、师资、管理、考核等方面，做出了进一步详细规定。同时，也对国家、社会、学校、家长执行《义务教育法》的权利、义务及法律责任提出了明确的规定。从此，中国义务教育开始进入快速发展时期，普及九年义务教育遂成为中国政府为之奋斗的目标。

1992年10月党的十四大明确提出："把教育摆在优先发展的战略地位"和"到本世纪末，基本扫除青壮年文盲，基本普及九年义务教育"的重大决策。1993年中共中央、国务院颁发《中国教育改革和发展纲要》，明确了20世纪末到21世纪初中国义务教育发展的"两基"目标。原国家教委还制定颁发了《关于在90年代基本普及九年义务教育和基本扫除青壮年文盲的实施意见》，为打好"普九"攻坚战，解决"重中之重"的贫困地区义务教育问题奠定了坚实基础。

1994年6月14日，改革开放后的第二次全国教育工作会议在北京召开，为中国普及义务教育绘制了更为具体的宏图，提出了"积极进取，实事求是，分区规划，分类指导，分步实施"的原则，并以县为单位提出了"三步走"的战略，即累计到1998年在45%人口地区"普九"（城市和经济发展较快的农村），1998年在65%人口地区"普九"（增加了经济发展中等地区人口），到2000年在85%人口地区"普九"（增加了经济发展中等地区和少部分贫困地区人口）。1995年中央政府集中财力、物力实施了“国家贫困地区义务教育工程”，在推动贫困地区义务教育实施上取得巨大成效。

1999年1月13日国务院批准的《面向21世纪教育振兴行动计划》，是在贯彻落实《教育法》和《中国教育改革和发展纲要》的基础上提出的跨世纪教育改革和发展蓝图。行动计划的主要目标是，到2000年，全国基本普及九年义务教育，基本扫除青壮年文盲，大力推进素质教育，深化改革，建立起教育新体制的基本框架，主动适应经济社会发展。同年6月13日出台的《关于深化教育改革全面推进素质教育的决定》重申：基本普及九年义务教育和基本扫除青壮年文盲，是全面推进素质教育的基础，地方各级政府要继续将“两基”作为教育工作的重中之重，确保2000年“两基”目标的实现和达标后的巩固和提高。2000年底，中国政府郑重地向全世界宣布，中国在全国范围内基本上普及了占全世界1/5人口的九年义务教育。当年通过“普九”验收的县（市、区）总数达到2541个（含其他县级行政区划单位156个）；小学适龄儿童入学率（按各地相应学龄、学制计算）达到99.1%，小学生辍学率下降为0.55%，小学五年巩固率为94.54%，小学毕业生升学率达到94.89%；初中阶段毛入学率为88.6%，初中辍学率下降为3.21%，初中毕业生升学率达到51.1%。1999年6月15日，党中央、国务院召开改革开放后的第三次全国教育工作会议。会上强调，全党同志和全国各族人民都要从实现祖国富强和民族振兴的高度，继续关心和支持中国教育发展。各级党委和政府，要将教育纳入战略发展重点和现代化建设的整体布局之中，切实把教育作为先导性、全局性、基础性的工作，摆到优先发展的战略重点地位。

（三）中国教育发展从量到质：2001年至今

2000年，中国已基本普及九年义务教育。自2001年以来，随着“两基”任务的逐步完成，义务教育发展进入了深化改革、提高质量时期。该时期中共中央、国务院、教育部出台了一系列重要的有关义务教育改革的政策和规定，推动义务教育改革纵深发展，以不断提高义务教育质量。2001年6月，召开了全国基础教育工作会议，随后发布了《国务院关于基础教育改革与发展的决定》，该决定指出，农村义务教育实行"在国务院领导下，由地方政府负责，分级管理，以县为主"的管理体制，从而提高了义务教育政府投资主体的重心，有力地推动了农村义务教育持续健康发展。同年6月，教育部印发《基础教育课程改革纲要（试行）》，拉开了新课程改革的帷幕。7月，教育部又印发《全国教育事业第十个五年计划》，提出了提高义务教育质量，推动义务教育快速发展的若干措施。2002年，教育部公布《第八批基本普及九年义务教育、基本扫除青壮年文盲县（市、区）名单》和《第五批基本普及初等义务教育县名单》，标志着义务教育普及程度的进一步提高。2005年12月，国务院发布了《关于深化农村义务教育经费保障机制改革的通知》，明确国家全面免除农村义务教育阶段学生学杂费，向全国农村义务教育阶段学生免费提供教科书并对家庭经济困难的寄宿学生提供生活补助。适时地将农村义务教育全面纳入公共财政保障范围，建立中央和地方分项目、按比例分担的农村义务教育经费保障机制，这一重大决策对于提高义务教育质量，保证义务教育的顺利发展，具有划时代的意义。

2006年，全国人大常委会修订颁布了新《中华人民共和国义务教育法》，将义务教育全面纳入财政保障范围，明确义务教育不收学费、杂费。同年6月，教育部发布了《关于实事求是地做好农村中小学布局调整工作的通知》，在全国范围内对中小学尤其是农村中小学教育资源进行了整合，其目的就在于有效利用各种资源，避免资源浪费，从而提高中小学教育质量。同年9月，全部免除西部地区农村义务教育阶段学生学杂费正式实施。到2006年底，全国实现"两基"验收的县（市、区）累计达到2973个，占全国总县数的96%，"两基"人口覆盖率达到98%；小学学龄儿童净入学率达到99.27%，初中阶段毛入学率为97%，初中毕业生升学率为75.7%；高中阶段教育（包括普通高中、职业高中、普通中等专业学校、技工学校、成人高中、成人中等专业学校）在校学生达4341.86万人，高中阶段毛入学率为59.8%；全国各类高等教育在校学生规模超过2500万人，毛入学率达22%，形成世界上最大规模的基础教育和高等教育。作为世界上最大的发展中国家，中国总人口约占世界人口的21%，教育人口约占世界的26%（其中学历教育约占22%）。长期以来，中国以全世界3%的教育经费，支撑起占世界1/5人口的教育，中国教育发展取得了阶段性的巨大成功。

专栏6－2

《国家中长期教育改革和发展规划纲要（2010～2020年）》战略目标①

到2020年，基本实现教育现代化，基本形成学习型社会，进入人力资源强国行列。

实现更高水平的普及教育。基本普及学前教育；巩固提高九年义务教育水平；普及高中阶段教育，毛入学率达到90%；高等教育大众化水平进一步提高，毛入学率达到40%；扫除青壮年文盲。新增劳动力平均受教育年限从12.4年提高到13.5年；主要劳动年龄人口平均受教育年限从9.5年提高到11.2年，其中受过高等教育的比例达到20%，具有高等教育文化程度的人数比2009年翻一番。

形成惠及全民的公平教育。坚持教育的公益性和普惠性，保障公民依法享有接受良好教育的机会。建成覆盖城乡的基本公共教育服务体系，逐步实现基本公共教育服务均等化，缩小区域差距。努力办好每一所学校，教好每一个学生，不让一个学生因家庭经济困难而失学。切实解决进城务工人员子女平等接受义务教育问题。保障残疾人受教育权利。

提供更加丰富的优质教育。教育质量整体提升，教育现代化水平明显提高。优质教育资源总量不断扩大，更好满足人民群众接受高质

① 《国家中长期教育改革和发展规划纲要（2010～2020年）》，中国网2010年3月1日，见http://www.china.com.cn/policy/txt/2010－03/01。

量教育的需求。学生思想道德素质、科学文化素质和健康素质明显提高。各类人才服务国家、服务人民和参与国际竞争能力显著增强。

构建体系完备的终身教育。学历教育和非学历教育协调发展，职业教育和普通教育相互沟通，职前教育和职后教育有效衔接。继续教育参与率大幅提升，从业人员继续教育年参与率达到50%。现代国民教育体系更加完善，终身教育体系基本形成，促进全体人民学有所教、学有所成、学有所用。

健全充满活力的教育体制。进一步解放思想，更新观念，深化改革，提高教育开放水平，全面形成与社会主义市场经济体制和全面建设小康社会目标相适应的充满活力、富有效率、更加开放、有利于科学发展的教育体制机制，办出具有中国特色、世界水平的现代教育。

2007 年免除农村义务教育阶段学生学杂费范围扩大到中部和东部地区，并对贫困家庭学生免费提供教科书并补助寄宿生生活费。2008 年 8 月，国务院正式印发《关于做好免除城市义务教育阶段学生学杂费工作的通知》，规定从 2008 年秋季学期开始，在全国范围内全部免除城市义务教育阶段学生学杂费。这标志着义务教育免费范围的继续扩大。2010 年 7 月 13 日至 14 日，中共中央、国务院召开全国教育工作会议，这是党中央、国务院在 21 世纪召开的第一次全国教育工作会议，也是改革开放 30 多年来第四次全国教育工作会议。2013 年 9 月 25 日，习近平在联合国总部举行的“教育第一”全球倡议行动一周年纪念活动上表示，中国将坚定实施科教兴国战略，始终把教育摆在优先发展的战略位置，不断扩大投入，努力发展全民教育、终身教育，建设学习型社会，努力让每个孩子享有受教育的机会，努力让 13 亿人民享有更好、更公平的教育，获得发展自身、奉献社会、造福人民的能力。

第二节　剖析应然实现目标　深入理解教育战略

中国当前进入了一个从传统社会向现代社会转型的关键时期，一个对国家发展和社会进步都有重大意义的战略机遇期，一个以多元复合社会转型为核心特征的战略机遇期：从乡村社会向城市社会快速转型；从计划经济向市场经济转型进入攻坚期；农业社会快速工业化，并面临知识社会的冲击；由立体科层管理结构向扁平网络结构的社会转型；由封闭内卷社会向开放外拓社会转型；由产业追随向产业创新转型；由线性经济向循环经济转型；由生存型文化向发展型文化转型八个方面。面对社会多元转型的复杂性，教育战略定位应当多元化。社会转型的多元特征，决定了教育的功能的多样性。教育的历史使命要解决经济增长、社会发展、文明演进、人的全面发展等有关民族、国家发展的重大问题。不同层次的教育应当设定不同的战略规划，系统性地应对社会转型。

一、实现教育均衡发展推进社会普遍服务

实现教育普遍服务，是推进社会普遍服务体系建设的重要抓手。教育普遍服务，是一国政府根据经济社会发展状况，通过立法加以规范的、由全社会共同承担的带有普惠性质的基础性教育，向全体国民，尤其是经济落后的地区、弱势及其他有特殊需求的社会群体，提供公共化的、非歧视的、可负担的、同质性、不受社会阶层差距及地域分布差异阻隔的教育产品或服务。教育普遍服务应具有如下性质：

1. 公共性。教育，尤其是基础教育，因其具有很强的正外部性，往往造成个体或市场供给的教育服务小于社会对教育的需求，使得教育无

法随市场经济规模的扩大而自然地加以普及，这就需要政府的介入，通过社会资源的再分配机制将社会资源向教育领域倾斜，推进教育与经济社会的同步发展。

2. 非歧视性。非歧视性要求政府提供的教育产品与服务对全体社会成员而言是公正和机会均等的，即不受家庭贫富等经济因素的影响、不受社会阶层差异等社会因素的阻隔，不受所处地理位置、种族、性别、年龄等人口因素的限制。

3. 可负担性。即全国范围内的所有社会成员无论何时何地，都能够以支付得起的价格获得教育普遍服务。

4. 同质性。社会成员无论社会层级的高低，社会关系的宽窄、人口空间分布的疏密，在教育的质量和硬件服务等方面得到的待遇应该相差无几。

教育普遍服务包含初等教育普遍服务、中等教育普遍服务和高等教育普遍服务三个层次。初等教育普遍服务解决教育全覆盖的问题，保障适龄儿童教育机会的均等。中等教育普遍服务重点加强青少年社会适应力，培育社会认同，增进社会融合。初等和中等教育共同解决人的生存问题。高等教育普遍服务着重培育主流文化，提升国民融入主流社会的能力，着力解决人的发展问题，通过培育人的发展能力最终实现人的现代化。

实现初等教育普遍服务，普及九年义务教育，让全体适龄儿童享有公平的受教育机会，培育健康的心智，提高国民素养。初等教育阶段是学龄儿童走进学校接受正规教育，形成健全人格、增强基础社会能力、培育正向思维的关键时期。初等教育普遍服务重点在于打破教育资源地域分布的不均衡和教育供给的体制性壁垒，向全体国民，尤其是经济落后的地区、弱势及其他有特殊需求的社会群体，提供不受社会制度及地域差距制约的教育产品或服务。让社会各阶层，特别是社会下层民众通过公平地获取教育机会，获得平等的发展权利。避免因教育机会不平等和教育服务的缺失形成“教育鸿沟”，使心智不健全、国民素养差、尚不具备社会进取心的儿童过早地走出学校、走进社会，沦为社会成本。

实现中等教育普遍服务，普及高中阶段教育，提升青少年社会适应力，培育社会认同，增进社会融合。“中等收入陷阱”的核心就是经济增长与社会发展的脱节。陷入中等收入陷阱的国家往往缺乏一种有效的机制将经济增长转化为社会发展。没有社会发展的经济增长不仅不能带来繁荣，反而会产生社会排斥、社会对立乃至社会冲突。提升青少年适应社会的能力，培育社会认同，增进社会融合是解决问题的关键。处于16～18岁的青少年，是储备知识、积累技能并顺利走向社会的重要时期。实现中等教育普遍服务，防止弱势群体的边缘化，增进青少年融入社会的能力，促进社会的正向流动意义重大。社会融合既包括城乡社会融合也包括社会阶层的相互融合。一方面中等教育普遍服务通过增进人口迁徙的能力，增加社会劳动力进入城市社会、分享经济增长的机会，形成对社会的认同。另一方面，中等教育普遍服务通过延续人力资本积累，促进社会阶层的合理流动（特别是下层人口的向上流动），避免了社会阶层板结的形成和贫穷的代际传递，弱化了社会阶层之间的敌对心理，降低了社会矛盾爆发的几率，阻隔了“现代化断裂”的出现。

实现高等教育普遍服务，普及大学教育，培育社会主流文化，培养国民融入主流社会的能力，实现人的现代化。高等教育是培养高端人才的摇篮。普及大学教育是代表一国教育发展处于较高水平的重要标志。大学是培育社会主流文化，培养青年融入主流社会的重要场所。主流文化引领着社会前进的方向，先进的社会文化对于社会经济发展具有正向的激励作用，而落后的社会文化会阻碍社会经济的发展。普及大学教育的主要目标便是形成支撑经济社会可持续发展的精进文化，使精进文化成为社会的主流。精进文化使人产生乐观、积极向上的心态，具有积极心态的大学毕业生才是实现社会主义现代化、全面建设小康社会的中坚力量，才是社会经济发展所需要的人才。具有消极心态、积累了大量怨气、心理不健康甚至扭曲的人才，储备的知识越丰富，拥有的技能越高超，对社会的破坏就越大。因此，培育优秀的人文精神是大学不可或缺的社会责任。社会融入力是国民融入主流经济、主流社会，全面融入现代物质文明的能力。大学教育使国民掌握了融入现代产业的就业技能、创业技能，拥有了融入现代化城市的生活技能，最终实现自身的现代化。

作为推进社会普遍服务重要突破口的教育普遍服务政策，教育普遍服务的本质在于通过教育保障全体社会成员尤其是社会下层群体的生存状况与发展权利，为国民提供公平公正的发展机会；通过教育保障社会阶层的动态流动，特别是下层人口的向上流动，让占据社会主要人口的广大下层群众利用教育分享经济增长和社会发展的成果，防止因“教育鸿沟”衍生社会阶层的板结，社会阶层的固化，社会贫困的代际传递，防止社会阶层之间敌对心理的出现与加剧，防止造成社会冲突的显性化，进而走入中国社会“现代化断裂”的陷阱。因此，应将教育普遍服务纳入政府的公共管理，加强政府公共服务职能，发挥民生财政的普惠效应，使公共教育服务遍及所有地区、惠及所有人口，通过强化人的社会能力改变自身生存状态、提升自身的发展能力，增强社会阶层之间的流动性。

从中国目前的情况来看，教育发展的不均衡主要体现在不同地域之间的发展差异和城乡不同体制之间的相互排斥两个方面。这两个方面中，教育体制性排斥所造成的教育歧视与质量差异远远大于教育的地域性差异。一般而言，地域之间的教育不均衡可以通过微观个体的跨区域流动得以缓解。例如，为追求优质教育服务，家庭可以为孩子上学举家从经济欠发达地区流向经济发达地区，从中西部教育服务较差的地区转向东部教育质量较高的地区。然而，教育体制性排斥却无法通过微观个体的努力得以突破。仅仅是因为出生在农村而非城市、仅仅是因为出生在贫困家庭而非富裕家庭、仅仅是因为父母没有良好的工作和社会地位等无法左右的先天性因素，就造成教育机会的剥夺、教育场所的分割、教育质量的差距，这是中国社会正在遭遇的最大不平等与不公正。

第一，教育的城乡隔离正在阻碍农民阶层向现代社会阶层的转换。人类现代化的历史一再表明，农民阶层向现代社会阶层的转换过程绝不仅仅是农村人口的居住地在空间分布上从乡村搬入城市，从平房进入楼房，而是一个农民与土地分离，农村劳动力从传统的农业纳入现代产业体系，即工业、商业和服务业的过程。在这个过程中，教育扮演着举足轻重的作用。然而，现阶段中国教育的城乡隔离，正在严重地影响着农民阶层向现代社会阶层的转换。农民通过无法获得足够知识的乡村教育体系，很难获得跨入现代产业体系所需的基本技能。没有现代知识装备头脑的农民一旦从土地上走出，很容易形成既无法融入城市生活，又不甘心回归农村的两难境地，进而演变为游离态的社会人群，成为诱发社会不稳定的因素。

第二，教育的校际分割正在固化社会阶层之间的分割。目前，尽管中国经过多年的努力，基本普及了九年义务教育，实现了“穷国办大教育”的目标。然而，如果从学生实际入学的角度去分析中国的基础教育，我们会发现教育的校级分割现象呈现出了越演越烈的发展态势。社会阶层的分割正在通过“择校”这个扭曲的社会行为形成教育的校际分割。例如，学生是进入重点校还是非重点校接受教育，除了学区制和学校的选拔性考试成绩以外，更比拼的是家庭的社会关系和家庭收入情况。其竞争的结果是，没有家庭背景或者高收入，即处于社会低阶层家庭的孩子能够进入重点学校的概率是微乎其微。再比如，优质学校的另类班与针对特殊人群子女的另类学校的出现，更是直接将社会低阶层人群的子女直接与社会高阶层人群的子女完全分割，人为地将孩子通过特殊校、特殊班分割成“三六九等”，造成明显的教育歧视。

第三，教育的质量鸿沟正在强化社会阶层之间的发展鸿沟。尽管近年来政府加大了教育资源均衡分配的调整，特别加强了对教育发展落后地区的财政支持，但是，由于城乡二元结构的客观现实以及多年来中国教育资源向城市倾斜分配的惯性效应，中国的优质教育资源特别是优质教师资源仍然集中在城市的优质学校之中。再经过城乡隔离和校际分割两项制度的双重作用，教育的质量鸿沟正在转化为社会高阶层家庭孩子与社会低阶层家庭孩子之间的知识鸿沟和社会技能鸿沟。在目前的高考制度下，社会高阶层家庭的孩子可以通过接受高质量的基础教育，顺利地通过“高考的独木桥”得以进一步深造，获得更多的知识和技能。而社会低阶层家庭的孩子由于不足质的基础教育而过早被分流，在无知识、无经验、无技能的“三无”状态下被迫进入社会谋生，有些甚至因生活不如意而衍生青少年犯罪，沦为社会成本。

由于现代社会人们改变自己社会地位的最主要途径就是通过教育增加自身或子女的人力资本。因此，政府担负着促进教育公平、社会公平的重大责任。在科教兴国战略的指引下，政府要优先保证教育的公平发展，重点保障社会弱势群体的就学机会。因此，实现教育均衡发展目的在于打破教育资源的城乡分割、区域分割和体制分割，实现教育服务的普遍供给，进而推进社会普遍服务的实施。

二、培育民族创新力　增进国家竞争力

半个世纪前，英国的李约瑟博士提出了这样一个问题：“中国古代有杰出之科学成就，何以近代科学崛起于西方而不是中国?”这就是著名的“李约瑟难题”，也称“中国难题”。或许李约瑟的真正功绩不在于给出一个最终答案，恰恰在于提出了这个问题。这个问题看起来只涉及中国科学技术的发展，实际上牵动着人们对中华民族历史的反思和对未来的展望。国家创新能力是关系到一个国家综合国力和国际竞争力在世界总体格局和经济全球化中所处地位的重要因素。未来综合国力的竞争是创新能力的竞争。对处于转型期的中国经济而言，要迎接科学技术突飞猛进和知识经济迅速兴起的挑战，要迅速发展高新技术产业，关键在于培育民族创新力。教育是培育民族创新力的基石，是增进国家竞争力的不竭动力。立志优质教育、弘扬创新精神，提高创新能力，培育创新体系，塑造并熔铸中华民族进步之魂，教育具有不可推卸的社会责任，培育民族创新力增进国家竞争力理当成为中国教育发展战略中不可或缺的重要因素。

世界银行曾明确指出，知识经济是当今世界上一种新型的富有生命

力的经济。知识经济是指以知识（智力）资源的占有、配置、生产、分配和使用（消费）为最重要的因素的经济。知识经济的提出为人类找到了一条新的发展途径，既不破坏生态环境又能够以极少量的自然资源来推动经济的极大发展，为人类经济的可持续发展找到了新的立足点。21世纪是科学技术为主导的世纪，是知识经济占主流的时代。一个国家或地区的创新能力乃是一国在国际竞争中具有标志性的软实力。未来的知识经济社会中，哪个国家掌握了知识优势、科技优势，特别是高新技术创新力，哪个国家就将取得经济发展的主动权和国际竞争的优先权。当前，以信息技术、生物技术为代表的高新技术及其产业迅猛发展，深刻地影响着各国的政治、经济、军事、文化等方面实力。在以科学技术、人力资本、文化价值等软实力要素为主要内容的国力较量中，能否在高新技术及其产业领域占据有利地位已经成为竞争的焦点，成为维护国家主权和经济安全的命脉所在。

教育所衍生出的知识“内生增长”是现代社会经济发展的推进器。知识经济的经济增长在很大程度上是由技术创新、人力资本积累、资源转移、规模经济、学习效应等因素形成的动力所推动，知识剧增、信息“爆炸”是知识经济社会的一个主要特点。现代科学技术发展的指数增长趋势在知识经济中表现得更加明显和突出。据有关资料记载，人类的科技知识，19 世纪是每 50 年增加一倍，20 世纪中叶是每 10 年增加一倍，当前则是每 3 ~5 年增加一倍。来自联合国教科文组织下属的世界科技情报系统的统计数据表明，自 20 世纪 60 年代以来，人类所掌握的科学知识增长得越来越快，60 年代时的科学知识年增长率从此前的 9.5% 上升到 10.6%，80 年代以来年增长率达到 12.5%。据有的未来学家推测，今天的科技知识只不过是 2050 年的 1%。知识是知识经济“发动机”的“燃料”。

公民通过教育学习知识，实现人的创新，是持续增进国家竞争力的关键。人的创新，简单地说，就是人不断解放自身的过程，我们大致可以分为三个层次：知识的增加、能力的增强和价值的拓展。知识的增加是最基本的方式，无论是直接在学校里接受教育还是在“干中学”都可以改变一个人知识的数量和结构，并加深对客观世界及其规律的认识。能力的增强，则表现为人在运用知识去改造客观世界时效率的增加最后以物资或服务产出的形式表现为社会财富的增加。价值的拓展则是人在认识和改造世界过程中对客观世界与人和人与人之间关系认识的深化。

人是创新活动的核心，是人力资本的所有者，是社会财富的创造者，是有多种需求而需求又得不到满足从而处于积极主动要求变革并实现变革的行为主体。在国家创新体系中，人力资本一方面作为一种投入要素参与创新过程；另一方面，技术创新并不仅限于科学技术层面上的创新，而是一个在技术创新的过程中通过制度、组织的创新和参与者自身的学习与积累不断解放人的过程。人不仅仅是依附于创新过程实施创新的工具，而且是具有主动性和创造力的创新主体。以人的创新为核心的内生增长动力体系，其核心在于：它必须在一次创新的过程中内在地生产出下次创新所需的资源和动力，保证下次创新在更高的水平上进行，如此螺旋上升。具体指在一定的资源禀赋、技术知识、制度、文化条件下，各个行为主体在参与整个国家创新过程中，相互学习、交流和互动，在创造出物质财富的同时也生产出更加先进的知识、技术、制度与文化，为下次创新提供保障。可以说，教育保持着一个民族的创新力，从而不断提高国家的竞争力。

三、增强教育吸引力持续积累人力资本

人力资本是指人们经过在教育、健康、训练、移民和信息获取等方面的开支后所形成的资本。人们在教育、健康、训练、移民和信息获取等方面的开支即构成了人力资本投资。人力资本的投资对产出的作用是间接的。这种投资行为首先作用于劳动者的知识水平、生产技能和身体健康，然后在此基础上进一步提高了劳动者的生产效率。人力资本的投资可以通过正规学校教育、在职培训、干中学和职业选择等方式实现。

当然，医疗保健、孩子的抚养等也包括在内。教育和在职培训在人力资本形成和积累过程中起着重大作用。

美国经济学家本·普拉斯在《人力资本生产和收入的生命周期》一文中说道，一个人在他年轻时，首要的是要专门地进行人力资本的投资和积累。根据他的失业风险理论，失业是市场经济中的必然现象，只是不同的人具有不同的失业事件发生风险。根据市场观察可知，一方面，人力资本存量较高的人群往往拥有稳定并且收入可观的工作，而且因为这个人群具备足够的人力资本存量，所以就较易于接受新知识、掌握新技术，不断更新自己的知识技能储备，适应这个社会的发展，所以其失业率较小；另一方面，人力资本存量小的人群相比较而言，其失业事件发生的风险将会偏高。

我们可以假设在同一外部环境和条件下，失业事件发生的风险只与个人的人力资本存量成负相关关系，令 U 表示失业事件发生风险，K 表示人力资本存量，则有下列函数：$U=U(K)$。该函数应具有如下性质：当 K 小于某一值 K_1 时，$U(K)=1$，表示当一个人的人力资本存量达不到一定程度时，不能实现就业；当 K 大于 K_1 时，表示一个人的人力资本存量增加，失业事件发生风险减少；当 K 充分大时或者当 K 达到或超过某一值 K_3 时，$U(K)=0$，表示当一个人的人力资本存量足够大时，他将无失业事件发生风险。$U(K)$ 可由图 6－1 表示其变化路径：

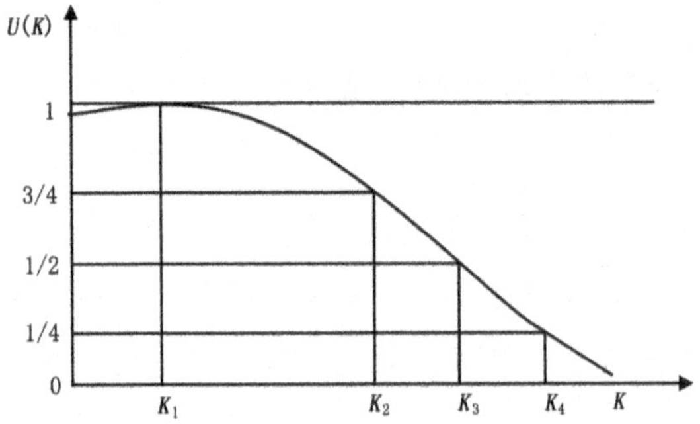

图 6－1　失业风险与人力资本存量的关系

根据模型的性质可见，一个人如果要想进入劳动力市场就业，首先要进行专门的人力资本积累（正规学校教育）。当其人力资本存量达到一定要求后（$K>K_1$），才有可能实现就业。如果他的人力资本存量在低水平上，即 $K_1<K<K_2$ 时，他就业后所面临的失业风险事件发生的可能性较大。一般情况下，社会成员在人生的初期，进行专门的人力资本积累，从而使其人力资本存量 $K>K_3$，使失业事件的风险降低到 1/2 以下，而后在就业的过程中进行必要的在职培训或边干边学，以增加个人的人力资本存量，降低失业风险。当个人的人力资本存量达到一定的水平后，即 K 大于或等于 K_3 时，个人将实现零失业事件发生风险的就业。

从社会发展的角度来看，人力资本积累可以缓解社会“零和博弈”。“零和博弈”是非合作博弈，是指博弈中甲方的收益，必然是乙方的损失，即各博弈方得益之和为零。在“零和博弈”中各博弈方决策时都以自己的最大利益为目标，结果是既无法实现集体的最大利益，也无法实现个体的最大利益。除非在各博弈方中存在可信性的承诺或可执行的惩罚作保证，否则各博弈方中难以存在合作。

在社会转型的过程中，会出现一些现象，如企业破产、流民问题、职工下岗等等，当一部分人失去得利时，会有另一部分人获得利益，使社会矛盾激化，有陷入“中等收入陷阱”的可能。这些都让社会转型看起来很痛苦。对此，我们要积极地进行“帕累托改进”。“帕累托改进”就是指一项政策能够在不损害其他社会成员的福利时能够提高至少一人的福利。“帕累托改进”可以在资源闲置或市场失效的情况下实现。在资源闲置的情况下，一些人可以生产更多的商品并从中获益，且又不会损害其他人的利益。当个人的人力资本积累时，此人失业风险降低，人力资本存量增加，收入水平提升。这样并没有降低他人的福利水平，没有对他人造成损害。与此同时，其他人也可以通过提高自身的人力资本存量来改善生活环境。这样便类似于网络经济，参与的人越多，参与者的受益程度也越高，实现了“帕累托改进”。

而在现实社会，并不能完全自发地达成“帕累托改进”，所以需要政府进行教育上的财政支持，鼓励大家持续地接受教育。改革开放以来，随着中国经济社会的不断发展，中国计划经济时期原有的两阶级加一个阶层（农民阶级、工人阶级和属于工人阶级的知识分子阶层）的社会结构开始向多阶层分化。在这个过程中，微观个体的受教育程度对社会阶层流动的作用显著增强。特别是，知识经济时代的到来，更加强化了知识和技能等获得性因素对个人社会阶层的定位及其社会阶层的向上流动。然而，由于教育资源地域分布的不均衡和教育供给的体制性壁垒，使得社会阶层之间的差距正在通过“教育鸿沟”呈现加大的趋势。教育机会的不平等正在堵塞社会阶层的合理流动，形成社会阶层板结和代际传递，造成社会发展的断裂和下层民众的边缘化。教育效果的不明显反过来又继续扩大了“读书无用论”的影响范围，进而进一步加大“教育鸿沟”。因此，增加教育吸引力，持续积累人力资本是解决问题的关键。

增加教育吸引力，关键在于提升教育的投入—产出比。根据人力资本理论，相关学者运用收益—成本方法从教育的不同维度测算了教育的个人收益和社会收益，表 6 – 1 是希腊学者普萨卡拉波罗斯（Psacharporlos）对 60 多个国家的各阶段教育的社会收益率和私人收益率的比较测算。结果表明，发展中国家人力资本投资收益明显高于实务资本投资收益，初等和中等教育阶段的教育收益明显高于高等教育阶段。

表 6 – 1　　按收入类型分类的教育投资回报率　　单位：%

	个人投资收益率			社会投资收益率		
	初等	中等	高等	初等	中等	高等
世界平均	30.7	17.7	19.0	20.0	13.5	10.7
低收入国家 <610	35.2	19.3	23.5	23.4	15.2	10.6
中等收入国家 <2450	29.9	18.7	18.9	18.2	13.4	11.4
中高收入国家 <7620	21.3	12.7	14.8	14.3	10.6	9.5
高收入国家 >7620		12.8	7.7		10.3	8.2

资料来源：世界银行高级教育经济学家普萨卡拉波罗斯（Psacharporlos）对教育投资回报率问题进行的研究。转引自：盛世明：《义务教育的产品属性及其供给的博弈论分析》，《上饶师范学院学报》2003 年第 6 期。

因此，在这种情况下，一旦教育产品完全依靠私人部门通过市场机制来配置，将会不可避免地产生“搭便车（freerider）”现象。从社会的角度来看，实现资源有效配置必须遵循的原则是社会边际成本等于社会边际收益；在完全由私人部门通过市场机制配置资源时，遵循的却是社会边际成本等于边际收益的原则，由于教育的社会边际收益远大于个人边际收益，结果就是私人提供的教育达不到有效率的社会最优水平①，如图 6－2 所示。

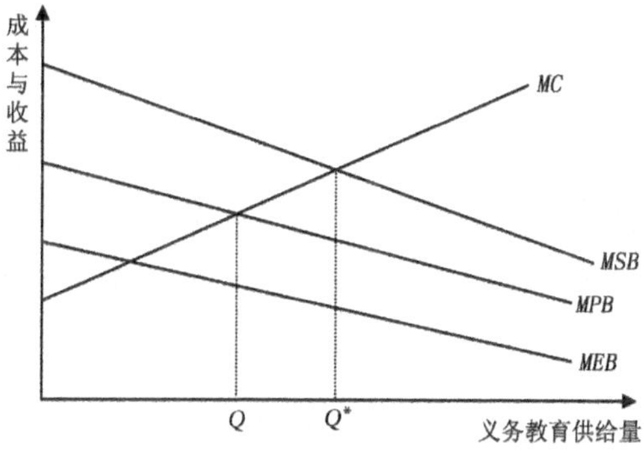

图 6－2　义务教育的正外部性与数量供给

私人部门在提供教育时，它的边际私人收益（*MPB*）和边际私人成本如图 6－2 所示，私人部门决定的教育提供量是 Q，因为在此点，$MPB=MC$。由于教育具有正外部性，其边际外部收益为 *MEB*，故教育的边际社会收益为 *MPB* 和 *MEB* 之和，即 *MSB*。根据效率的要求，教育的最佳提供数量为 Q^*，在此点，$MSB=MC$。这说明，市场不能保证教育达到最有效的提供。为了保证教育达到最佳规模，需要政府采取措施加以干预，如对教育给予相应的补贴，使教育提供达到最佳规模。

① 林洋：《中国教育支出的分析研究》，《财税与会计》2003 年第 10 期，第 13～16 页。

四、培养人文精神　促进人的全面发展

从世界各国的现代化进程来考量，国家的贫富是由多种因素决定的。文化、政治以经济为基础，政治是经济的集中表现，而文化反应则往往滞后。文化对经济的作用一般是“制约——适应——制约”的；国家贫富受制于经济结构的调整、管理水平的提高，更取决于深层次的文化因素①，且文化的影响（包括积极与消极）将异常持续与深远。经济的发展与社会的进步，必然要求一种新的世界观和思想体系，必然要求形成一种与经济社会发展相适应的文化。这种文化就是人的发展所必须具备的人文精神。教育是培育人文精神的重要手段，教育又对文化的继承和发展起重要作用。教育所形成的社会先进文化和优质的人文精神，满足了现代化过程中各国对精进文化的需求，有力地支撑了现代化社会的形成，成为推动文化精进、社会进步的基石。

当下，中国的发展正面临跨越“中等收入陷阱”的关键时期。所谓的“中等收入陷阱”是指当一个国家的人均收入达到中等水平后，由于不能顺利实现经济发展方式的转变，导致经济增长动力不足，最终出现经济停滞的一种状态。一个经济体从中等收入向高收入迈进的过程中，既不能重复又难以摆脱以往由低收入进入中等收入的发展模式，很容易出现经济增长的停滞和徘徊，人均国民收入难以突破1万美元。进入这个时期，经济快速发展积累的矛盾集中爆发，原有的增长机制和发展模式无法有效应对由此形成的系统性风险，经济增长容易出现大幅波动或陷入停滞。大部分国家则长期在中等收入阶段徘徊，迟迟不能进入高收入国家行列。

当今世界，绝大多数国家是发展中国家，存在所谓的“中等收入陷阱”问题。像巴西、阿根廷、墨西哥、智利、马来西亚等，在20世纪

---

① 戴维·S. 兰德斯：《国富国穷》（译后记），新华出版社2001年版，第10页。

70年代均进入了中等收入国家行列，至今见不到增长的动力和希望。国家统计局发布的《2012年国民经济和社会发展统计公报》显示，2012年中国国内生产总值（GDP）为519322亿元，而年末全国大陆总人口为135404万人，据此，2012年中国人均GDP为38354元，截至2012年末，人民币兑美元汇率中间价为6.2855，这就意味着2012年中国人均GDP达到了6100美元，已经进入中等收入偏上国家的行列，“中等收入陷阱”问题日益受到关注。而实际上，“中等收入陷阱”问题反映的是社会发展、人的发展与经济增长相互脱节的现象，即社会发展、人的发展与经济增长不仅没有出现同步增长，甚至出现负相关关系，呈现倒U曲线发展的态势。

所谓倒U曲线是由西蒙·库兹涅茨在1955年美国经济协会的演讲中首次提出来的。他经过对18个国家经济增长与收入差距实证资料的分析，得出了收入分配的长期变动轨迹是“先恶化，后改进”。或用他自己的话说是“在前工业文明向工业文明过渡的经济增长早期阶段，收入分配不平等的长期趋势可以假设为迅速扩大、尔后是短暂的稳定，然后在增长的后期阶段逐渐缩小”。他通过比较一些国家的横截面资料后得出，处于发展早期阶段的发展中国家比处于发展后期阶段的先发国家有更高的收入不平等，表现在图形上就是一条先向上弯曲后向下弯曲的曲线，形似颠倒过来的U，故人们将其称为“倒U曲线”。“倒U曲线”实际上反映的是现代化进程中，在工业化和城市化加速期，经济增长与社会发展之间的背离，即经济增长不仅没有伴随社会发展的同步演进，而且以人民生活水平不断拉大的方式呈现这种矛盾。这种矛盾实际上正反映了教育中人文精神的缺失。而缺乏人文精神的功利教育，只能愈发激发人们对物质的欲望，使人们丧失生活的高尚目标。一旦自身的物质欲望得不到满足，便会产生社会排斥甚至敌对，从而丧失对社会的认同。

人的全面发展实际反映了对社会发展与经济增长同步增长的诉求。社会发展和人的发展的过程是相互结合的。人越全面发展，社会的物质文化财富就会创造得越多，人民的生活就越能得到改善，而物质文化条件越充分，又越能推进人的全面发展。人的全面发展，表现在人的思想道德素质、科学文化和健康素质等各方面得到全面提高。因此，培养人文精神实现人的全面发展，应是教育战略的应有之义。

第三节　明确多维决定因素勾勒战略实施路线

战略实施是战略规划的落实、推行与实现。设计战略实施路线有助于设定教育发展的阶段性基点，锚定教育发展方向。战略实施包括战略发动、战略计划、战略运作和战略控制与评估四个阶段。这四个阶段相辅相成、头尾相接、循环往复成为一个完整的战略实施闭环。设计战略实施路线图就是要预先通盘考虑战略实施的四个阶段，设计好关键的控制节点，设定关键的战略实施路标，为保证战略的正确实施提供指导手册。教育的战略实施是一项系统工程，是由教育的发展理念、战略目标、人物分解、项目落实、经费保障、评估体系所组成的复杂系统。特别是，分析教育战略的构成要件有助于高屋建瓴地全面认识教育发展的蓝图，因此教育战略实施需要顶层设计和系统集成。

一、明确教育战略实施过程及原则

战略实施是一个自上而下的动态管理过程。所谓“自上而下”主要是指，战略目标在决策部门达成一致后，再向中下层传达，并在各项工作中得以分解、落实。所谓“动态”主要是指战略实施的过程中，常常需要在“分析—决策—执行—反馈—再分析—再决策—再执行”的不断循环中达成战略目标。

战略规划在尚未实施之前只是纸面上的或人们头脑中的东西，而战略实施是战略管理过程的行动阶段，因此它比战略的制订更加重要。在战略实施过程中，包括战略发动、战略计划、战略运作和战略控制与评估四个阶段。

1. 战略发动阶段。对于一个新的战略，在开始实施时相当多的人会产生各种疑虑，而一个新战略往往要将人们引入一个全新的境界。因此，战略实施首先是一个发动广大员工的过程，要向广大员工讲清楚企业内外环境的变化给企业带来的机遇和挑战、旧战略存在的各种弊病，新战略的优点以及存在的风险等，使大多数员工能够认清形势，认识到战略实施的必要性和迫切性，树立信心，打消疑虑，为实现新战略的美好前途而努力奋斗。在发动员工的过程中要努力争取战略的关键执行人员的理解和支持，特别是企业的领导人要考虑机构和人员的认识调整问题——扫清战略实施的障碍。

2. 战略计划阶段。将经营战略分解为几个战略实施阶段，每个战略实施阶段都有分阶段的目标，相应地有每个阶段的政策措施、部门策略以及相应的方针等。要定出分阶段目标的时间表，并对各分阶段目标进行统筹规划、全面安排，并注意各个阶段之间的衔接，对于远期阶段的目标方针可以概括一些，但是对于近期阶段的目标方针则应该尽量详细一些。相对战略实施的第一阶段，它更应该是新战略与旧战略的衔接，以减少阻力和摩擦。另外，它的目标与计划也要比第一阶段的分目标及计划更加具体化和操作化，应该制订年度目标、部门策略、方针与沟通等措施，使战略最大限度地具体化，变成各个部门可以具体操作的业务。

3. 战略运作阶段。战略实施的运作主要与下面六个因素有关，即：各级领导人员的素质和价值观念；组织机构；文化；资源结构与分配；信息沟通；控制及激励制度。通过这六项因素使战略真正进入到日常生产经营活动中去，成为制度化的工作内容。

4. 战略的控制与评估阶段。战略是在变化的环境中实践的，因此，只有加强对战略执行过程的控制与评估，才能适应环境的变化，完成战略任务。这一阶段主要是建立控制系统、监控绩效和评估偏差、控制及纠正偏差三个方面。

在此基础上，教育战略实施路线图的设计应该以战略实施的系统构成为依据，并且遵循“适度合理性”原则、“统一领导，统一指挥”原则、“权变”原则三大原则。

首先，“适度合理性”原则。由于决策的时限、信息资源以及个人认知能力限制等因素的影响，使得未来预测在教育目标和战略实施的过程中产生一定偏差，由此制定的教育战略不能达到最优化，同时再加上内部条件与外部环境的变化多、情况复杂等情况，因此，只要在保证主要的战略目标方向正确的基础上基本达到战略预定目标，就可以认为这一战略是成功的。教育在不断发展，我们不可能完全照搬原先的战略计划，因此战略实施的过程不是简单机械性地执行现有计划，而是需要不断创新，突破传统理念，大量革新的过程。新战略本身就是对旧战略及其文化、价值观的批判继承，对旧观念在一定程度上进行否定，接着要充分创新，从而制定实施新战略。因此，可以说战略实施过程是一个创造过程。虽然战略的特征或者某些内容在实施过程中会有些改变，但如果这些并不妨碍总体目标以及战略的实现，那么这就是合理的。

教育战略目标总要通过一定的组织机构分工实施的，换句话说就是把复杂的总体战略分解为简单、具体、易管理控制的一个个小问题，并且把这些细化了的问题交由教育系统内各部门及其基层组织贯彻执行。为了适应战略实施的需要而建立了各组织机构，但一旦建立一个组织机构，这个组织机构就难免会有自己所关注的问题，可以称之为本位利益，为了解决这种本位利益在各种组织之间和教育整体利益之间发生的矛盾，教育系统的决策者要对这类矛盾进行协调、控制，并且寻找合适的解决方法，不存在偏离客观条件的“绝对合理性”。这些矛盾只要不损害总体目标和战略的实现，都是可以接受的。综上所述，在战略实施中要遵循“适度合理性”原则。

其次，“统一领导、统一指挥”原则。由于教育主管部门的高层决策者能够掌握比中下层人员更多的信息，从而他们对战略的各方面及其相互关系能够了解得更深刻、更全面，能最大限度地体会战略意图。因此，应当在高层决策者的统一领导、统一指挥下实施战略，从而合理协调资源分配、重述教育理念、建立激励制度、调整组织机构等方面的问题，从而有效实现战略目标。为了实现统一指挥的原则，就要求各个部门只能接受单个上级的命令，在战略实施过程中所发生的小范围、低层次能解决的问题，就不要放到大范围、高层次去解决，这样一来使得解决问题所付出的成本达到最小。高层次解决问题其代价成本高是因为高层环节涉及的面较大，关系复杂，交叉项多。

最后，“权变”原则。一般制定教育战略总是基于一定的社会环境条件假设，战略实施中总是不可避免地发生诸如事情发展与原先假设产生偏离的情况。因为战略实施过程就是一个解决问题的过程，但如果在此过程中内外部环境发生了重大改变，使得原有的战略不可行，那么这时候就需要将原有战略进行一些调整，这就是战略实施的“权变”问题。“权变”的关键在于如何掌握环境变化的程度，如果内外部环境发生的变化对战略实施来说并不重要，并不构成主要影响，那么这时修改原有战略将会产生消极后果，无法坚持原有战略会导致整体战略实施失败。但如果内外部环境变化重大，此时若仍旧坚持原有战略终将导致战略实施与原先目标偏离。因此，“权变”原则的关键就在于如何掌握环境变化的程度。在战略实施的全过程中都要贯彻权变的观念，从制定到实施，贯彻权变的观念就要求会识别战略实施中的关键变量，并对其做灵敏度分析，当这些关键变量的变化超过一定限度，那么就应当调整原有战略，并且准备好替代方案。

专栏 6-3

中国教育发展的国家意志①

——党的十六大以来教育改革发展成就述评之一

教育，民生之基，强国之本。刚刚走过的10年，是中国经济社会快速发展的10年，也是教育事业全面发展的10年。在建设人力资源强国、全面推进中华民族伟大复兴的征程中，优先发展教育，着力改革创新，促进教育公平，提高教育质量，正以国家意志的形态强力奏响新时期教育改革发展的时代强音。

优先发展：中国教育挺立潮头的时代选择

必须坚定不移地实施科教兴国战略和人才强国战略，切实把教育摆在优先发展的战略地位。2006年8月29日，中南海怀仁堂，胡锦涛总书记在中央政治局第34次集体学习中着重强调，要深化教育体制改革，统筹城乡、区域教育，统筹各级各类教育，统筹教育发展的规模、结构、质量、效益。

党的十六大召开的年份，正是新世纪中国进入全面建设小康社会、加快推进社会主义现代化建设新的发展阶段。将优先发展教育作为中国教育挺立潮头、中华民族屹立世界的不二选择，是时代赋予的选择。“坚持把优先发展教育作为贯彻落实科学发展观的基本要求，推动教育事业科学发展，办好人民满意的教育，实现教育和经济社会协调发展，充分发挥教育在党和国家事业中的基础性、先导性、全局性地位和作用。”当时光老人的脚步行至2011年的初春，胡锦涛总书记在中央政治局第26次集体学习中，再次强调优先发展教育。

2010年6月21日，胡锦涛总书记亲自主持，中共中央政治局审议通过了《国家中长期教育改革和发展规划纲要（2010~2020年）》（以

① 柴葳：《中国教育发展的国家意志》，2012年10月22日，见 http://www.moe.edu.cn/publicfiles/business/htmlfiles/moe/s5148/201210/143507.html。

下简称“纲要”)。

政府公共财政对教育投入的大幅提升是教育优先发展的一个重要指标。纲要提出“到2012年，国家财政性教育经费支出占国内生产总值的比例达到4%”的硬目标，宣告着党和政府推动教育改革发展的坚定决心。

实现4%的目标，此前已迈出了坚实的步履。2011年6月8日，国务院常务会议研究部署进一步加大财政教育投入工作；7月1日，《国务院关于进一步加大财政教育投入的意见》公布；5天后，国务院又召开全国教育投入和管理工作电视电话会议，对确保到2012年实现4%的目标进行系统部署。

改革创新：教育发展稳步推进的必由之路

改革创新是教育事业科学发展的根本出路和实现途径。10年间，党中央、国务院统揽全局，运筹帷幄，制定和出台的一项项重大政策和改革措施，无不以改革创新为出发点和归宿。

2003年党中央、国务院公布的《关于进一步加强农村教育工作的决定》，与时俱进地抓住农村教育这一教育改革的关键环节；党的十七届五中全会从经济社会发展全局出发，强调加快教育改革发展；2010年6月的中共中央政治局会议再次提出，要把改革创新作为教育发展的强大动力，在人才培养体制、办学体制、教育管理体制、教学内容方法等方面全面改革创新；新近出台的“十二五”规划纲要，对未来5年教育改革发展做出部署和规划，关键词仍是“改革创新”。

一项项改革力度空前，体现着党中央、国务院推进教育改革的决心和勇气；一个个创新举措前所未有，凝聚着全社会推进教育改革发展的智慧与力量。

2010年7月，新世纪第一次全国教育工作会议的召开，国家教育规划纲要出台，新一轮教育改革发展的大幕在神州大地全面拉开，中国的教育事业发展迎来了又一个难得的历史机遇。优先发展、育人为本、改革创新、促进公平、提高质量，纲要明确的二十字方针明确了未来10年的战略目标——到2020年基本实现教育现代化，基本形成学习型社会，进入人力资源强国行列。

仅纲要颁布实施一年间，国务院和相关部门便出台100多个文件，初步形成优先发展教育的政策支持体系。为了落实教育规划纲要提出的本届政府启动实施的10项改革试点，经过系统设计、统筹规划，按照试点先行、动态调整的原则，在全国范围内确定了425项国家教育体制改革试点项目。

促进公平：教育民生共享共融的不懈探索

2012年9月7日，第28个教师节前夕，胡锦涛总书记在给全国教师工作暨“两基”工作总结表彰大会的贺信中指出，经过全党全社会的不懈努力，中国已经全面实现普及义务教育和扫除青壮年文盲的“两基”目标。

随后，温家宝总理在大会讲话中指出，要适应人民群众接受更好教育的新期盼，把教育发展的重点放到提高质量、促进均衡发展上来，加快实现基本公共教育服务均等化，努力办好每一所学校，培养好每一个孩子。

这看似朴素的目标凝聚的是几代中国教育工作者最深切的渴望——关于教育公平的渴望。党的十六大以来，中国在推进教育发展、促进教育公平方面，圆了期盼许久的三个梦：在全国城乡全面实施真正免费义务教育，1亿多名适龄儿童少年上学不花钱成为现实；建立健全国家助学制度，保证学生不因家庭经济困难而中断学业；实施西部地区“两基”攻坚计划，农村地区特别是西部地区农村义务教育基础薄弱的状况得到根本扭转。

从党的十六届六中全会提出的“坚持公共教育资源向农村、中西部地区、贫困地区、边疆地区、民族地区倾斜，逐步缩小城乡、区域教育发展差距”，到党的十七大提出“优化教育结构，促进义务教育均衡发展，加快普及高中阶段教育，大力发展职业教育，提高高等教育质量”，教育公平都作为民生的重点被一次次凸显。2009 年 3 月，胡锦涛总书记同全国人大代表、全国政协委员共商国是时指出，实现教育公平，最重要的一点就是要大力发展农村教育事业，让农村孩子也像城市孩子一样受到良好教育。

2003 年召开的新中国成立以来第一次全国农村教育工作会议，明确了农村教育在教育工作中重中之重的战略地位，做出了新增教育经费主要用于农村的重大决策；2005 年底，国务院决定深化农村义务教育经费保障机制改革；2006 年，新修订的义务教育法明确将义务教育所需经费全面纳入财政保障范围；“农村中小学现代远程教育工程”、“国家贫困地区义务教育工程”、“农村中小学危房改造工程”等，更加快了西部地区“两基”攻坚的步伐。

党的十六大以来，在科学发展观以人为本执政理念指引下，保障人民的受教育权利受到高度重视。党的十七大以后，作为改善民生的重点，中国在教育公平方面的 10 年探索，充分彰显了人民利益至上的要求，体现了党中央共建共享的执政追求和公平正义的核心价值。

未来 10 年是中国实施现代化建设“三步走”战略的关键阶段，面对现代化建设的新要求和人民群众的新期盼，党中央在推进教育改革过程中，以优先发展为先导，以促进公平为基础，以改革创新为动力，以提高质量为核心，吹响了教育事业科学发展的世纪号角。

一场深刻变革已在中国教育领域拉开大幕，一系列政策调整，无不以国家现代化建设需求为导向，无不瞄准教育事业发展的关键环节。在国家意志的强力推动下，中国教育事业必将迎来又一个阳光明媚的春天！

二、分析教育战略实施的构成要件

教育战略实施是多个子系统组成的复杂系统。教育发展理念解决教育应当做什么的问题。战略目标将教育应当做的事情分解成几个相互联系的工作目标，并规划相应目标之间的关系和完成的前后顺序。任务分解是对教育战略目标的具体分解，将战略目标细分成若干具体事项。项目落实是对任务分解的进一步细化，将任务落实到可以考核和控制的具体项目之上，制定具体项目的实施目标、考核标准和评估体系，并将具体事项和完成该项任务的团队相契合，为团队制定清晰的项目任务。经费保障是为保障项目的顺利实施而筹措相应的资金，并保持教育项目资金使用的效率性、有效性。资金来源可以是政府财政拨款也可以是社会资本的捐资助学款项。评估体系是教育战略实施的最后一个环节，也是最为重要的一个环节。评估体系在于把控整个教育实施的真实效果，并对教育战略实施的各个具体环节给予监控，并用评估结果建立教育战略系统运行实效的反馈机制，从而不断地优化教育战略实施。

就处理和管理教育战略实施构成要件的工具而言，平衡计分卡（BSC）管理是非常有效的工具。平衡计分卡管理是企业用于战略制定和战略实施的有效工具，将私人领域的管理工具用于公共管理理论有助于提升教育战略管理的有效性。平衡计分卡对企业财务、顾客、内部流程及学习/成长四个战略绩效领域中的财务与非财务指标、结果与动因指标、短期与长远指标的利用，对企业经营业绩和竞争状况进行全面、综合、系统的评估，即“飞机驾驶舱”，在这个驾驶舱的四个仪表盘上显示了与企业战略相关的信息，为战略实施提出了战略地图模式。

平衡计分卡是一种新颖的战略管理工具，最初应用于企业，是把企业的使命和战略转化为一套全方位的运作目标和绩效指标，作为执行战略和监控的工具，同时也是一种管理方法和有效的沟通工具。平衡计分卡的核心思想就是通过财务、客户、内部流程、学习与成长 4 个指标之间相互驱动的因果关系，展现组织的战略轨迹，实现战略目标的实施与修正。平衡计分卡中每一项指标都是一系列因果关系中的一环，通过它们把相关部门的目标同组织的战略联系在一起。平衡计分卡的各方面指标具有业绩结果与业绩驱动因素双重涵义，是包含业绩结果与业绩驱动因素双重指标的战略管理系统。

平衡计分卡要求管理者从 4 个角度选择数量有限的战略目标，将注意力集中到战略愿景上来。教育战略规划与实施，同样可以从教育绩效、公众评价、预算流程整合和指标评估与改进四个方面入手。在教育领域的战略规划、实施、评估以及变革的过程中实现管理因素和战略资源的相互协调，以保证整个教育战略管理系统的稳定与平衡。其中，社会经济发展对教育服务需求的日益升级成为教育战略管理创新的原动力，提升教育绩效、明晰教育的历史使命是从外部结果导向出发的战略选择，客观指标体系的建立为公共教育服务是否满足公众需求提供了评估依据，内部过程的流程再造与完善将通过教育预算的调整与优化得以实现，如图 6 -3 所示。

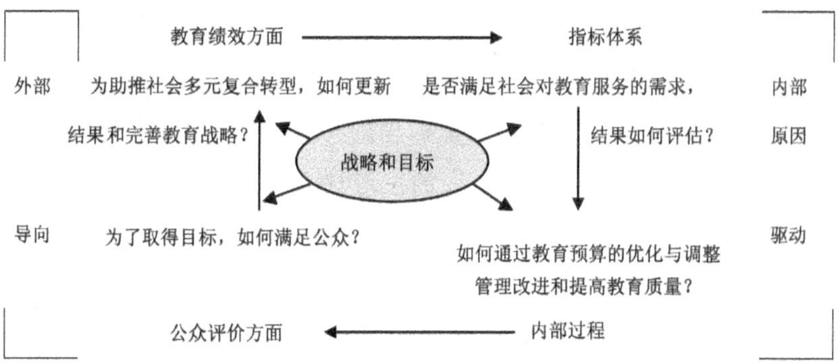

图 6 -3　基于平衡计分卡的教育战略实施

基于平衡计分卡的教育战略规划与实施体系的运作具有自上而下的战略管理特征。

第一，由教育决策部门把控教育发展的理念，确定未来一段教育事业中的主要矛盾，教育发展中急需解决的问题和教育部门必须满足的公众诉求和必须完成的历史使命。

第二，依据教育发展理念制定明晰的教育发展战略支撑教育理念的落实。美国的做法是将教育发展战略分为人力资本战略管理、竞争性资源配置、提高财务效率、教育信息化和预算与绩效整合五个部分，这里导入了平衡计分卡的战略管理理念。

第三，依据每一个具体的战略部分，设定具体的战略实施目标。每个战略目标都直接支撑其对应的战略部分，是对战略的具体分解。例如，把人力资本战略管理分解为高素质教师、校长培训等内容，将与教育有关的利益相关者都纳入人力资本战略管理的范畴，平衡多者的关系，协调各个成员的关系。

第四，再将目标分解为一个个具体的任务，落实到具体的项目之上，从而落实战略的实施。这个阶段采取的就是项目管理的方式，将任务与目标相结合，实施项目考核。

第五，评估体系负责对整个教育规划与实施的过程和结果进行考核与评估，并出具教育发展绩效报告，教育成果通过各种媒体公布于众接受公众的监督与反馈，反馈结果将为下一时期教育决策部门制定教育政策提供参考，教育决策部门依据反馈结果调整教育理念并触发预算调整，以教育资源的调整与优化引导教育理念的与时俱进和教育战略的优化。例如，美国开发了一套红、黄、绿的三灯体系来评估教育系统的绩效，如图 6－4 所示。

三、顶层设计与系统集成教育发展战略

教育战略实施实质上体现为教育制度的设定与变迁。从理论上说，制度的存在是为了降低人们相互作用时的不确定性，不确定性的降低意味着人们所需信息的完善。国家以复杂的方式与团体利益和流行观点相互影响，在特定社会里产生社会、政治变迁的诸多模式。人民和团体会回应其面临的激励，但是他们是在不同的社会背景下以不同的

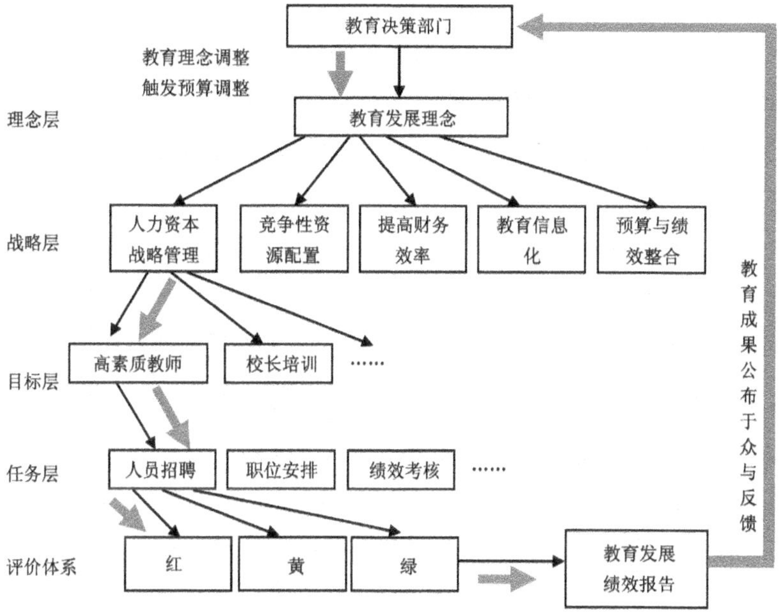

图 6-4　美国教育战略规划与实施框架图

系统方式做出回应的。这些激励的构成及其认识方式是受制度和观点影响的。因此，从根本意义上说，良好的社会秩序依赖于一种共同行为框架的建构及一种制度化的预期机制的确立。作为一种共同行为框架，制度意味着一种约束与限制，它是人类设计的制约人们相互行为的约束条件。这些约束条件，可能是非正式的如道德规范，也可能是正式的如政治规则、经济规则和契约等。这些约束（制度）降低了人们相互作用的成本。

作为一种预期机制，制度能将他人的主观意志转变为可以预期的客观对象，使人们可以根据过去的经验对未来做出可靠的推断，因此制度作为行为规则，就成为一种引导人们行动的手段，从而为社会交往提供了一种确定的结构。制度所反映的事物一般都具有两个特点：一是它们在过去被证明是有用的。二是它们是人们为追求其个人目标而与他人交往时所必需的。制度使人们在一定程度上相信，他们与别人的交往将按他们的预期进行，使人们的行为更可预见实际上降低了信息搜寻成本，也降低了人与人之间的协调成本①。

制度变迁存在路径依赖性，路径依赖性是指人类社会中的技术演进或制度变迁均有类似于物理学中的惯性，即一旦进入某一路径（无论是“好”还是“坏”）就可能对这种路径产生依赖。道格拉斯·诺思就制度变迁中的路径依赖性提出了三点主张：

第一，制度变迁就如同技术演进，也存在着报酬递增现象和自我强化机制。一旦制度变迁选择了某一条路径，这种机制将会使其方向在以后的发展中得到自我强化。所以说，“人们过去做出的选择决定了他们现在可能的选择”。沿着既定的路径，经济和政治制度的变迁可能会进入良性循环；也可能会延续原来的错误，走入下坡路；更糟糕的情况是，会持续处于某种无效率的情况下。一旦进入持续无效率状态，就很难脱身，这时往往需要借助外部效应，通过引入外生变量或依靠政权变化，来扭转原有方向。

第二，制度变迁不同于技术演进，其不同之处在于制度变迁除了受报酬递增机制决定外，同时还受到市场中交易因素的影响。诺思提出，决定制度变迁的路径有两种，一是报酬递增，二是由显著的交易费用所确定的不完全市场，如果没有报酬递增和不完全市场，那么制度会是不重要的。而随着报酬递增和市场不完全性的增强，制度会变得越来越重要，虽然自我强化机制仍有作用，但是在某些方面会有不同的特点：一是一项制度的设计需要大量的初始成本，而单位成本和追加成本都会随着这项制度的推荐而下降。二是学习效应，由于适应制度而产生的某个组织善于抓住获利机会。三是协调效应，由于适应制度而产生的组织与其他组织缔结约定，产生具有互利性的组织以及产生对制度的进一步投资，实现协调效应。更为重要的是，一项正式规则产生后，随之将产生其他正式规则与非正式规则，来补充这项正式规则。四是适应性预期，以特定制度为基础的契约的盛行将会使得这项制度持久下去的不确定性

① 李庆钧：《霍布斯的秩序解说与转型期社会秩序的构建》，《江海学刊》2003 年第 6 期，第 108～114 页。

减少。总之，制度矩阵的相互联系的网络会导致大量的递增报酬，而报酬的递增又会使特定制度保留原有轨迹，从而决定经济长期运行的轨迹。

第三，诺思对路径依赖性的成因及其传递机制的说明揭示了制度形成的基础是人们的信念的观点。制度反映的是当事人的一种信念，而信念反映的是当事人的文化和语言传统。路径依赖性发挥作用的归根结底是人们的信念，首先是信念变成制度，然后这种制度会推动整个社会中其他方面的发展，其中包括经济的发展。信念的形成由个体学习和社会集体学习决定，制度的演进方式由人类的学习过程决定，这样能够把“学习过程”与“路径依赖”问题结合起来。相较于技术演进，制度变迁更为复杂，所以，行为者的观念以及由此而形成的主观抉择在制度变迁中起到关键作用。诺思的观点是，“在具有不同的历史和结果的不完全反馈下，行为者将具有不同的主观主义模型，因而会作出不同的政策选择，因此，制度变迁过程中，边际调整就不会完全趋同。”所以，在不同历史条件下形成的行为者的主观抉择，既导致了各种制度模式存在差异性，也是制度不良或经济贫困的国家能够长期存在的原因之一[①]。

诺思制度变迁的路径依赖理论对于完善教育战略的规划与实施具有重要的启示。教育改革也是一种制度变迁过程，教育改革必然呈现报酬递增和路径依赖的性质，因此路径依赖理论可以用来分析教育的改革。在教育战略实施的过程中，路径依赖的形成来自每项改革措施最初的正效应、政府的支持、个体和集体学习，以及后续政策的强化等，这些是教育改革走向良性循环的必要动力。但这并不能保证改革不受其他消极因素的影响，如果没有采取谨慎决策的话，走向“锁定”随时都是可能的。如何促进制度的良性循环而避免陷入“锁定”？我们必须承认和关注新制度形成过程中原制度环境下所固有的社会文化、习俗等非正式制

① 理性选择制度主义将制度视为对集体行动问题的策略回应和促进自利行为者合作的工具。策略合作取决于信任的存在、可靠的合约和反社会选择的消除，所有这一切都来源于特定社会背景内的价值、规范和从前的选择。正如理性选择制度主义者所主张的，制度也可能源于策略计算，但必须与文化和历史保持一致。随着时间的推移，制度会变成社会不可分割的组成部分，形成做出更进一步理性选择的背景。

度和个人认知的不完善的影响[①]，建立（或生成）一种灵活的、鼓励社会成员反复“试错”的制度，在新制度形成过程中，通过分散决策利用散布在千百万社会个体中的知识尤其是默示知识，鼓励社会知识的积累，鼓励社会成员在各个方向或方面的创新。

顶层设计与系统集成是保障教育战略有效实施的前置环节与关键因素，解决制度混乱的问题。混乱的制度是缺乏目标、分工交叉、结果失控的制度。一项教育政策一出台，在城乡之间、区域之间、社会群体之间出现迥异的实施效果，甚至造成更大的社会不公，这样的制度安排就是混乱的制度设计。混乱的制度往往比差的制度或没有制度更容易造成目标与结果的脱节，从而出现“好心办坏事”的结局。在混乱的制度中增加财政投入不会增加成效只会产生沉没成本。

从总体上规划一国教育未来的发展方向，准确设定教育发展的航标，对于降低教育制度的改革成本，避免本次的改革成果成为下次改革的目标至关重要。教育战略实施顶层设计与系统集成是对教育发展的制度设计、组织架构、政策框架、项目内容、服务标准等内容的界定，是国家教育发展战略的重要工具。顶层设计意味着教育改革应从“自高端开始总体构想”，承接、细化与分解国家教育发展战略，形成高屋建瓴的战略地图，制定清晰的实施路线图，设计教育的演进路径。系统集成意味着要打破现行教育体制中造成城乡分割、区域分割、校际分割的系统性障碍，着力解决城乡之间、地区之间、社会阶层之间的教育衔接问题，使混乱的制度转化为清晰的制度，变阻碍教育发展的制度为促进教育发展的制度。

---

① 新制度的形成是利益多元化、价值趋向多元化、信息不完备的当事人之间、当事人认知与环境之间的复杂的相互作用的过程。当事人的经济行为无疑受到现有制度的影响，同时，这些经济行为也必将影响新的制度。

参 考 文 献

中文参考文献

[1] E. S. 萨瓦斯：《民营化与公私部门的伙伴关系》，中国人民大学出版社 2002 年版。

[2] E. A. 汉纳谢克：《教育生产函数 · 教育经济学国际百科全书》，闵维方等译，高等教育出版社 2000 年版。

[3] 阿尔温 · 托夫勒：《第三次浪潮》，朱志炎等译，三联书店 1983 年版。

[4] 埃莉诺 · 奥斯特罗姆：《公共事务的治理之道》，上海三联书店 2000 年版。

[5] 彼德 · F. 德鲁克：《公司绩效测评》，李焰、江娅译，中国人民大学出版社 1999 年版。

[6] 博伊德 · 金：《西方教育史》，任宝祥等译，人民教育出版社 1985 年版。

[7] 财政部教科文司、教育部财务司和上海财经大学公共政策研究中心：《中国农村义务教育转移支付制度研究》，上海财经大学出版社 2005 年版。

[8] 财政部预算司：《预算管理：国际经验透视》，中国财政经济出版社 2003 年版。

[9] 蔡红英：《日、美、中义务教育财政制度百年变迁及其启示》，《宏观经济研究》2009 年第 12 期。

[10] 陈宝成：《中国义务教育二十年之回顾与反思》，《教师博览》2006年第4期。

[11] 陈翔：《中国教育支出的财政分析及政策选择》，《集美大学学报（哲学社会科学版）》2003年第1期。

[12] 陈永明：《发达国家教育管理体制的改革》，《比较教育研究》2004年第1期。

[13] 丛树海、周炜：《中国公共教育支出绩效评价研究》，《财贸经济》2007年第3期。

[14] 戴维·奥斯本彼得·普拉斯特里克：《政府改革手册：战略与工具》，中国人民大学出版社1996年版。

[15] 东北财经大学课题组：《中国公共教育支出绩效考评指标体系构建研究》，《经济研究参考》2006年第92期。

[16] 范柏乃：《政府绩效评估与管理》，复旦大学出版社2007年版。

[17] 冯大鸣、赵中建：《布什政府对“学校选择”的政策回应：兼议中国引入“教育券”时的若干问题》，《全球教育展望》2003年第7期。

[18] 顾佳峰：《人口结构与教育财政的空间计量分析：对于代际关系的再诠释》，《社会科学战线》2011年第11期。

[19] 国家行政学院编著：《基础教育新视点》，教育科学出版社2003年版。

[20] 海尔·瑞尼：《理解和管理公共组织》，清华大学出版社2002年版。

[21] 胡卫、唐晓杰：《教育研究新视野：1995～2005》，上海人民出版社2005年版。

[22] 贾康、郭文杰：《财政教育投入及其管理研究》，中国财政经济出版社2002年版。

[23] 教育部财务司：《教育财政国际比较》，高等教育出版社2000

年版。

[24] 杰勒德·德兰迪：《知识社会中的大学》，北京大学出版社2010年版。

[25] 李慧敏、崔景华：《财政分权与义务教育财政管理体制问题探析》，《南京财经大学学报》2004年第5期。

[26] 李玲：《中国教育经费支出效益实证分析》，《河北经贸大学学报》2001年第2期。

[27] 李祥云：《中国财政体制变迁中的义务教育财政制度改革》，北京大学出版社2008年版。

[28] 理查德·威廉姆斯：《组织绩效管理》，清华大学出版社2002年版。

[29] 栗玉香：《论义务教育财政绩效管理的目标与指标》，《上海教育科研》2004年第12期。

[30] 廖楚晖：《教育财政学》，北京大学出版社2006年版。

[31] 林鸿潮：《美国〈政府绩效与结果法国〉述评》，《行政法学研究》2005年第2期。

[32] 刘芳、雷鸣强：《教育凭证制度在中国的预演：长兴县发放教育券的制度经济学分析》，《全球教育展望》2003年第7期。

[33] 刘复兴：《公共教育权力的变迁与教育政策的有效性》，《教育研究》2003年第2期。

[34] 刘海波：《中国高等教育财政思想变迁研究》，《复旦教育论坛》2008年第2期。

[35] 刘建发：《教育财政投入的法制保障研究》，经济管理出版社2006年版。

[36] 刘旭涛：《政府绩效管理：制度、战略与方法》，机械工业出版社2003年版。

[37] 刘志民：《教育经济学》，北京大学出版社2007年版。

[38] 陆庆平：《公共财政支出的绩效管理》，《财政研究》2003年

第4期。

[39] 吕炜：《高等教育财政：国际经验与中国道路选择》，东北财经大学出版社2004年版。

[40] 马东太、旷乾：《从中国农村义务教育投资主体的改变看“三农”问题的解决》，《理论探索》2004年第3期。

[41] 马国贤、刘国永：《中国义务教育财政支出绩效评价研究初探》，《中国教育经济学年会会议文集》2006年版。

[42] 马国贤：《政府绩效管理》，复旦大学出版社2005年版。

[43] 马敬仁、杨卓如：《现代政府绩效评价：中国问题与策略》，《公共行政》2005年第8期。

[44] 马克·霍哲：《公共部门业绩评估与改善》，张梦中译，《中国行政管理》2000年第3期。

[45] 马培祥：《义务教育经费支出绩效评价研究》，《财政研究》2005年第8期。

[46] 马斯格雷夫：《财政理论与实践（第五版）》，中国财政经济出版社2003年版。

[47] 曼昆：《经济学原理（中译本）》，机械工业出版社2003年版。

[48] 帕特里夏·英格拉姆：《公共管理体制改革的模式》，国家行政学院出版社1998年版。

[49] 彭国甫、李树丛、盛明科：《应用层次分析法确定政府绩效评估指标权重研究》，《中国软科学》2004年第6期。

[50] 邱霖恩：《美国〈1993政府绩效与结果法案〉译文》，《中国行政管理》2004年第5期。

[51] 桑贾伊·普拉丹：《公共支出分析的基本方法》，蒋洪等译，中国财政经济出版社2000年版。

[52] 上海财经大学公共政策中心课题组：《中国农村教育的办学体制和办学机制创新》，《经济研究参考》2005年第37期。

[53] 沈百福：《地方教育投资研究》，北京师范大学出版社2003年

版。

[54] 施伟国、赵云红：《财政教育支出绩效评价的解读与思考》，《江南大学学报》2005 第 8 期。

[55] 宋世明：《美国行政改革研究》，国家行政学院出版社 1999 年版。

[56] 孙国英、许正中、王铮：《教育财政：制度创新与发展趋势》，社会科学文献出版社 2002 年版。

[57] 田芬：《苏南小康社会与教育创新》，苏州大学出版社 2006 年版。

[58] 田首：《公共管理背景下的政府绩效评估》，《理论导刊》2003 年第 6 期。

[59] 王俊霞、王静：《农村公共产品供给绩效评价指标体系的构建与实证性检验》，《当代经济科学》2008 年第 2 期。

[60] 王磊：《公共教育支出分析——基本框架与中国的实证研究》，北京师范大学出版社 2004 年版。

[61] 王敏：《政府财政教育支出绩效评价研究》，经济科学出版社 2008 年版。

[62] 王敏：《中国财政教育支出绩效评价探析》，《财政研究》2005 年第 6 期。

[63] 魏杰、王韧：《二元化困境与中国的教育体制改革》，《学术月刊》2006 年第 8 期。

[64] 吴建南、李贵宁：《教育财政支出绩效评价：模型及其通用指标体系构建》，《西安交通大学学报（社会科学版）》2004 年第 2 期。

[65] 武恒光：《中国农村义务教育融资分担体制研究》，《农业技术经济》2004 年第 6 期。

[66] 希拉·斯劳特、拉里·莱斯利：《学术资本主义——政治、政策和创业型大学》，北京大学出版社 2008 年版。

[67] 小弗恩·布里姆莱、鲁龙贾·R. 弗尔德：《教育财政学：因

应变革时代》，窦卫霖译，中国人民大学出版社2007年版。

[68] 许明：《美国中小学评价与绩效制度改革的最新进展》，《比较教育研究》2001年第11期。

[69] 雅罗斯拉夫·帕利坎：《大学历年重审——与纽曼对话》，北京大学出版社2008年版。

[70] 亚洲开发银行：《公共支出管理》，经济科学出版社2001年版。

[71] 颜如春：《关于建立中国政府绩效评估体系的思考》，《行政论坛》2003年第9期。

[72] 杨建松、吴亚卓：《对当前农村义务教育投入问题的思考》，《经济研究参考》2003年第64期。

[73] 殷玉辉：《构建中国基础教育支出效益评价指标体系的思考》，《当代教育论坛》2005年第12期。

[74] 袁振国：《建立教育发展均衡系数切实推进教育均衡发展》，《人民教育》2003年第6期。

[75] 臧乃康：《政府绩效评估及其系统分析》，《江苏社会科学》2004年第2期。

[76] 翟静丽：《弗里德曼教育凭证思想的新发展》，《全球教育展望》2003年第7期。

[77] 詹姆斯·杜德斯达、佛瑞斯·沃马克：《美国公立大学的未来》，北京大学出版社2006年版。

[78] 张少春：《政府公共支出绩效考评理论与实践》，中国财政经济出版社2005年版。

[79] 张岩松：《发展与中国农村反贫困》，中国财政经济出版社2004年版。

[80] 张志超：《美国政府绩效预算的理论与实践》，中国财政经济出版社2006年版。

[81] 赵海利：《中国“十二五”期间教育发展财政战略的几个问

题》，《当代教育科学》2011 年第 11 期。

［82］郑崧：《20 世纪国外有关公共教育制度起源问题的研究述评》，《比较教育研究》2003 年第 8 期。

［83］中国教育与人力资源问题报告课题组：《从人口大国迈向人力资源强国》，高等教育出版社 2003 年版。

［84］钟理峰、时勘：《绩效管理的几个基本问题》，《南开管理评论》2002 年第 3 期。

［85］朱科蓉：《竞争——英美教育市场化改革的核心》，《教育科学》2003 年第 2 期。

［86］朱志刚：《公共支出绩效评价研究》，中国财政经济出版社 2003 年版。

［87］哲新：《追上去，还来得及》，《中等职业教育》2004 年第 1 期。

［88］哲新：《政企联动再登攀》，《今日浙江》2008 年第 14 期。

英文参考文献

［1］A. Parasuraman，Leonard L. Berry，Valarie A. Zeithaml，“*Perceived Service Qualityasa Customer - Based Performance Measure：An Empirical Examination of Organizational Barriers Usingan Extended Service Quality Model*”，Human Resource Management，No 3，1991.

［2］Alison M. Dean，Christopher Kiu，“*Performance monitoring and quality outcome sin contracted services*”，International Journal of Quality&Reliability Management，No 4，2002.

［3］Amy Ostrom，Dawn Iacobucci，“*Consumer Trade - Offs and the Evaluation of Services*”，Journal of Marketing，No 59，1995.

［4］Behn R. D.，“*Why measure performance? Different purposes require different measures*”，Public Administration Review，No 5，2003.

［5］Carolyn J.，“*Heinrich. Outcomes - Based Performance Management in the Public Sector: Implications for Government Accountability and Effectiveness*", Public Administration Review, No 6, 2002.

[6] Cave M., "*Performance Indicators in the Encyclopedia of Higher Education*", Ox for dB. R. Clark, 1992.

[7] Cheryle A. Broom, "*Using Comparative Performance Measurement*", Public Administration Review, No 5, 2002.

[8] Cohn E. Johoes, "*G. Recent Development sin the Economies of Education*", Cheltenham: Edward Elgar Publishing, 1991.

[9] David M., "*Brasing to: Joint provision of public goods*", The consolidation of school districts. Journal of Public Economics, No 73, 1999.

[10] Denald R., "*Winkler and Taryn Rounnds: Muncipal and private sector response to decentralization and school choice*", economics of education review, No 4, 2005.

[11] Edige, Marlow, "*The marvels of the American public school system*", Education, No 2, 2000.

[12] Epple, D., Romano, RE., "*Ends against the Middle: Determining Public Service Provision when There are Private Alternatives*", Journal of Public Economics, No 62, 1996.

[13] Eric Brunner, "*JonSonstelie: school finance reform and voluntary fiscal federalism*", journao of public Economics, No 87, 2003.

[14] Ferejohn, J., Forsythe, R., Noll, R. and Palfrey, T., "*An Experimental Examination of Auc - tion Mechanisms for Discrete Public Goods. In V. Smith*", Research in experimental economics, Vol 2, 1982.

[15] Francois, P., "*Not - For - Profit Provision of Public Services*", The Economic Journal, 2003.

[16] Galianietal, "*Evaluating the Impact of School Decentralization on Education Quality*", Working Paper, 2001.

[17] Gouveia, M., "*Majority Rule and the Public Provision of A Private*

Good", Public Choice, Vol. 93, 1997.

[18] H. Ziegler, "60 *years of vocational education for paper engineers at the Hochschule Munchen*", Wochenbl Papierfabr, No 23、24, 2009.

[19] Hanushek, "*EricA Interpreting Resent Researchon Schoolingin Developing Countries*", The World Bank Research, No 10, 1995.

[20] Harrison, Ralph W., "*EricA. Hanushek. Educational Performance of the Poor: Lessons from Rural Northeast Brazil*", Published for The World Bank: Oxford University Press, 1992.

[21] I. Eren, "*Human Resources, Vocational Education and Vocational Standards in Turkish Health Industry: A Self - Evaluation of the Sector. Biyomut*", 2009 14th National Biomedical Engineering Meeting, 2009.

[22] J. B. Soriano, "*Vocational Schools and the relation to University: some implications for the understanding of the professional knowledge constitution in Physical Education*", Motriz, No 1 , 2009.

[23] J. E. Pratley, P. J. Kanowski, L. M. Bull, "*Education and training challenges for the Australian forestry sector: an analysis based on recent trends in university and vocational education and training (VET) completions*", Aust Forestry, No 4, 2010.

[24] J. L. Chen, J. Zhang, "*Design of Distributed Learning Environment Based on curriculum of vocational education - taking the curriculum 'Flower Arrangement and Floriculture Design' as an example*", Icaie 2009: Proceedings of the 2009 International Conference on Artificial Intelligence and Education, Vols 1 and 2, 2009.

[25] J. M. Du, T. He, S. G. Zhang, "*The Simultaneous Development of Airworthiness Academic Education and Vocational Training*", Procedia Engineer, 2011.

[26] J. Stav, T. Thorseth, K. L. Nielsen, E. Engh, "*Integrating new Online Simulator Services Into Vocational Education and Training*", Proceed-

ings of the 8th European Conference on E – Learning, 2009.

[27] J. Urbancik, A. Pietrikova, "*Vocational Training and Further Education in Electronic Technology as Feasible TQM Tool*", Int Spr Sem Elect Te, 2009.

[28] J. W. Wang, H. J. Bai, G. X. Yan, "*Exploration and Analysis of Teaching Methods of Higher Vocational Education Curricula*", Adv Intel Soft Compu, 2011.

[29] J. W. Yu, Y. H. Zhou, "*On the Development Strategy of Private Higher Vocational and Technical Education in Taiwan*", Ser Inf Manage Sci, 2009.

[30] J. Zhang, N. Y. Yang, A. Gao, "*Enhancing the Teaching Capacity and Building the Expand Modules for Vocational Education Teaching Staff in Network Condition*", International Symposium on Computer Science & Technology, Proceedings, 2009.

[31] Jack Diamond, "*Performance measurement and evaluation*", OECD Working Papers, 1994.

[32] Jack Diamond, "*Public Expenditure Management*", Comferenceon Post – Election Strategy, No 4, 2000.

[33] K. Janecka, R. Berzins, K. Charvat, A. Dzerve, "*On How to Build SDI Using Social Networking Principles in the Scope of Spatial Planning and Vocational Education*", Computational Science and Its Applications – Iccsa 2011, Pt Ii, 2011.

[34] L. Clearihan, H. McGarry, M. Cheng, P. Bratuskins, M. Rowe, "*Linking the RACGP curriculum to vocational education*", Aust Fam Physician, No 11, 2010.

[35] L. He, X. Q. Hu, D. D. Wei, "*The Case Analysis of Serious Game in Community Vocational Education*", 2011 International Conference on Computer Science and Network Technology (Iccsnt), Vols 1 – 4, 2012.

[36] L. Liu, "*Research on Curriculum Construction of Workplace English in Higher Vocational Education*", Adv Intel Soft Compu, 2011.

[37] L. S. J. Farmer, "*Fostering Online Communities of Practice in Vocational Education*", Ele Com Eng, 2009.

[38] Louis Lowy, "*Integrative learning and teaching in schools of social work: a study of organizational development in professional education*", Hill&Wang Pub, 1998.

[39] M. Ari, "*Creating a new synergy on technical and vocational education via a general purpose computer interface unit*", Comput Appl Eng Educ, No 2, 2012.

[40] M. H. Levin, "*The economics of educational choice*", Econ Educ, No 10, 1991.

[41] M. Herskind, "*Tensions and dilemmas in body – pedagogy in kindergarten – employees′ effort to transform a vocational education programme about body and movement into practice*", Sport Educ Soc, No 2, 2010.

[42] SusannaLoe, "*Estimating the effects of school finance reform: aframework for afederalist system*", Journal of Public Economics, No 80, 2001.

[43] Terry Moe, "*School Vouchers and the American Public*", WashingtonD. C.: Brooking Institution Press, 2001.

[44] Thomas S. Dee, "*Competition and the Quality of public school Economics of Education*", Review, No 4, 1999.

[45] Wholey J. S., "*Performance – based Measurement: Responding to the Challenges*", Pubilc Productivity and Management Review, No 4, 1999.

后 记

随着世界主要先发国家由工业社会步入信息知识社会，特别是全球金融危机爆发后，技术、技能和创意逐步会同投资、消费、进出口这“三驾马车”，成为推动经济社会发展的三大驱动轮。人力资本是承载技术、技能和创意的主载体，培育人力资本，厚植智力资源成为世界各国抢占下一轮国际竞争战略制高点的重要策略。教育作为打造人力资本的最重要途径，为释放人的潜能、培育社会动能奠定了基础，也为创新驱动发展、产业动态升级、社会有机融合提供了前提。然而，教育财政投入是相对有限的，提升教育财政投入绩效就成为财政改革的重要内容之一。在定位教育职能功用、把脉中国教育现状的基础上，本书提出了建立教育绩效预算，开展全面绩效评估，设立教育社会普遍服务基金，全面推动中国教育改革，进而跃升政府生产力和治理能力的战略路线图。

本书的撰写由许正中博士和邢天添博士共同担纲，在本书成稿过程中，天津大学的潘海生副教授，郑州大学的李尽法副教授，国家行政学院的张淑翠博士后、王锦坤博士生，中央党校政法教研部的赖先进讲师，北京社会科学院的王忠助理研究员，中国电力建设股份有限公司的刘尧博士、长江三峡技术经济发展有限公司的张德力经济师等参与了部分章节的撰写。其中，张德力经济师负责完成本书第四章的内容，共计3万余字。需要指出的是，中国电力建设股份有限公司的刘尧博士参与全书的统稿和修改工作，倾注了大量心血。

在本书的撰写过程中，作者得到了国家行政学院领导和同仁的理论指导。科研部、研究室和决策咨询部、经济学教研部等部门的领导和同仁也给予了许多智力支持。在此，表示衷心的感谢！

笔者曾就本书中的部分观点与一些专家、知名学者进行过交流，获取了许多宝贵意见。特别需要指出的是，财政部有关领导对本书的写作给予了大力支持，为本书的出版提出了许多宝贵意见。在此也深表感谢。

在全书的撰写过程中，我们曾参阅了许多文献，吸取了许多国内外学者的研究成果，书中都一一做了标注；许多同志还提供了相关资料，同时提出了宝贵的意见，并给予了大力的支持和帮助。在本书的出版过程中，中国财政经济出版社的贾杰社长、李乃君副总编辑、陈迈利主任、张冬梅主任以及涂蕙、卢关平等编辑做了大量的工作，在此，表示衷心的感谢！

教育改革是中国改革的枢机。希望借本书的出版，引起全社会对中国教育改革的更多关注。同时，由于作者水平有限，再加上时间紧、任务重，书中难免有偏颇甚至是错误不足之处，还望有关专家学者和广大读者批评指正，多提宝贵意见。

作 者

于北京·古崖居

2014 年 6 月